Novi Cives

王人博 | 著

法的中国性

fa de zhongguoxing

广西师范大学出版社
GUANGXI NORMAL UNIVERSITY PRESS
· 桂林 ·

图书在版编目（CIP）数据

法的中国性 / 王人博著. —桂林：广西师范大学出版社，2014.9（2015.12 重印）

ISBN 978-7-5495-5777-6

Ⅰ. ①法… Ⅱ. ①王… Ⅲ. ①法哲学－思想史－中国 Ⅳ. ①D909.2

中国版本图书馆 CIP 数据核字（2014）第 175591 号

广西师范大学出版社出版发行

（广西桂林市中华路 22 号　邮政编码：541001
网址：http://www.bbtpress.com）

出版人：何林夏

全国新华书店经销

湛江南华印务有限公司印刷

（广东省湛江市霞山区绿塘路 61 号　邮政编码：524002）

开本：880 mm × 1 240 mm　1/32

印张：9.5　　字数：208 千字

2014 年 9 月第 1 版　　2015 年 12 月第 7 次印刷

印数：27 001~32 000 册　　定价：36.00 元

目　录

增订序

答问《法的中国性》

访问人（以下简称“问”）：《法的中国性》出版以后，在读书界引起很大关注。我期望通过今天的访谈，能让读者对这本书有更深入的理解。

王人博（以下简称“王”）：谢谢读者对它的错爱。其实，这也算不上“书”，只是几篇旧文的结集。有几篇是几年前写的，剩下的几篇是新近的，多数已在学术杂志上发表，“余论”部分是第一次全文刊出。

问：在80年代末90年代初，您和程燎原教授一起撰写了《法治论》《赢得神圣——权利及其救济通论》；大约十年之后，您转而研究宪政问题，出版了《宪政文化与近代中国》《宪政的中国之道》；大约又过了十年，您推出了《法的中国性》。这几部著作涉及了不同的主题，其中是否体现了您学术脉络的流变？

王：这算是对过往的“追忆”了，即便是有关学术的追忆，也是靠不住的，因为“追忆”本质上是一种“选择性的记忆”。不过，说说也无妨:前面两本书是我与程燎原教授在二十几岁的时候共同完成的,所以书中难免残留着青春的青涩印记。程教授是西南政法学院78级的,82年留在法理教研室任教,我晚他一级,次年留在法制史教研室讲授《外国法制史》。因为学术志趣相投,所以在年轻教师群体里,我俩之间的交流是最多的。

有关《法治论》写作的缘起,我在多处已做了说明,此处就省了。在当时的学术背景下,法治与宪政这两个概念是通用的,起码我俩有着这样认知的默契。他后来转向1949年后中国法治学说和制度的研究,而我则转向了中国近代。之所以选择宪政而不是法治,主要是出于资料搜集的考虑,近代中国有关宪政的资料要比法治方面多得多。后来的《宪政的中国之道》(2003年),其实也是《宪政文化与近代中国》(1997年)的延续,是论文的结集。《法的中国性》(2014年)是中国近代宪政问题研究的"偏向"或"深化"。"偏向"在这里意指的是方法上的改变;"深化"意味着由宏观到微观,由"大"入"小",属于概念史、观念史的研究范畴。

问:具体地看,在《宪政文化与近代中国》《宪政的中国之道》中,您以"富强为体,宪政为用"概括了近代中国宪制建设的基本特点,确立了上个世纪90年代以来国内宪政思想史研究的基本范式。十多年后,在《法的中国性》中,您又提出了"中国性"这一概念。那么,从"中国之道"到"中国性",它们的内涵是否有所不同,二者间是一种怎样的关系?

王:"富强为体,宪政为用"这个用语,借用的是严复对西方的一个短语式的界定:"自由为体,民主为用。""富强为体,宪政为用"是《宪政文化与近代中国》的主线,《宪政的中国之道》是其发散或扩展。很显然,西方的宪政之于西方并不是用来解决富强问题的，而中国的前贤们之所以热衷于西方的宪政之制，是因为他们有着不同于西方同行的盘算。说得简单点，由于近代中国的主要任务是救亡图存、富国强兵，有关宪政的所思所想就完全不同于西方。与其说他们对西方宪政感兴趣，还莫如说他们对宪政如何造就了西方的强大与繁荣更痴迷。中国的宪政思想是把一个关涉自由的西方宪政置换为中国的国家富强与繁荣的一种"工具理性"。当然，中国近代在继受西方宪政思想时，也注意到了宪政与人权、宪政与分权制衡等元素，但都不如"富强"来得重要。循着这个研究理路往下走，后来发现了其中的缺陷：这种研究忽略了富强与宪政的中间环节，这便是现代国家与政府的构建问题。对此，中国同样有着不同于西方的思考和企求。这是《法的中国性》一书所探讨的问题。

中国性概念是受列文森的《儒教中国及其现代命运》中的"Chineseness"启发而来。

问：以上的两个回答，基本上把您三十多年的学术脉络展示清楚了。我在阅读您的著作的时候，常常看到费正清、沟口雄三等人的名字，或许，这涉及您的思想资源。您能跟我们介绍一下，有哪些著作或人物构成了您学术活动的思想资源，您对这些思想资源持怎样的具体态度？

王：费正清与沟口雄三代表了中国研究的两个不同学派，前者使用的是"挑战与回应"的"西方中心主义"范式，后者是对前者的反拨，持"中国中心主义"的立场。我书中的一些文字书写毫无疑问受其影响，对此，我既不全盘接受也不全部否定。前者的价值在于中西间的"落后—先进"的二元构造并未完全失效，中国应正视自身的"落后性"；而后者的价值恰恰在于，在面对我们自身问题的时候又不能丢掉自己的"主体性"。

问：在《民权词义考》里，您写道："一个中国的民权主义者并不是一个不懂西方的人，在很多方面他们是有意识地拒斥了西方的某些东西，因而一个中国的民权言者首先是一个通晓'西方原理'的人，哪怕只是以一种肤浅的方式。"在这里，我们如何理解"中国的民权言者"与"西方原理"之间的关系？

王：这句话在当下也适用。譬如，在中国《刑事诉讼法》中，我们现在的立法者并未像西方同类法律那样规定犯罪嫌疑人的"沉默权"。为什么？首先你不能假定中国立法者不知道沉默权在西方的价值，恰恰相反，正是因为他们"通晓西方原理"而舍弃了这个规定。因为中国的立法者所面对的是中国问题，而不是西方问题。同样的道理，近代中国的民权倡导者们通晓民权在西方的"个人主义"意义，但这个价值并不如把千千万万散落在中国各个角落的国民凝结起来，为一个繁荣强大的中国去努力重要。个人的价值孕育于国家之中，这是中国近代民权主义的核心。

问：在《宪法概念的起源及其流变》里，您分析了"宪法"的多层含义，给我深刻的启发。前些日子，中共十八届四中全会提出要"依宪治国""依宪执政"，那么，我们应该如何理解其中这个"宪"字？

王：宪、宪法这些语词或概念在中西语境里是不同的。西方的宪法概念蕴含于其宪政体制之中，中国的宪、宪法则潜沉于中国政制里，同时也杂有中国传统的意义。宪，在中国的古语里被解释为"悬法示人曰憲，从害省，从心从目，观于法象，使人晓然知不善之害，接于目，怵于心，凛乎不可犯也"，也有"祖述尧舜，宪章文武"之言。这与我们今天理解的宪法是根本大法是相通的。

问：在《一个最低限度的法治概念》里，您比较了中国法家的法治观和普世主义的法治观；前者常常被认为是一种工具主义的、功利性的，后者则被认为是一种包含了自由、权利价值的。我们应该如何看待法家这种所谓工具主义的法治观？它和中共十八届四中全会里强调的“法治”，是不是同一个概念？

王：关于法治概念，在西方也有不同的理解。以拉兹为代表的是形式法治主义，当然西方也有普世主义的法治概念。就可能性而言，我比较赞同形式主义的法治。如果把法治置入自由、权利等要素，那这很难把法治与其他价值概念区分开来。实质上，西方的政制带有一种“叠合”特征，民主、自由、法治、宪政是叠合在一起的，如何作出区分？法治就是法治，不应该再附加有关自由、民主的含义。事实上，非西方国家因其文化传统的差异，也很难真正接纳西方普世主义的法治概念。相反，形式主义法治倒是与中国法家的思想挺接近。如果我们真正落实了工具主义的法治，那也就很好了。

问：在《水：中国法思想的本喻》中，您写道，西方法仿照理念或自然法则，中国法则仿照水的自然秩序。我们能否认为，西方法是理念与逻辑的，而中国法则是经验的？二者之间的差异意味着什么？

王：从法学的角度上讲是这样。西方的法律从古罗马以来就是根据“自然法”进行推演的，而中国法的观念则来自“经验”，譬如，“礼”的运用。当然，有关法的思考的一个原型肯定与中国圣人们对水的观审有关。静水则平，可以做规矩使用。孔子、庄子都是从静止之水联想到法的。如果从法的运用层面来看，无论西方、中国，都注重经验。英美法的“遵循先例”原则自不待言，就像德国法、法国法，其规范的延续也是从祖传的经验而来。

这两者不矛盾。

问：在《宪法概念的起源及其流变》中，您提到美国联邦宪法因马歇尔大法官而法律化、实在化、司法化，这是否和西方古代传统自然法的式微相关？和马歇尔大法官本人律师出身这一事实是否也有关系？还有就是，中国宪法能否实现法律化、司法化？

王：这是两个问题。第一个问题是有关美国宪法的。就我的阅读经验而言，美国的宪法怎样制定出来的是一回事，对其做如何解释是另外一回事。比如美国学者柯文就是从自然法解释美国宪法的，因其有"高级法的背景"，所以宪法才成为根本性法律的。后来美国联邦最高法院大法官马歇尔通过一个案件的判决，使得宪法与其他法律一样也可以在法院里使用。这可能与马歇尔的律师身份有关，律师大都具有务实的风格。宪法的司法审查也就由此而来。这是美国宪法实施的方式。

第二个问题是有关中国宪法的。对此，我们能不能最好不要用宪法的法律化、司法化这样的概念表达中国宪法问题？官方的概念是宪法的"监督实施"。实施这个概念比法律化、司法化更为广泛一些。党的四中全会决定，要实施国家的宪法宣誓制度、规定宪法日。这些都是宪法实施的内容。当然，仅此是远远不够的。在条件成熟的时候，还应建立一个专门的宪法监督实施机构。宪法与平民百姓的权益息息相关，说到底是与宪法的具体条文相关联，只有在专门机构里实施宪法条文，中国公民才会真正感知宪法的根本，才会自觉地守护宪法。

问：现代宪法本身可能是现代国家的产物，在中国语境下，我们的"八二宪法"与历史传统是一种怎样的关系？

王：中国现行宪法毫无疑问是当代中国国家、社会的产物。

它与我们这个国家从1978年以来的实践有关，也与我们的整个国家制度的发展变迁紧密相连，包括政治的、经济的、社会的、文化的、军事的，等等。当然，它也与我们的历史传统不可分割。总体说来，有以下几个方面：一是儒家传统，“民为邦本”的思想沉潜于宪法文本的背后，人民构成了宪法的基础；二是中国近代的经历，追求“民主、富强、文明”是宪法的目标；三是继受马克思、列宁主义的思想形态，人民代表大会制度是其结晶。

问：在写作《法的中国性》时，您是如何界定“中国”这个概念的？

王：“中国”是我们生长、饮享生活的地方，但如何认知我们这个国度的确是个问题。中国不只是个地域范围，它有着自己的文化符码，也有着自己的思维方式和审美特征。即便吃肉，我们也习惯使用筷子；一杯清茶喝出的是一种别样的人生。这都是“中国”。就《法的中国性》而言，中国这个概念主要有几层意思：一种不同于西方的文化传统，一种属于自己的“近代历史”，一种因文化、习性所培育起来的“国性”，一种特定的国家性格。

问：“法的中国性”是对中国当代政法制度本质的高度概括，同时，它也提供了一个观察、理解、阐释中国法的新视角。在您的思想之旅中，是如何形成“法的中国性”这一概念的？

王：在我的阅读思考过程中，随着年龄的增长，智性虽无长进，但经验可能还是丰富了一些。这个概念的形成来自这样一种阅读和思考：无论何种事物只要到了中国，它一定会变成我们自己的东西。这并不包含价值上的评断。我不同意中国是个“大染缸”的说法，这太负面。我也不习惯从正面加以判断，因为无论好坏，它都存在那里。将它作为一种价值中立性的描述和阐释可能会更好。譬如，印度的佛教，到了中国就变成了我们自己的禅宗；麦当劳、肯德基都是西方的快餐，而来到中国之后便成了儿童生日聚餐的场所，而且也可兼卖油条和豆浆；来自法国优雅的红葡萄酒，我们可以兑着可乐喝。在政法制度层面，“中国性”概念更有着极强的解释力。啥叫“法官”？我们过去没有这个概念，因为我们是司法行政一体化，处理行政事务与审理案件都在衙门进行。“法官”是个外来词，但这个词本身又是非常中国化的。“法官”是个“官”，无法脱去行政的色彩；又譬如“法院”，以前咱们也没有，是个舶来品，但这个中文词很有意思，带个“院”字，有“院”就有“院长”，肯定是个“官”。而这些东西在它的原生地西方则是完全独立于行政的东西。这就是中国性，一种无法褪去的中国底色。

问：在中国法学界，有学者提出了“法治的本土资源”这个概念，而您提出了“法的中国性”。在“本土资源”与“中国性”之间，有什么异同？

王：在我的阅读范围内，“法治的本土资源”这个表述是由北京大学的朱苏力教授首先使用的。这个表述暗示了这样一种存在：域外的“法治”要在中国落地生根，必须考虑“中国土壤”，而所谓的“资源”肯定首先指的是类似于“土地”这种“不动产”。即是说，“本土资源”与“中国性”这两个概念无论在语义还是方法论上都有明显的区别：“本土资源”意指的是中国既存的一种东西，探求这种东西是法治研究的前提和基础；而“中国性”侧重的是“外来之物”经过中国的“化合”之后所形成的一种既定状态。譬如，“中国的麦当劳”就带有中国性，虽然它来自美国，而且在食材上也大同小异，但其经营的方式和范围却已发生改变。

问:《权力与技术》是一篇关于劳动教养制度的宪法学分析的文章,它向我们展示了一种全新的中国式宪法问题分析方法。您能从一般意义上跟我们说说如何进行宪法问题分析吗?

王:这属于技术性问题。因为有关劳动教养的第一个行政法规援引了1954年的宪法条文,这在中国的立法史上非同寻常。因为在中国,通常的立法一般不会直接引用宪法条文的。这给我一个启发:既然劳动教养法规与宪法有关,为什么就不能从宪法学的角度进行分析呢?当然,如何分析或阐释还要以写作者自己的阅读、思考的方式方法为基础。

问:《被创造的公共仪式》是对"七五宪法"的一种解读,在这种解读中,包含了怎样的路径和方法?

王:这有点类似于上面的问题。在我们的宪法学教科书里,一种通行的观点和看法就是:1975年宪法是一部"坏"宪法。这引起了我的兴趣:为什么说它是"坏"的?判断一部宪法的好坏标准是什么?在此文中,我提出了"贴近阅读"这个方法。即是说,一部宪法的好坏不能单纯用"政治正确"这个标准加以判断,不应该忽略宪法是否准确地容纳和反映了当时的社会现实这个观察问题的视角。

问:《法的中国性》的重要价值或许在于,在法学界身陷西方学术规范、话语霸权和众多学者自我西方化的重重包围中,坚持了中国学人的主体性,并创造出一套独具个人风格的话语体系和论证方法。您能和我们谈谈当下中国学界关于学术主体性方面的问题吗?

王:我同意这样一种看法:"目前的中国正面临着这样一个不借助于西方语词便无法表达、但借助西方语词又不能准确表达的困境，这可以说是我们当前的最根本的困境。"具体说，近代以来中国人文社科的主流表达依据的是"（西方）先进—（中国）落后"这样一个二元结构，它构成了一百多年来我们表达自己的一个基本范式。《法的中国性》试图颠覆这个图式，回归中国的主体性。但这也遇到了一些困难："先进—落后"范式真的失效了吗？是总体失效还是部分失效？是在什么层面上的有效或失效？如何应对这些问题，是中国学术真正回到中国的基本前提，每一个中国学者都得面对它。

问：您自己是一个有独特学术理路的学者，同时也是刊物的主编，在研究和主编刊物的过程中，对法学研究、法学论文写作肯定有自己的看法。您能跟我们谈谈这些看法吗？

王：这两个角色有点尴尬，我通常的做法是：在学者面前我说自己是个编辑，在编辑面前我强调自己是个学者。其真正的意思是两面都没干好。就通常的经验而言，一个学术刊物的风格肯定受主编的影响，而一个主编也会偏爱与自己风格相同或类似的学术作品，这是毋庸隐言的。谈如何写论文，如同回答如何写小说一样困难，要么是些空话，要么无法回答。

一篇论文总要选一个能进行阐释的题目吧，论证需要文献和资料这也是最基本的，避免文字上的政治化、口水化，看起来像篇论文，也就差不多了。如此而已。

让人笑话了：自己没写出好论文，又怎好意思开这样的口呢！

第一版序

寻找“中国性”

这是几篇陈文旧章，不知能否凑够现在这个小集子所需的字数。作为作者，只有在这个时候才真正体会到了懒惰的坏处：“经典都是小书”这句话在这里成了名副其实的自嘲。

现在想想，这几篇文字都是过去隔三差五、有事无事的时候写的，当时并未意识到写它们“要干什么”。现在回头看看，心里生出了那么一点小欢喜：这几篇小章短文联结着这些年读书思考的一个圆心：中国人的中国性。这让我想起了一个外国人曾经写过的一段话：

> （中国人）怀着被礼貌隐藏起来的不屑和厌恶，他聆听着一些（外国的）外交官员认真而不合时宜的劝诫关于在中国修建铁路的好处，他看到了潜藏于评论之下的自私，于是立即兴高采烈地认真谈论起演讲者大衣纽扣的价格，或者就是对外国人为什么没有发现西瓜子作为一种食品货物的价值表示好奇。

这是19世纪晚期来华传教、后又成为外交官的美国人何天爵(Chester Holcombe)于1900年在《真实的中国问题》一书中的话。我不掩饰受这本小书的影响,也从不人为地抑制读这本书的兴奋之情,虽然香烟的烟雾总是刺激着眼睛。这段话是作者对同时期在华传教士——包括他的同乡、比他出名得多的美国传教士明恩溥——对"中国人缺乏逻辑思维"这个西方命题的"佐证"和回应。白种人的优越感不在于他们的傲慢,而在于把中国人特有的"礼貌性拒绝"都当作思维方式的弱点。① 在这个问题上,就是大智大慧的鲁迅也免不了被明恩溥的《中国人的气质》一书附体,无法脱身。② 譬如,有关"面子"这个中国概念,好像"面子"就是中国人"黄脸"的皮外特征。③

话已至此,就把这个小集子权当对何天爵这段话的一种应答:什么是中国性?④ **中国人有自己处理问题的方式,也善于倾听别人的意见和吸纳别人的东西,但倾听和吸纳的方式又是自己的;他们可以接受西方,但强加的不行。**中国接受外物的方式与西方相比,总是差那么薄薄的一层:既捅不破,也丢不了。一个怀揣人类理想的民族要想真心帮助这个民族的一个前提,就

---

① 西方在华传教士对中国的表述有一个共同特点:在叙述的显眼处都会廉价地恭维这个民族几句,然后才说出自己的真实看法。等看完了全篇就会发现,原来的那些恭维话只是为了一种反讽的修辞需要。

② 当然,鲁迅对西洋文明的接受不是单一的,也不是碎片化的,而是一种整体的姿态,一种全景式的观望,而这种观望又是通过尼采、易卜生、拜伦等而完成的。他最终接纳的不是西洋文明,而是由这种文明的本源所呈现出的那种意象。

③ 若有时间和心情,以后专做一篇有关中国人"面子"的文章。

④ 16世纪,欧洲还能以谦卑的态度观看基督教以外的人类世界,如印度、中国和印加文明,这也注定了一种无可救赎的人类多元性存在,无论这以后的欧洲多么傲慢、多么大男子主义。

是首先要对它尊重[①]，哪怕在助人者看来有些东西如此的不可思议[②]。“本土化”这个词在别的地方意味着要倍加努力，而在中国却是稀松平常。这块土地既不是“大染缸”，也不是漂白剂，事实的真相只有一个：它有13亿人，要想一个东西能让这么多乌拉拉的人都接受完全不可能；即便接受，也要经过他们的七嘴八舌、唧唧歪歪，最后他们会骄傲地说，“那东西原本就是我们自己的”。

我不是个做学问的人，但也从不谦虚地声称自己是个阅读者和思考者，因为对我而言，看和想比写容易。作为外行，我不喜欢这样一种做学问的方式：手里拿个罗盘，像个风水大师，口中振振有词，或是默念或是高喊，然后指指点点，最后把烧的一张纸向空中一抛，便有了结论。

写出上面这些话，有两个意思：一是书一般都有个序言；二是加点现在的想法。如此而已。

王人博

2014年7月14日

---

① 比如，明恩溥在把中国与英、美比较的时候，总是避免用“英国”“美国”这种带有地域色彩的词汇，喜欢且常用的是用以区分种属的词——盎格鲁－撒克逊民族。

② 西方传教士特别爱抱怨中国人迷信，但他们没有能力区分：“迷信”是中国百姓的日常信仰还是喜欢那些多少带有些想入非非的故事？实际上，中国人既对狐狸成精的故事津津乐道，也对有狐狸皮毛的衣服乐此不疲。

民权词义考

一

有缺陷的方法论

民权概念是中国宪政文化中的核心元素，这是无大疑义的。本文要提出的问题是：近代以来，中国的知识分子是如何认识和运用民权概念的？民权的话语所表达的是一种中国式的民族意义诉求，还是西方式的宪政诉求？怎样诠释民权概念的中国语境（Context）？

民权与其他的近代性话语和实践一样，大都由西方及其文化衍生、激发。但这并不是说，中国的近代性完全是西方性的。问题是，中国的知识者在遭遇西方物质和精神的过程中，是被动地模仿了西方的"民主"还是积极地、创造性地运用了民权这一独特的概念？中国学界对此的认识和解释，主要受西方两种方法论的影响：一是美国的费正清学派，二是"中国中心观"。以费正清为代表的哈佛学派根据"挑战—回应"的理论范式，认为中国的近代化就是在西方挑战下一个被动的"受刺"过程，即是说，中国人在西方强大的压力之下，只能逆来顺受，被动回应。[①] 与此相应，中国诸多的近代性话语和实践也就成了一个模仿西方的结果。在这种语境(Context)下，民权话语的使用以及运用方式的差异当然地成了判定是学习西方还是固守传统、是进步还是守旧的尺度。这也是我们当下主流学术话语在评断中国近代性时所秉承的标尺：主张西方式民主的为进步派，反对的为顽固派。[②] 西方对中国的近代性肯定是有意义的，无论是正面的，还是负面的，但西方之于中国近代性的意义不能被无限地夸大。事实上，晚清时代的中国，既有西方带来的“外患”，也有穷途末路下的中国封建社会自身的“内忧”，在这双重压力之下，中国人既有应对，也有自己主动性的思考和选择。即是说，“挑战—回应”的范式无法接纳中国的“主体性”这一根本性的要素。对近

---

① 费正清及其学生在一系列著作中，都过分强调了西方对中国的“挑战”所产生的意义，而忽略了“选择”这个概念在近代中国所包含的复杂意义。费正清说：“在我们新大陆，我们帮助产生了近代世界；而近代世界却是被强加给中国人的，中国人不得不咽下去。”(费正清：《中国：人民的中央王国与美国》，剑桥，1967 年，第 104 页)而他在其他的著作如《剑桥中国晚清史》《剑桥中华民国史》中都进一步表达了这一观点。汤因比作为一个历史学家，他运用“挑战与迎战”的理论范式，旨在说明环境对人类的影响和意义，但这并非意味着它无条件地也适用于一种文化和另一种文化的关系。(参见[英]汤因比著、曹未风译《历史研究》三卷，上海人民出版社，1997 年)

② 对中国近代思想或思潮的评价，当下仍受困于“革命”的意识形态主宰的话语，譬如，对孙中山的“民权主义”和梁启超的“民权论”的评述，全然不顾“民权说”自身所蕴含的“中国性”的意义。除此而外，在表象上接受西方的程度也是评说中国近代性不可替代的工具，梁启超的“民权论”之所以不像孙中山的民权主义那样进步，也主要是梁的理论在应对西方“挑战”时没有达到应具有的标准。这可以省去中国式的思考可能带来的麻烦。这也是当我们使用“保守”一词来称谓梁启超时，该词全然不具有在英国的那种意义，而更多地是表达一种不满的主要原因。关于“保守”一词在英国的使用，可参见余英时《钱穆与中国文化》中《中国近代思想史上的激进与保守》，上海远东出版社，1996 年。

代的中国而言,“主体性”一词包含了太多、太复杂的意义。虽然,在近代的世界格局之下,中国的角色不断地被边缘化,但沮丧之中仍有中国自己的智慧、谋略,既有学习也有创造。民权话语的创设和运用便是一例。

与哈佛学派的理论范式相反,“中国中心观”的兴起则代表了西方另一种学术趋向。美国学者柯文的《在中国发现历史——中国中心观在美国的兴起》一书则是代表。该书引发了这样一种观点:中国的近代性并不是西方刺激的结果,而主要是由中国社会内部自我生发出来的。[①] 随着日本学者沟口雄三的《中国前近代思想的演变》在中国的翻译出版,作为反抗“挑战—回应”的“西方中心主义”范式的“中国中心观”在中国学界受到了热烈欢迎,这是易于理解的。[②] 沟口先生为了反抗将“近代”一词作为西方“优越地位的指标”,进而对中国的“民权思想”作了“中国中心主义”的分析。[③] 在该文中,沟口先生虽然从中国出发分析了中国“民权”的特色,但他回避了一些重要问题:民权概念在中国是如何形成的?是在遭遇西方之前还是之后?怎样来界定中国的民权概念?它与西方的民主主义话语之间有无关联?是怎样的一种关联方式?

这些问题的被消解恰是“中国中心观”的缺陷之所在。作为一个近代性的概念,民权在中国的传统文化“基体”中是不存在的。中国传统的“民权资源”在近代性的民权概念之下可以得以

---

① 中译本见[美]柯文《在中国发现历史——中国中心观在美国的兴起》,林同奇译,商务印书馆,1989年。

② 中译本见[日]沟口雄三《中国前近代思想的演变》,索介然、龚颖译,中华书局,1997年。

③ [日]沟口雄三著、孙歌译校:《中国民权思想的特色》,载夏勇编《公法》第1卷,法律出版社,1999年;原文载于台北《中国现代化论文集》。

解释，而不是相反。在对待中国的民权问题时，应有这样一个基本前提：什么是诠释意义上的民权，什么是概念性的民权。对此，“中国中心观”的分析框架首先是混淆的。

无论是“西方中心主义”的“挑战—回应”范式还是“中国中心观”，都不是观察和分析中国问题的确当方法和路径，在研究民权问题时尤其如此。我以为，一种比较妥切的方法，应该是在充分吸取上述两种理论的合理元素之基础上，充分注意“近代”这个特定的“场域”。本文不是把“近代”作为一个带有强烈西方色彩的“进步性”概念，而是作为一个中性的时空概念，并通过民权话语的复述来解读中西在这个时空中所构成的复杂关系。前一种理论范式的可借鉴之处，在于它凸现了一个成功了的“西方”为一个接连遭遇失败和挫折的中国提供了一种复杂的“诱惑力”；后一种理论范型，则认识到了中国由这种“诱惑”而产生的某种“联想”和唤起的某种记忆。由此出发，我想用“物境(Circumstances)、联想、记忆”这三个元素作为分析民权问题的方法或路径。

方法：物境(Circumstances)、联想和记忆

“物境”(Circumstances)一词可以用来说明中国的民权概念、民权话语建构所因应的问题。民权话语在近代中国的形成、流行，并不是因其把民权作为一种制度性架构——以解决国家权力的来源、归属和分配问题——来看待，而是首先把它设想为一种能解决中国国家和社会衰败、滞弱的器具。即是说，民权概念、话语在近代中国这个特定的时空中的形成，并不是表明中国传统国家、社会已进化至可以接纳民权体制这样一种文明程度；

恰恰相反，是因为中国在西方面前的“退步”、落后而需要民权的“疗效”。民权是中国遭受一系列挫折的产物，而不是进化的结果。这里所说的“挫折”有两层意思：一是指中国人在与西方对照中发现自己的“落伍”而产生的挫败感，二是指中国传统国家和社会自身显露出的深刻危机。①

“联想”一词可以确当地描述西方压力下的中国反应方式。在物质和军事上遭遇西方之后，中国就彻底地改变了对世界的传统认知模式。从传统的“朝贡制度”到“条约制度”，中国不仅丧失了“中央大国”的政治权力，而且也失去了文化上的“话语霸权”。传统话语的优越感只能退缩到儒家派别的内部，而条约制度带来的耻辱感促使中国人不得不真正正视西方。中国的儒者可以蔑视西方的道德，但不能不认真地看待西方的强力。从魏源的“师夷长技以制夷”到张之洞的“中学为体，西学为用”，面对西方的文明，中国的儒者产生了一种诱人的“联想”：“以夷为师”。这反映了身处弱势文明之下的儒者面对西方的强势所必

---

① 根据国外学者的研究，这种危机在中国所谓“康乾盛世”的乾隆时代就已暴露出来。如，过剩的人口所产生的压力、中央官僚体制运转的失灵、统治层面对事件的错误反应等。（参见[美]孔飞力《叫魂——1768 年中国妖术大恐慌》，陈兼、刘昶译，上海三联书店，1999 年）另外，对 19 世纪中叶以后的传统社会内部随太平天国农民起义所出现的严重危机以及这场起义本身，西方学者也有过这样的描述：“这场重大的起义，就像一个值得夸耀的肉体上的旧痛疽一样不可愈合，如果盛行的传闻可作为一个线索，那么事态会继续恶化。……额尔金勋爵谈到中国人时所说的‘他们那个衰落文明已千疮百孔、腐朽不堪’。……虽然情况可能一直如此，但这句话依然是相当真实的。政府的古老基础完全腐烂了；其等级和秩序被打破了；其豪华的装饰品成为破烂。它不是吞噬这个国家的唯一的食尸鬼。天灾人祸，纷至沓来，腐败丛生，积弊日甚；没有人能说出何时才会有一个结局，其结果又会如何。”（《北华捷报》1860 年 1 月“社论”，转引自[美]芮玛丽《同治中兴——中国保守主义的最后抵抗》，房德邻等译，中国社会科学出版社，2002 年，第 14 页）

然形成的复杂心理。英人哈耶克氏对这种“联想”有过很好的解释。他认为:使西方世界得以充分地利用了那些能够导致文明发展的东西,并不必然地成为非西方世界发展的动力。接受过西方训练和教育的非西方知识分子往往会自觉地承担起向其人民传播思想和知识的使命,然而,这些知识分子在接受西方训练和教育的过程中,所习得的并不是西方早先建构文明的方式,而主要是那些由西方的成功所引发的各种替代性方案的梦想。[①]中国近代的早期儒者虽然没有接受过西方训练,也没有受过西方的正式教育,但西方在中国成功的“事实”是最好的老师,而学生可以在老师的身上产生某种诱人的联想。当年轻的士子梁启超大声疾呼“问泰西各国何以强?曰:议院哉!议院哉!”之时,他从现时态的西方身上可以联想到将来时态的中国。作为议院核心元素的民权,不管它在西方文明体中的“建构过程和方式”如何,它的存在状态就可激发中国人对“富强”的一种想象力,可以成为一种“替代性的方案”。正是这种由西方而产生的想象力,催动了中国有关民权概念的创造和使用,促使民权话语在知识界流行。

联想既是对对方的一种省视,也是对自己的一种观照。对民权—富强的想象明显地关联着中国国家和人民在国际中的卑贱地位,关联着中国人的沮丧情绪。近代为中国带来的精神创

---

① 参见 Fridrich A. Von Hayek, *The Constitution of Liberty*, The University of Chicago Press, 1960 , p3。中译本见[英]哈耶克《自由秩序原理》,邓正来译,生活·读书·新知三联书店,1997 年,第 3 页。

伤，最终须靠民族的强盛所治愈。[①] 而在当下，若要使联想减少因此而可能产生的自卑感，就须从自我的观照中找到自信心和自尊心的某个支点。联想，能够唤起某种民族的记忆。中国在西方面前的挫败感可以从自己的民族记忆中得到慰藉。民族记忆就像一个人的成长经验，它可在人生的挫折中发挥唤起自尊和自信的作用。有着某种民族记忆的支撑，联想就可转化为一种创造力。可以说，民权概念被近代中国的知识者创造出来时，中国的“民”已是四分五裂，散布于中国的各个阶层和社会的各个角落，各自在忍受着既相同又不同的痛苦。“民权”一词便是一声吆喝、一种召唤，希望把社会各个角落里的人们通过某种方式募集起来，为中国的强盛而应征入伍。“民权”也意味着对“重民”传统复兴的呼唤，或者说民权概念本身就是为了唤起“民本”的民族记忆。“所谓‘民族记忆’，像其他文化产品一样，似乎不存在先验的神性。与其说是一种文化心理的积淀，不如说是特定历史条件的产物。”[②]民权概念的推行需要重构历史上的“民本”，这样既可以表明西方的民权话语在中国照样有着渊源，在这方面中国毫不逊色；又可以消解“民”在实际上早已存在的社会鸿沟和隔膜，意味着民的代言人欲要与民众打成一片。因此，民权概念本身是“唤起民众”的最雄辩的修辞，而诉诸《尚书》和《孟子》等伟大经典的“民本”的“宏伟叙述”（Master narrative），

---

① 即便到了20世纪20年代，中国的知识者也仍把自己的挫折感和国家在世界上的卑贱地位联系起来。例如著名作家郁达夫在其作品《沉沦》的结尾有这样的话：“祖国呀祖国！我的死是你害我的！你快富起来，强起来吧！”（夏志清：《二十世纪中国小说》，转引自［美］安敏成《现实主义的限制——革命时代的中国小说》，姜涛译，江苏人民出版社，2001年，第42页注①）

② 陈建华：《“革命”的现代性——中国革命话语考论》，上海古籍出版社，2000年，第38页。

是唤醒民族记忆并使之升华的最佳再现方式。

近代中国的物境（Circumstances）使中国的知识者对西方因民权而强盛的成功经验产生了丰富的联想（不管西方的强盛是否真的由民主所致），民权便成了解决中国问题的可替代性方案。为了医治可能出现的由联想而发生的自卑感和挫败感，中国的知识者便从民族的"民本"记忆中找到了灵丹妙药。民族的民本记忆无疑是缓解因由西方民主的诱人联想而可能产生的疼痛的一剂解药。

二

来源：中国与西方、明治日本

康有为说："仆在中国实首创言公理，首创言民权者，然民权则志在必行，公理则今日万不能尽行也。"①康把自己看作近代中国倡导民权的第一人，这符合他的性格。对此，曾作为康有为门人的梁启超在他的《南海康先生传》一文中也有类似说法。尽管如此，这也很难证明康梁师徒的说法就是真实的。康梁的这种叙事方式，并不能排除他们借助了当下流行的民权概念对事件进行叙事的可能性。梁启超在追述他主笔的《清议报》时，就认为提倡民权是该报的唯一宗旨，尽管事实上《清议报》并非如此。这里的"民权"更多地是在诠释意义上使用的，或者说，在这里，梁启超主要是把"民权"作为表达该报主旨的一种修辞方法。由此，我们可作这样一种判断：梁在对有关事件进行追忆时，民权话语已流行于知识界，而这种流行可能与该报有关，也可能无

① 汤志钧编：《康有为政论集》上册，中华书局，1982年，第476页。

关;康梁师徒可能是民权的鼓吹者,但未必是使用民权概念的第一人。[①]

有学者考证,“民权”一词既不见于中国典籍,也不是康有为的发明,而是西文 Democracy (民主)的日本译法。日人之所以把 Democracy 译作“民权”,是因为“民权”一词更能凸现“人民权力”之义。[②] 但这个说法似乎并不能成立。日本学者沟口雄三在《中国民权思想的特色》一文的开篇即分析了民权概念在中日间的重大差异:

> 两者之间横亘着难以逾越的两国传统之差异,即一方是根植于中国易姓革命思想的传统;另一方则是根植于日本万世一系的天皇观这一历史事实。这种不同,成为导致两者的政府与国民观、君民观相异之母体。
>
> 换言之,日本明治时期的民权不包含对天皇(国体)的反乱权。反之,中国清末时期的民权则含有对皇帝(王朝体制)的反乱权。这种差异,乃是两国不同的历史基体所导致。[③]

---

① 梁启超在《南海康先生传》中高度评价了他的老师的伟大,认为康有为是可以与卢梭、马志尼、吉田松阴比肩的“现时之人物”“造时势之英雄”,是中国民权的首倡者。为了说明他与其师在思想上的密切关系,他认为,其主笔的《清议报》把提倡民权作为唯一宗旨。(见《南海先生传》,《清议报》第 100 号;《饮冰室合集》文集之六,第 66 页)日本学者通过对《清议报》的考释,也证明梁启超有关该报宗旨的叙述方式是修辞学的,而不是实证意义上的。(参见[日]狭间直树《〈新民说〉略论》,载狭间直树编《梁启超・明治日本・西方——日本京都大学人文科学研究所共同研究报告》,社会科学文献出版社,2001 年,第 70 页)

② 韦杰廷和陈先初两位学者便以此为据而展开对孙中山民权主义的研究。参见韦杰廷、陈先初《孙中山民权主义探微》,广西师范大学出版社,1995 年,第 24 页。

③ [日]沟口雄三著、孙歌译校:《中国民权思想的特色》,载夏勇编《公法》第 1 卷,第 3 页。

上述言论虽不能证明汉语中的“民权”与日文“民权”的渊源关系，但至少已侧面告示了“民权”是西文Democracy的日译的说法存在问题，因为既然日本的民权概念包含了对天皇权的敬畏之意，又怎么能说“民权”一词比“民主”更能凸现“人民权力”呢？

据日本学者实藤惠秀考证，Democracy在近代日语中被译作“民主”。而《日本国语大辞典》和《日本语大辞典》也把“民权”和“民主”分列两词进行解释：民权是指人民参政的权利(Suffrage)，人民的人身和财产的权利(Civil Rights)。“民主”是指人民的主宰者地位和人民主权。这就证实了“民权”是Democracy的日文译法的说法不确。

事实上，对民权的语词来源问题，中国的早期学者早有述及，只是并未引起中国当代学术界的注意而已。据何启、胡礼垣的考释，中文的民权一词很可能是由日文的“自由”(Liberty)经中国的知识者转译而来：

> “里勃而特”译为自由者，自日本始。虽未能尽西语之意，然以二字包括之，亦可谓能举其大由。自由二字而译为民权者，此必中国学士大夫读日本所译书者为之，其以民权二字译“里勃而特”一语，吾无间然，独惜译之者于中外之理未能参究其同，阅之者或至误猜其意。①

何启和胡礼垣的说法或许有一定的根由，但上述的两部日本辞书仍是把“自由”和“民权”作为两个词来分述的。而在中文

① 何启、胡礼垣：《劝学篇书后·正权篇辨》，载《新政真诠》五编。

文献中，它们也是被分成两个词，如严复的《原富》按语中即同时出现有“自由”“民权”二词。日文的“自由”一词含义颇繁，作为西文的译语则有二：一是 Freedom，二是 Liberty，前者主要指精神的自由，后者主要指政治的自由。法学意义上的“自由”指的是法律上的权利。从这个意义上讲，民权也可理解为法律意义上的“自由”。严复把 Rights 译为“权利”，后又主张译为“民直”而与“民义”（Obligation，又译为“义务”）相对应。《东浙杂志》1904 年第 4 期所刊《民权篇问答》称：“权在西书者为 rights 五字，此五字者，或译为毅力，或译为愿力，或译为心德，日本人概译为权。”唐才常引王韬语：“欧洲有议院，有国会，君民共治，一秉至公，所有法律，皆受成国会，故其为法，以护人民权利为主。”杨度言及“民权”时亦说：“民若皆知国者我之国，而君为民而设者也，则必于身命财产之权利各出其死力以自保。”中国的知识者或许正是从日文的“法律自由”的意义上使用民权一词的。①

词性的变异

严复虽然在其著作中把民权和自由分为两个词来使用，但民权的“自由”之核始终为严复所强调。他认为，民权就是“民有权而自为君者”②，并进一步解释说：“夫制之所以仁者，必其民自为之。使其民而不自为，徒坐待他人之仁我，不必蕲之而不可得也。就令得之，顾其君则诚仁矣，而制犹未仁也……。在我

---

① 有关这方面的考论，可参见谢放《戊戌前后国人对“民权”、“民主”的认知》，载《二十一世纪》，2001 年 6 月号。

② ［法］孟德斯鸠著、严复译：《严译名著丛刊·孟德斯鸠法意》上册，商务印书馆，1981 年，第 96 页。

者，自由之民也；在彼者，所胜之民也。必在我，此之谓民权。”①在近代中国宪政文化史上，这是我所看到的对民权语词最明确、最有心意的一种解释。不管民权语词是否由日本的西文译法而来，这表明处在近代物境中的中国知识者对问题有着自己的独特观察、见解和诉求。

我所感兴趣的问题是：既然民权与西文的 Liberty 一词相通相感，为什么中国的知识者还要将其分为两个独立的词？为什么用“自由”（Liberty）的语词就可表达清楚的问题而不嫌累赘地非要另设一词？“民权”符号代表的是一种什么样的诉求？我也注意到，戊戌前后的中国知识者虽然也接受和使用“自由”一词，但它始终不如民权这个语词在知识界那样流行和持久。究其原因，除来自西方的“自由”一词本身在中国的语境中容易引起误读而不能准确地表达某种诉求之外②，重要的是“民权”语词能与身处近代物境中的中国建立起更为密切的联系，更能清晰地表达言说者的意愿、希求和期待。而且，民权概念自身也有贯通传统、唤起民族记忆和缓解传统政制的压力以及抑制结构性骚动的作用。

在中国的知识者看来，身处近代物境中的中国所遇到的最大问题是皇权体制运行机制的失灵：由传统民本话语提供的君民和谐关系受到了极大的破坏，一方面表现在民对国事的漠不关心和麻木不仁，另一方面也表现在君对民缺少关怀和不负责任。而作为连接君民关系纽带的“臣”也已腐坏，君臣民三者间

---

① 王栻编：《严复集》第 4 册，中华书局，1986 年，第 972 页。

② 作为早期的中国自由理论大师的严复已意识到自由概念在中国产生的负面价值，所以他最后不得不用“小己自由”和“国群自由”这两个矛盾的用语来表达他的诉求。（参见王栻编《严复集》第 4 册，第 985 页）

的隔阂使“政令无以下达，民瘼无以上闻”，这就导致了政府效率的极其低下和反应能力的迟钝。这也是中国在西方面前跌倒而爬不起来的主要原因。看一看中国知识者对传统皇权政制的怨恨，就知道他们为什么喜欢用民权这个词。这种怨恨在严复这个对西方的政制有真正认识的知识者那里是最典型的：

> 秦以来之为君，正所谓大盗窃国者耳。国谁窃？转相窃之于民而已。既已窃之矣，又惴惴然恐其主之或觉可复之也，于是其法与令蝟毛而起。质而论之，其什八九皆所以坏民之才，散民之力，离民之德者也。斯民也，因斯天下之真主也，必弱而愚之，使其常不觉，常不足以有为，而后吾可以长保所窃而永世。①

在这种情绪之下，按照西方的标准对中国的衰败作政治上的分析是自然的。严复认为：中国自秦朝以降，为治虽有宽苛之异，而君主大抵都以奴虏待民，既然以奴虏待民，民则亦奴虏自待。这样一来，不仅民德皆无由以增，民力无由以奋，而且必然不能有自觉的爱国心。因此，中国的衰败是必然的。② 与此同时，陷于沮丧中的康有为则直接把中国的不幸归结为传统的皇权体制：“吾国行专制政体，君与大臣数人共治其国，国安得不弱？”③

对皇权体制的怨恨态度与他们使用的民权概念的性质有着直接的关系。从上述的引证中可以看出，西文的 Liberty 主要

---

① 参见严复《辟韩》。

② 参见严复《论世变之亟》。

③ 康有为：《请定立宪开国会折》。

是一个与个体相关的概念,是个体生命在法律中的定位。这意味着当我们在 Liberty 上提出要求时,这是一个法律问题而不是政治问题。日本人基本上把握了 Liberty 一词的要害,而将民权理解为一种法律上的自由。然而,中国的知识者在从日本语汇的接受中,因物境的转移,概念本身的性质便发生了变异,只是这种变化的方式比较隐蔽而已。

梁启超就认为民权是针对"专制政治"而提出的一个名词①,它不同于儒家传统中的"重民"概念,因为"以孔孟之圣贤,其仁政之说,不能禁暴君贼臣之鱼肉人民","治人者有权,而治于人者无权"②。在"民权"的梁木上,一头系着"民",一头绑着"君",而作为社会质料的单个的"人"则成了民权之光无法折射的投影,悬浮于民权光明中的一粒尘埃。对社会空间里被压抑和扭曲的人性的关怀让位于作为阻碍中国国家强盛的皇权体制构成成分的"民",这是中国民权概念特有的质素。进而言之,"民"之被关切,并不是因为其政治的主体重要性,而是因为它被看作组织一种合理体制的重要成分。它是被置于一种能致国家强盛的政制之下的"活性剂"而得到召唤的。非常明显,在组织一种为国家强盛提供服务的政制中,"君"的如何安排与"民"一样重要:离开了君权,民权话语也就失去了场域,没有了喻指,概念本身就变得毫无意义。对君权问题言说得越少、越含糊不清,君权在民权场域中就越重要。可以说,在中国传统皇权体制下的所有民权言说都是通过维护一种与现实君权的特权关系来获取其话语主宰权的。这也是为什么早期的民权话语一直绕越不开君权的原因。

---

① 见《新民丛报》第 6 号,第 89~90 页。

② 见梁启超《饮冰室合集》文集之十,第 5 页。

对此，我们可以从以下的材料中得到确证。与有些学者的考论恰恰相反，中国的知识者在使用民权一词时，也同时把西文中的 Democracy 一词译作“民主”，并与中国古籍《尚书》“天惟时求民主，乃大降显休命于成汤”中的“民主”一词的不同意旨作了比较准确的区分。据考释，早在 1875 年 6 月 12 日出版的《万国公报》第 340 卷所刊的《译民主国与各国章程及公议堂解》一文中，中国的知识者就已对“民主”一词作了准确的解释。该文称：“按泰西各国所行诸大端，其中最关紧要而为不拔之基者，其治国之权属之于民，仍必出之于民而究为民间所设也……治国之法亦当出之于民，非一人所得自主矣。然必分众民之权汇而集之于一人，以为一国之君。此即公举国王之义所由超也，而辅佐之官亦同此例矣。”该文已把“民主”概念中的“权属”以及统治主体问题说得清清楚楚，当是 Democracy 的本义。由此可知，至迟于 1875 年，由西文 Democracy 而来的中文“民主”一词的意旨已由《万国公报》向国人作了比较准确的介绍。随后，严复于 1895 年 3 月在《直报》发表的《原强》一文所说“以自由为体，以民主为用”一语中的“民主”亦当是 Democracy 的意译。Democracy 还被严复译为“庶建”，他在其著作《法意》中说：“庶建乃真民主，以通国全体之民，操其无上主权者也。”《法意》中西译名表：“庶建 democracy，本书中又作民主。”又据梁启超转引严复所言：“欧洲政制，向分三种：曰满那弃（monarchy）者，一君治民之制也；曰巫理斯托格拉时（aristocracy）者，世族贵人共和之制也；曰德谟格拉时（democracy）者，国民为政之制也。”这些都大致符合 Democracy 的本义。①

---

① 对“民主”一词来源的考释，可参见谢放《戊戌前后国人对“民权”、“民主”的认知》。

与民权概念相比，民主一词对中国传统政治话语的颠覆性更为突出，也更为直接。中国的知识者弃掉民主一词而用民权来表达他们的诉求，并非出于一种对君主制的热爱和真诚的守护，而更多地是一种策略的选择。换句话说，在表达把法律诉求转变为一种政治性诉求时，中国的知识者发现民权一词本身具有一种遮蔽性的功能。**民权既可以改变词性，又能起到遮蔽这种改变的作用。**否则，他们就无必要在分别民主、民权词义上极力下功夫。其结果是，他们越想凸现两者的区别，就越要擦干民权伤害君权的痕迹，而越是擦干，这种痕迹就越明显："民权者，其国之君仍世袭其位；民主者，其国之君由民选立，以几年为期。吾言民权者，谓欲使中国之君世代相承，践天位于勿替，非民主之国之谓也。"①如果说，民权的价值就在于能使君权地位更加稳固而世代相传，那是不需要民权概念的。他们既想在皇权体制下分享政治权力，又要使统治者相信民权对自己更有好处。除非中国的皇帝都是傻瓜，否则民权的真正政治意旨是无法掩饰的。戊戌后的梁启超对此并不是真的不解：

> 吾侪之昌言民权，十年于兹矣，当道者忧之嫉之畏之，如洪水猛兽然，此无怪其然也，盖由不知民权与民主之别，而谓言民权者，必与彼所戴之君主为仇，则其忧之嫉之畏之也固宜，不知有君主之立宪，有民主之立宪，两者同为民权，而所以驯致之途，亦有由焉。凡国之变民主也，必有迫之使不得已者也。②

---

① 何启、胡礼垣：《劝学篇书后》，载《新政真诠》五编，第 44 页。

② 梁启超：《饮冰室合集》文集之三，第 76 页。

统治者之所以视民权如洪水猛兽，其主要原因并不是知识界乱用了民权与民主两个概念，而是民权被转变为一个政治词语后，民权与君权之间必然产生的那种紧张关系。梁启超或许知道或许不知道：正是他们在中国历史的通风口点的民权这把火，使得君权这个中心真正受到了被边缘颠覆的危险。民权的言说虽然含混不清，但意志坚定，而且受到某种明确意图的指导和操纵。具体说来，中国的知识者从一开始诉求的就是民权的政治意义，为了达到目的，他们必须认真地选择策略。其策略之一，即是用“人人有自主之权”的表述冲淡民权的“反君权”色彩。

何启、胡礼垣说：“凡以善善从长，止问可之者否之者人数众寡，不问其身份之贵贱尊卑也，此民权之大意也，其所以为此者，则由于人人有自主之权之故。”①什么是“人人有自主之权”？对此，梁启超在《时务报》第9期撰文解释说：“西方之言曰：人人有自主之权。何为自主之权？各尽其所当为之事，各得其所应有之利，公莫大焉，如此则天下平矣。……权也者，兼事与利言之也。使以一人能任天下所当为之事，则即以一人独享天下人所当得之利，君子不以为泰也。”这里的要害处不在于“人人有自主之权”的用语是否妥当，而在于“各尽其所当为之事，各得其所应有之利”一语的虚与委蛇。问题的关键是：以什么作为确定“当为之事”和“应有之利”的标准和法则呢？又有什么样的依靠来保证“人人有自主之权”不是一句美丽的废话呢？有意回避政治结构和绕开君权的政治话语，可以使“人人有自主之权”的表述

---

① 欧榘甲也说：“变之自下者何，泰西诸国是也。当美、法之民之大变也，全球震荡，民智豁开，欧洲诸国，人人知有自主之权，人人知有当为之事，而哗然而起，英民又甚。……迨其后，民气日昌，民权日重。”（转见谢放《戊戌前后国人对“民权”、“民主”的认知》）

具有一种模糊性的空间，以避免君权政制的激烈反应，这正是此种言说有意选择的方式。即便如此，"人人有自主之权"的表述以及"当为之事""应有之利"的解释所潜藏的政治性诉求也是难以遮蔽的。被中国学界视为"维新派"的"对立面"的王仁俊，就曾袒露"人人有自主之权"一语所隐含的真正的政治意味以及其中所潜藏的民主政制诉求。① 被学术界视为与王氏同类人物的张之洞，更是一针见血地指出了民权概念于君权政制的危险性："民权之说，无一益而有百害"，"使民权之说一倡，愚民必喜，乱民必作，纪纲不行，大乱四起"。他解释说：

> 考外洋民权之说所由来，其意不过曰国有议院，民间可发公论、达众情而已，但欲民申其情，非欲民揽其权。译者变其文曰民权，误矣。……近日摭拾西说者，甚至谓人人有自主之权，益为怪妄。此语出于彼教之书，其意言上帝予人以性灵，人人各有智虑聪明，皆可有为耳。译者竟释为人人有自主之权，尤大误矣。泰西诸国，无论君主、民主、君民共主，国必有政，政必有法，官有官律，兵有兵律，工有工律，商有商律，律师习之，法官掌之，君民皆不得违其法。政府所令，议员得而驳之；议院所定，朝廷得而散之。谓之人人无有自主之权则可，安得曰人人自主哉？②

① 王仁俊说："西人之言曰：彼国行民主法，则人人有自主之权。自主之权者，各尽所当为之事，各守其所应有之义，一国之政悉归上下议院，民情无不上达。民主退位，与齐民无异，则君权不为过重。噫！此言其利也，然不敌其弊之多也。即如美之监国，由民自举，似乎公而无私，乃选举时，贿赂公行，更一监国则更一番人物，凡所官者皆其党羽，欲治得呼？"（见苏舆编《近代文献丛刊·翼教丛编》，上海书店出版社，2002年，第58页）

② 张之洞：《劝学篇·内篇》之《正权第六》。

张之洞从议会制、民众的议政权利以及法律的至上性等方面来诠释民权概念甚是到位和妥帖，只是张氏太自作聪明了，他或许并不知道，他所言明了的民权大义恰恰是民权鼓吹者想遮盖起来的。很显然，对中国而言，张氏民权概念的三个要素恰恰是政治问题而不是法律问题。在中国，一个问题若是与政治沾上了边就会成为一个讳莫如深的禁忌，这一点，作为一个深谙中国文化的儒者，张之洞怎么能不知道呢？仅此而言，并不能说明张之洞、王仁俊辈更有才智，而是中国民权鼓吹者的策略还不到家。

张之洞在这一点上是对的：中国知识者的民权言说是一种把一个法律意义上的日本化的概念转换为一个与政治体制相关的中国化的政治性概念的实践，它所指向的是中国的传统皇权体制，隐含了分享皇权的政治要求。

《孟子》的新意义

由上可知，中国的民权言说者不愿意使用“民主”来表达他们的诉求，主要不是因为他们反对西方 Democracy 所代表的那种价值和意义；相反，正是因为他们看到了由民主给西方带来的成功结果，使他们对西方的政制产生了诱人的联想，对其解决当下的中国问题抱有深深的期待。作为一个软性概念的民权，它不仅排除了“人民取代君主”的可能性，而且还利用语言的模糊性遮蔽概念本身对“君权实行限制”的关键语义，使得看上去民权概念所要求的只是让被统治者与统治者的关系更加协调而已。显而易见，用民权概念来表达政治诉求比“民主”更具优越性：它能消解“民主”所蕴含的对君权政制进行颠覆的危险，为表达政治的某种期望创造一个模糊的空间并充分保持语义中的弹性，以便把“统治者”和“被统治者”这两个关键要素都能统合于一个概念中来，以减轻现实政治结构可能对新概念所造成的压力。表面看，民权是一个非常保守的概念，但在“保守”之中又潜有很深的用意：它通过与现实妥协、与君权合作的方式来取得中国社会最大限度的支持和认同，而且这样也便于通过民族记忆来打通传统的“民本”与西方化的“民主”之间的关节，在共同的民族记忆中使话语本身更具有中国性质，以缓解因对西方的联想而可能产生的挫败感和“不适应症”，使“民权”在中国化的语境(Context)中得以再生。

梁启超曾认为，中国《礼记》中的“民之所好好之，民之所恶恶之，此之谓民之父母”就是议院民权思想，《孟子》中所说的“国人皆曰贤，然后察之……国人皆曰不可，然后察之……国人皆曰可杀，然后察之；见可杀焉，然后杀之”也是议院民权思想的基础。[①] 在总结中国失败的原因时，梁启超自然地就把传统的“民本”与民权概念联系起来：“三代以后君权日益尊，民权日益衰，为中国致弱之根源。”他甚至断言：“《春秋》大同之学，无不言民权者。”[②]谭嗣同也有类似的看法：“中国所以不可为者，由上权太重，民权尽失”，他进一步发挥说：“生民之初，本无所谓君臣，则皆民也。民不能相治，亦不暇治，于是共举一民为君”，“君也者，为民办事者也；臣也者，助办民事者也”，“君末也，民本也”。[③] 这种民族的集体记忆是民权话语在中国得以通行的最为有力、最为可靠的支持。

---

① 参见梁启超《古议院考》，《时务报》第10期。

② 梁启超：《湖南时务学堂课艺批》，载《中国近代史资料丛刊·戊戌变法》〈二〉，第548页。

③ 参见《谭嗣同全集·仁学》下册，中华书局，1981年，第339页。

由西方化的“民权”而唤起中华民族的“民本”记忆的，首先当数王韬辈人。王韬说：“天下之治，以民为先。所谓民惟邦本，本固邦宁也。”[①]“国之所立者，而君听命于民者也。”[②]陈炽也说：“天生民而立之君，君者，群也，所以为民也。”[③]何启、胡礼垣则认为：“政者，民之事而君办之者，非君之事而民办之者。事既属乎民，则主亦属乎民。”[④]

言说者对民本话语的偏爱，部分是由于他们对现实糟糕的君主政治的关注。这个在历史上不成问题的东西，已由西方“民主”政治的催逼而被纳入到严肃的政治学视野里。在某种意义上，这对于改变中国的现实状况是十分重要的。然而，与此同时，这一新的观审也可能冒言说者与他的对象——“民权”的真正意图——分离的危险。问题是，这种民本的记忆所表达的仅仅是言者传承了他们的儒家先辈对不幸的民众投以人道主义的怜悯，或是对无道的君主从意识形态上进行规劝？还是在坚持把民权概念注入一种中国化的底气？对此，我们必须给中国的民本传统以关注。

在中国的典籍里，统治者与被统治者关系的理想式样被设定为近乎神话的“父母—赤子”。《尚书》的《洪范》说“天子作民父母”，《康诰》则说“若保赤子惟民其康乂”，便都是这种式样的表述。“尊君保民”成了周代官方主导的政治话语，也是整部《尚书》不断重复的主题。

“民本”一词，最早见于《尚书·夏书》的《五子之歌》：“民惟

---

① 王韬：《弢园文录外编·重民上》。

② 王韬：《格致书院课艺》。

③ 陈炽：《报馆》，载《庸书》外篇，卷上。

④ 何启、胡礼垣：《新政论议》，载《新政真诠》二编。

邦本，本固邦宁。"《五子之歌》虽属古文《尚书》，但民本语词的出现则早于儒家。[①]《诗·大雅》的《烝民》中也有这样的话："天生烝民，有物有则，民之秉彝，好是懿德。"[②]这是对"民惟邦本"从人性观上作进一步的说明。在前儒家的典籍中，主要是把"民"作为国家构成的基本人口以及统治的主要对象而展开"民本"叙述的。《春秋左传》鲁文公十三年（前614年）邾文公说："天生民而树之君，以利之也。民既利矣，孤必与焉。"这也仅仅陈述了一个基本的事实：民人构成了国家的基础和统治对象，而且人口数量庞大。强调被统治者的"先占性"，目的是让统治者意识到关怀被治者的利益对统治是有利的，而并不指涉统治的合法性（Legitimacy）问题。这也是为什么中国的任何一个暴君在满足私欲的时候都要以"民众利益"的名义而进行。

下面这段话可以进一步说明这个问题。襄公十四年（前559年），晋师旷说："天生民而立之君，使司牧之，勿使失性。……天之爱民甚矣，岂其使一人肆于民上，以从其淫而弃天地之性？必不然矣！"（《春秋左传》）在"天命"的两头，一头是治者，一头是被治者，被治者虽然有来源上的"先占性"，但也因此而永远失去了统治的权利；相反，治者虽然没有被治者的那种"天命"，但却得到了永久的统治权。在这个前提下，让被治者吃饱饭应是最起码的政治德行。在中国的传统政治话语里，所谓的"民

① 陈寅恪氏认为："《尚书》，是我们先民智慧的结晶。古文《尚书》绝非一人可杜撰，大致是根据秦火之后所传零星断简，采取有关《尚书》部分编纂而成，不可武断地说它是全部杜撰。"（转引自黄延复《陈寅恪事略》，载《清华人物志》，清华大学出版社，1983年，第173页）

② 《毛诗序》："《烝民》，尹吉甫美宣王也，任贤使能，周室中兴焉。"据此，可以推断《烝民》诗产生于周宣王时期（前827—前782年），早于孔子（前551—前479年）大约三百年。

性”只不过是满足百姓吃饱穿暖的最低需求而已。对此，并不需要大惊小怪。在人类历史上，还没有一种政治理论会认为民众的缺衣少食更有利于统治。当然，民本的语义在儒家那里有了进一步的拓展，实际上，也正是儒家把“民惟邦本”的表述提升为一种民本主义的意识形态。这其中，《孟子》是对民本主义阐释最详尽、最深刻的儒家文献。《孟子·尽心下》载：

> 孟子曰：“民为贵，社稷次之，君为轻。是故得乎丘民而为天子。”①

这是儒家政治民本主义的经典表述。这里要特别注意文本对“贵”和“轻”两个概念的使用。在中文的表达中，“贵”一般对应的是“贱”，而“轻”对应的则是“重”。《孟子》为什么要改变这种对应关系呢？很显然，在这里“贵”的语义并不比“重”更有分量，它所表达的还是由《尚书》提供的逻辑理路，意味着“民”与“君”在国家构成中的序列之别，而不含有在国家地位上重要与否的判断。“贵”并不意味着地位的高贵，“轻”也不意味着地位的不重要。与《春秋左传》相比，《孟子》所改变的只是问题的叙事方式，用“民贵君轻”的价值判断代替了“天生民立君”的事实陈述。这种改变蕴含了儒家“认真看待民众的温饱”这样一种意识形态，它为中国的王权统治提供了基本的合法性(Legitimacy)。

《孟子·离娄上》载：

---

① 东汉赵岐《孟子注》：“君轻于社稷，社稷轻于民。”宋朱熹《四书章句集注》：“丘民，田野之民。”

> 桀纣之失天下也，失其民也。失其民者，失其心也。得天下有道，得其民，斯得天下矣。得其民有道，得其心，斯得民矣。得其心有道，所欲与之聚之，所恶勿施尔也。民之归仁也，犹水之就下。①

在儒家的民本主义思想体系中，“天命”“民心”是最重要的概念，它关涉着政治统治以及政权转移的道义问题。②《易传·革卦》说：“天地革而四时成，汤武革命，顺乎天而应乎人，革之时义大矣。”这里的“人”也可理解为“民心”，即民众的意愿。汤武革命的正当性就来自上承天命下顺民心。“由于承天命的证明往往是君主的德性和人民的意愿（‘崇德贵民’），革‘命’的理由（所谓正当性）也就与革命者的德性和人民的意愿相关。”③正是在这样的语境（Context）下，《孟子·梁惠王下》对汤武革命作了如下的评价：“贼仁者谓之贼，贼义者谓之残，残贼之人谓之一夫。闻诛一夫纣矣，未闻弑君也。”由民本导源的儒家革命理论为传统中国的朝代更替提供了正面的说明。**事实上，这种革命理论就是“成者为王，败者为寇”的学理性表达。**在儒家的革命话语中，与“民”相系的“民心”只是判定暴君“纣王”与圣贤“汤武”德性的标尺，是被革命者与革命者争夺的对象。**“民”可以成为圣人革命大业中的最高砝码，但它自身永远成不了革命伟业中的主角。**简言之，“民心”的向背可以测定统治者的德性，但这不意味着人民自身就具有革命权。这也是为什么古今帝王即便

---

① 朱熹《四书章句集注》：“民之所欲，皆为致之，如聚敛然。民之所恶，则勿施于民。”相类似的话还有《荀子·王制》：“君者舟也，庶人者水也，水则载舟，水则覆舟。”

② 参见刘小枫《儒家革命精神源流考》，上海三联书店，2000 年，第 34～38 页。

③ 刘小枫：《儒家革命精神源流考》，第 35 页。

靠革命起家，得政之后都不乐意儒生再谈革命的原因。①

儒家知识分子是这样一些人，他们既把自己看作君主政治的道德评判者，又充当民众的代言人，虽然在审美情趣以及对事物的判断上，他们与一般民众毫无一致。他们既经常给君主提出劝告性的意见，又时时强调“君主统治”的不可或缺。这样，通过对君主的道德规劝，他们便争取到了民众面前的“话语优势”；通过强调民众服从统治的重要性，他们又在君主面前取得了政治舆论的支配权。因此，当我们阅读了“民为贵，君为轻”的语录时，不要忘记他们还说了这些话：“君子者，天地之参也，万物之总也，民之父母也。”（《荀子·王制》）在中国历史上，即便那些激烈批判君权的儒生，也是以主张“君为民主”为前提的。那个提出“明君论”的罗隐就说：“百姓所赖在乎一人，一人所安资乎万姓，则万姓为天下之足，一人为天下之首。”（《两同书·损益》）竭力反对君权的陈亮也说：“君臣，天地之大义也，君臣不克其终，则大义广而人道阙也。”（《陈亮集·问答六》）那个以反君权而久负盛名的黄宗羲都对他的批判作这样的声言：“原夫作君之意，所以治天下也。”（《明夷待访录·置相》）“古者以天下为主，君为客，凡君之所毕世经营者，为天下也。”（《明夷待访录·原君》）在儒家的民本主义的话语里，“民为本”与“君为主”是连为一体的。“君主民本”是儒家所设计的最为理想的政治模本，也是儒家民本主义话语的关键词。

近代的知识者在重述这些儒家民本语言的一开始就遇到了麻烦：如何把儒家民本传统的内在价值与他们西方化的民权概

① 譬如，汉景帝听了今文家辕固生和黄生的辩论后发话：“食肉毋食马肝，未为不知味也；言学者毋言汤武革命，不为愚。”（《汉书·辕固传》，也可参见刘小枫《儒家革命精神源流考》，第 33 页）

念协调起来？梁启超对此表现得很自信。他曾说，在光绪年间，他们一班朋友曾私印许多《明夷待访录》送人，“作为宣传民主主义的工具”。[①] 他们这样做有两方面的目的，既想把民本作为“工具”并由此使儒家的民本传统向西方化的民权靠拢，又想在西方化的民权概念与儒家民本传统对接的同时减弱政治性的杀伤力。他们知道，如果一个人同时读了《孟子》和卢梭的《民约论》，那么《孟子》的意义对他和他的那些读过《孟子》和《尚书》的前辈是完全不一样的。因为《孟子》的意义在新的背景下发生了变化，因而用《孟子》作解答的问题也发生了变化。这也可回答上面提出的问题：民本记忆的唤起并不意味着他们要回到《孟子》，相反，它象征着真理性的《孟子》经典现已变成了西方化的一种工具。问题是，在把《明夷待访录》作为宣传民权“工具”时，难道就不怕民权意义同时被消解？民权的言说者如此费劳伤神所带来的结果是让人黯然神伤的：他们既损害了儒家的传统，也不同程度地消解了民权的革命意义。对民权概念而言，民本只是一种记忆，重新唤起这种记忆有利于找到与现实皇权政治妥协的工具以及接纳民权概念的中国资源，这也算是民权在中国的一种“路径依赖”吧。

> 民权是受到西方（代议）民主制的深刻影响又不同于西方民主的一个概念，因为民主概念虽有人民构成政府来源以及政府对人民负责的含义，但其核心是君主（政府）受制于人民（人民主权），其语意空间并不是君民孰轻孰重这样的一种关系结构。就其语境而言，民权是一个既由民本资源所支持并超越了民本的语意，又有西方民主的因素，但存

① 梁启超：《中国近三百年学术史》，第47页。

有不少距离的概念，它是中国知识分子把传统民本思想与西方激进的民主概念相调和而创造的中国人可以接受的一个新东西。或者说，它是西方民主转换为中国语境的产物，是把君民轻重关系改变为平衡关系的一种隐喻式表述。[①]

三

梁启超曾说："君权与民权合，则情易通。"[②]这句话有两层意思："合"代表的是言者所诉求的一种政治结构，"通"意指的是言者对政治本身的期待。民权是介于法律意义上的"权利"(Rights)与政治意义上的"权力"(Power)之间的一个概念。具体说，它既表达了在君主政制下人民参与政治事务的一种隐晦的政治要求，并潜藏着"限制君权"的诉愿；又蕴含了人民享有政治发言权的法律要求。这也含有言者的这样一种自信：只要上述两个条件得以满足，就会在政治上克服统治者与被统治者之间互不信任的弊端，统治者与人民就会协调一致。"合"与政治上的"通"有着必然的联系。统治者与其人民的协调一致是政治畅达的先在条件，这也是由《尚书》而确立起的"天子作民父母""若保赤子惟民其康义"的中国传统政治理想在西方语境(Context)下的近代表达。**西方所能改变中国的不是中国理想，而是实现理想的路径：**儒家提供的是"君主民本"，近代知识分子设想的则是"民权与君权合"。在这一理路里，其价值序列应作如下排列：民权→合→通，从"民权"基点出发依次上升。把这个图式倒过来也可以这样表述："通"的理想有赖于"合"，"合"的目

---

① 参见拙文《宪政的中国语境》，载《法学研究》，2001年第2期。

② 梁启超：《古议院考》，《时务报》第10期。

标依靠“民权”。民权并不是一个自足的概念，它为“合”而出，为“通”而生。当言说者激进地把民权表述为“人人有自主之权”时，千万不要误认为那是一个西方化的民主概念，因为他们欲把“权利”(Rights)交给普通民众的同时，又为它附加了一个更高的要求。

浮士德式的言喻

汪康年认为，民权有三大好处：第一，民权有利于强化君权。因为中国时下的统治权并不真正掌握在君主手中，而是由胥吏所操纵。君主高高在上，深受蒙蔽，虽屡饬洁己守法，但下面总是阳奉阴违。所以只有兴民权，让普通士绅民众享有一定的政治发言权，才能使“千耳万目，无可蒙蔽。千夫所指，无可趋避。令行禁止，惟上之从”。第二，民权有利于培养民众的爱国心。人民无权则不知道国家是大家共有的，人民有权则知道要把国家的事情当作自己的事情，“民之与君，声气相接，亲爱之心，油然自生”，“使民共乐，民然后乐其乐；使民共忧，民然后忧其忧”。如此万众一心，必能谋生存，达自强。第三，民权有利于“国权”。“以君权与外人相敌，力单则易为所挟；以民权与外人相持，力厚则易于措辞”，“夫天下之权势出于一则弱，出于亿兆人则强”。①

中国的民权话语关联着诸多政治元素：统治者、被统治者、政治关系的合理性以及政治价值。民权首先隐含了中国知识者的这样一种不满：中国的统治者忘却了儒家的道德训诫，没有与民众建立起亲密关系，致使政治管道不通，国家陷于萎靡不振的

---

①　参见汪康年《论中国参用民权之利益》，也见廖梅《汪康年：从民权论到文化保守主义》，上海古籍出版社，2001 年，第 97～98 页。

渊薮。用上引梁启超的话说:“三代以后君权日益尊,民权日益衰,为中国致弱之根源。”当然,在已变换了的物境下,仅仅依赖儒家的民本训诫是不够的。他们似乎找到了克服这种弊端的新法门。很显然,民权肯定是一种中国从未见过的新药,对其药效的期待是不言而喻的:“地球既入文明之迹,则蒸蒸相逼,不得不变,不持中国民权之说即当大行,即各地土番野猺亦当丕变,其不变者,即澌灭以至于尽,此又不易之理。”[①]在对西方的联想中,中国的知识者真正认识到被统治者在政治结构中的重要性。他们与传统儒家不同,后者对被统治者(民)所表达的是一种道德的关怀和怜悯,而他们表现的首先不是道德上的怜悯,而是希望被统治者在政治上具有一定的力量(Power)和权利(Rights)。因此,在政治结构中重新审视被统治者的作用和安排其地位就成了解决中国问题的关键。民权的重要性由此显露出来:“民”在政治上得到一定的武装以后,中国传统的政治结构就会改变,而随着某种政治均衡的出现,两个相互对立的阶级之间便会产生一种亲和力,中国便由此而取得了一种共同意志和集体行动的力量。民权不仅有利于政治关系的和谐,而且其自身就是合理性的表征,统治者与被统治者都会从中获益。

民权有利于培养民众的爱国心,有利于政治关系的和谐,有利于共同意志和集体力量的形成,并最终成为国家强盛的推进器,这是中国民权言说者的共同诉求。

梁启超说:

> 地者积人而成,国者积权而立,故全权之国强,缺权之国殃,无权之国亡。何谓全权?国人各行其固有之权;何谓

① 梁启超:《饮冰室合集》文集之一,第109页。

缺权?国人有有权者,有不能令自有其权者;何谓无权?不知权之所在也。无权恶乎起?曰:始也,欲以一人而夺众人之权,然众权之繁之大,非一人之智与力所能任也,既不能任,则其权将糜散堕落,而终不能以自有。①

麦孟华则说:

今欲振中国,在复民权。欲复民权,在举其分所当为、力所能及之事。事者,民之事也。民不任则权之君,民能任则归之民。以家人而复亲家事,则米盐部署,不遗琐屑;手足经营,不虑隔绝;实心讲求,不忧膜视。不及十年,必著大效。②

民权是解决中国问题的一个扣结,它紧系着政治的振兴、国家的强盛。只要这个扣结被解开,中国的枷锁也就自然松脱了。这说明,面对愈来愈紧迫的西方压力,中国的知识者在欧、美、日纷繁的政治文化思潮中探询着能够解释富强奥秘的一脉:西方人借以概括自身传统的种种概念被他们匆忙而热切地攫取。但真要把西方式的民权概念转变成中国强盛的一种力,还须借助于其他的西方概念才能完成。他们发现西方的议院是打通民权与强盛的最佳方式,因为议院意味着:从此开始,政治生活里能够听到人民的声音,人民有了与其统治者面对面交流的机会。议院被看作把人民享有的某些权利(或权力)与统治者的统治权整合为一种共同意志和集体行动的必要环节,是由民权通向国

① 《时务报》第9期。

② 麦孟华:《总论(民义第一)》,《时务报》第28期。

家强盛路途中的接引者，同时也是民权落实的最佳场域。

较早对议院进行推介的是郑观应、王韬辈人。郑观应在其《盛世危言》中对西方议院的构成方式、运作机制等进行了有保留的叙述。[①] 与之相比，王韬等人则着重对议院价值的评述："试观泰西各国……类皆君民一心，无论政治大小，悉经议院斟酌，然后举行。"[②]议院的价值在于："上下相通，民隐得以上达，君惠亦得以下逮"，"有君民上下互相联络之效"[③]，"西洋各邦，立国规模，以议院为最良"[④]，"泰西议院之法……英美各邦所以强兵富国，纵横四海之根源也"[⑤]。

中国的民权者虽然从国家强盛的目标上接受了由王韬等人提供的"议院"价值，但他们不接受没有民权介入的议院概念。严复说："西之教平等，故以公治众而尚自由。……法令始于下院，是民各奉其所自主之约，而非率上之制也。"[⑥]这种以民权为表征的议院自然不同于郑观应、王韬等人的"通上下之情"的议院。梁启超和他的老师康有为虽然也曾倡言郑观应等人的议院价值，但当他们用民权作为判断议院的标尺时，就与严复的"议

① 郑观应认为，西洋的议院一般分上下两院，上院"以国之宗室、勋戚及各部大臣任之，取其近于君也"，下院由"绅耆、士商才优望重者充之，取其近于民也"。"议院揽庶政之纲领"，"用人行政，皆恃上下院议员经理"，"下议院为政令之所处，其事最繁"；"百僚升降，权归议院，期会之令，出自君主，选举之政，操之民间"，"凡军国大政，君秉其权，转饷度支，民肩其任，无论筹费若干，议院定之"；"遇有国事，先令下院议定，达之上院，上院议定，奏闻国君，以决从速，如意见参差，则两院重议，务臻妥协，而后从之"。（郑观应：《议院》《吏治上》，载《盛世危言》）

② 王韬：《弢园文录外编·达民情》。

③ 王韬：《弢园文录外编·重民下》。

④ 薛福成：《出使日记》，光绪十六年七月二十一日。

⑤ 陈炽：《庸书·议院》。

⑥ 《严复诗文选注》，江苏人民出版社，1975年，第67页。

院在权论"站在一起了。[1]

问题是,怎样使"有权"的议院成为沟通民权与国家强盛目标之间的桥梁呢?

康有为说:"人主之为治,以为民耳。以民所乐举乐选者,使之议国政,治人民,其事至公,其理至顺。"[2]他解释说,民权的议院与君主的关系就像"心"与"脑"的关系。君主犹如"脑",议院犹如"心";"脑有所欲为必经心,心斟酌合度,然后复于脑,发令于五官四肢也。苟脑欲为一事,不经心决议,而率然行之,未有不失过也"。[3] 正是基于这种判断,所以他建议中国皇帝:"上师尧、舜、禹三代,外采东西强国,立行宪法,大开国会,以庶政与国民共之,行三权鼎立之制,则中国之治强,可计日待也。"[4]梁启超对为什么要设立民权式的议院则作了直接的回答:"问议院之立,其意何在?曰:君权与民权合,则情易通;议法与行法分,则事易就。"[5]其逻辑是"国之强弱推原于民权",而议院则是民权的集中体现;议院俟立,既可以集众人之智慧,也可听取国民之意见,发表立国之政见。举国之人言治国,则情理通,信息灵;民权决定国家走向,则必然带来一片生机。因此,他对议院、民权所导向的国家富强充满了自信:

---

① 从梁启超与严复私人交往中可以得知,梁是在严复的点拨之下,去把握议院与民权关系的。他否定了先前在《古议院考》一文中的观点,认为民权是判断是否为议院制的标准,进而认为,有权的议院也不能一概称作民权,首先要考察"得政之人"的成分之后才能确定。(参见梁启超《与严幼陵先生书》,《饮冰室合集》文集之一,第108~109页)

② 康有为:《日本变政考》卷六按语。

③ 康有为:《日本变政考》卷一。

④ 汤志钧编:《康有为政论集》上册,中华书局,1981年,第339页。

⑤ 《时务报》第10期。

西人百年以来,民气大伸,遂尔浡兴,中国苟自今日昌明斯义,则数十年其强亦与西国同,在此百年内进入文明耳。故就今日视之,则泰西与支那,诚有天渊之异,其实只有先后,并无低昂,而此先后之差,自地球视之,犹旦暮也。①

西方代议制的议会可以成为民权落脚的最佳场域,但它未必能成为民权与国家富强目标之间联系的桥梁。如果假定郑观应等人的"通舆情"的议院还有利于统治者与人民的合作,以此可以为国家的强盛提供政治方面的必要条件的话,那么,民权的议院又如何能与国家的富强目标联系起来呢?民众通过民权可以变得很有力量,但这种"力"并不必然转化为国家性的力量。因为力量并不能使民众当然地变得更有美德——一种符合国家强盛要求的爱国心。力量可以成为民众向国家提出自己要求的本钱,也可以转化为对国家的某种报偿,这都是未可知的。这里的民权犹如充满了力量的浮士德,他的力量既可能由魔鬼靡菲斯特引诱出来与国家作对,也可能听从上帝的召唤而为国家服务。正如西方学者在评价梁启超时所言:"梁启超和他同一时代的人在评价许多政治权利时,总是认为民众拥有了这些权利就能为国家服务,而没有考虑到民众拥有了这些权利亦能保护自己的利益。"②同时,因为民权概念本身隐含着分散君权的价值诉求,从而对君权构成了一定限制,这就使得民权的议院很难像"通舆情"的议院那样在治者与被治者间形成亲和力,因而也就

① 梁启超:《饮冰室合集》文集之一,第109页。

② R. Edwards, L. Henkin, A. J. Nathan, *Human Rights in Contemporary China*, Columbia University Press, 1986, p.152.

使民权的议院与富强目标之间缺少了必要的逻辑联系。这也是在摄取西方概念并与中国问题发生关系时，中国的知识者必然遇到的问题。

陈述与预言：一种必要的浅薄

随着人类的历史进入一个新的一百年，中国的问题也发生了某些变化。最重要的是，随着场域转移，民权的语义也有了进一步的拓展和分化。言说者的"在场"与"缺席"在某种程度上决定了语言的不同意义。言者"不在场"的优势，使得民权话语本身的表达也由模糊而变得清晰，由隐晦而变得直露。但我所强调的是，随着民权话语的改变以及语义的分化，民权的表述结构在质性上并没有发生变化。或者说，由戊戌前后所形成的"民权原理"一直是中国的民权言者于自觉或不自觉中始终持守的。

亡命后的梁启超远离了中国政治场域，这意味着中国传统的"表达规则"对梁启超已失去约束力，他有了一种从未有过的松弛和自由。这种"放松的自由感"也体现在他对民权的新的表达中。梁启超对君权问题已没有什么顾忌了，他弃绝了这以前的君权概念而为民权找到了一个新的对应物——国权。"民权兴则国权立，民权灭则国权亡，为君相者而务压民之权，是之谓自弃其国，为民者而不务各伸其权，是之谓自弃其身，故言爱国必自兴民权始。"①国权是当时中国知识界比较普遍使用的一个概念，其语义复杂而模糊。根据梁启超的不同用法，国权主要包括以下几层意思：第一，就国家普遍的对外关系而言，它大体上与"主权"概念同义，没有特殊的指谓；第二，主要指一种国家地

① 梁启超：《饮冰室合集》文集之三，第73页。

位，它蕴含了一种具体的诉求，即在与西方列强的关系中，中国作为一个国家应该具有的独立地位；第三，在第二层意思的基础上又包含了国家自主、平等的权利要求。[①] 即是说，国权并非一个政治学上的严谨概念，而是包括梁启超在内的中国知识者用以表达中国的国家诉求的一个语词。随着对应物的变换，民权的意义也发生了某些微妙的变化。梁启超已不再把民权作为一种与统治者平衡的力量看待，而是明确地指谓人民享有和应该享有的自由权利。[②]

与之不同，作为民权言论的后起者，孙中山把他的政治主张称作"民权革命"，并于 1905 年正式提出了他的"民权主义"学说，后又作了"民权主义"的专门讲演。民权主要被孙中山理解为人民的"力量"(Power)。

他说：

> 大凡有团体有组织的众人就叫做民。甚么是权呢？权就是力量，就是威势；……有行使命令的力量，有制服群伦的力量，就叫做权。把民同权合拢起来说，民权就是人民的政治力量。[③]

他进一步解释说：

> 政是众人之事，集合众人之事的大力量，便叫做政权，

---

① 参见梁启超《饮冰室合集》文集之五，第 9 页；文集之十四，第 30～31 页；专集之四，第 40 页。

② 参见梁启超《饮冰室合集》文集之五，第 9 页；文集之十四，第 30～31 页；专集之四，第 40 页。

③ 孙中山：《民权主义・第一讲》，见《三民主义》，岳麓书社，2000 年，第 69 页。

> 政权可以说是民权；治是管理众人之事，集合管理众人之事的大力量，便叫做治权，治权就可以说是政府权。所以政治之中，包含有两个力量，一个是政权，一个是治权。这两个力量，一个是管理政府的力量，一个是政府自身的力量。①

孙中山的民权留待下一节中作详细评述，这里主要以梁启超为个案对民权的中国话语作进一步的解释。在梁启超的民权表述结构里，国家、人民、政府概念是其构成的核心元素。这里要特别注意这些概念对民权表达所具有的意义。国家是梁启超的民权言论最为关注的对象，也是在民权的表述结构中处于最高级的一个价值。他说："国也者，积民而成，国之有民，犹如身之有四肢五脏筋脉血轮也。"②这是梁启超依据德国政治学家伯伦知理的国家学说，对国家作生物有机体说的阐释。在梁启超看来，国家与人一样兼具"精神与形体"，是由相当于"肢体各官"

---

① 孙中山：《民权主义・第六讲》，见《三民主义》，第 157 页。除此之外，民权在孙中山那里也有不同的语义，譬如，在他的《民权主义》讲演中，有时又把民权作"自由"解："民权这个名词，外国学者每每把他和自由那个名词并称，所以在外国很多书本或言论里头，都是民权和自由并列。……法国革命的时候，他们革命的口号是自由、平等、博爱三个名词，好比中国革命，用民族、民权、民生三个主义一样。由此可说自由、平等、博爱是根据于民权，民权又是由于这三个名词然后才发达。所以，我们要讲民权，便不能不先讲自由、平等、博爱这三个名词。"（孙中山：《民权主义・第二讲》，第 85～86 页）我无力辨考孙中山使用的民权一词从何而来：是来自中国知识界？还是有其他来源？考虑到他的日本经历以及其英文背景，也有这种可能：他借用了日文的语词，又作了英文上的处理。因为日文中的民权是来自英文 liberty 一词的日译，而 liberty 也含有"解放"之义。在孙的时代，作为通晓英文的中国人来讲，用"人民的力量"来表达对新的政治制度的期待，并予以通解 liberty 的"解放"之义也勉强说得过去。这也可从上引"在外国很多书本或言论里头，都是民权和自由并列"的话中得到旁证，这里的"外国"应该指的是日本。

② 梁启超：《饮冰室合集》专集之一，第 1 页。

的政府各部和议会等形体以及相当于精神的宪法所组成的有机体。国家即有机体,“不成为有机体者不得谓之国家,中国则废疾痼病之机体也,其不国亦宜”。① 一个健全的有机体的国家首先有赖于他的“四肢五脏筋脉血轮”的健康。这样,“国”与“民”被整合在一起,而且作为有机体承担着各自的功能。梁认为,连接处于民族帝国主义阶段的西方列强与面临必须实现民族主义的“部民”国家中国的,是政府。而在政府和人民之上,“别有所谓人格之国家者,以团之统之,国家握独一最高之主权,而政府人民者皆生息于其下也”。② 然而,在论述政府与人民的关系构成问题时,梁启超又放弃了“国家有机体说”,导入的是卢梭的契约论,并在同一文中又把卢梭与伯伦知理进行比较:

> 伯伦知理之学说,与卢梭正相反对者也。虽然卢氏立于十八世纪,而为十九世纪之母,伯氏立于十九世纪,而为二十世纪之母。自伯氏出,然后定国家之界说,知国家之性质、精神、作用为何物。于是国家主义乃大兴于世。前之所谓国家为人民而生者,今则转而云人民为国家而生焉。使国民皆以爱国为第一之义务,而盛强之国乃立。19世纪末世界之政治则是也。而自今以往,此义愈益为各国之原力,无可疑也。③

---

① 梁启超:《饮冰室合集》文集之十三,第71页。

② 梁启超:《饮冰室合集》文集之十,第1页。

③ 他在《论学术之势力左右世界》(《饮冰室合集》文集之六,第110~116页)一文中是这样介绍卢梭的社会契约论的:“谓国家之所以成立,乃由人民合群结约,以众力而自保其生命财产者也。各从其意之自由,自定约而自守之,自立法而自遵之,故一切平等。若政府之首领及各种官吏,不过众人之奴仆,而受托以治事者耳。”

这样，梁启超首先在价值层面为把卢梭的“社会契约论”转换为“政府契约论”打下了伏笔。当他在他那篇著名的论文中①把政府与人民的关系表达为一种契约关系时，便意味着契约类型发生了改变。他说：“谓政府和人民立于平等之地位，相约而定其界也，非谓政府界民以权也。”因为，“政府若能界民权，则亦能夺民权”。随着“社会契约”被转换为“政府契约论”，其价值诉求也发生了转移。作为有机体的国家并不是契约的对象，因而契约对国家而言并不发生效力，相反，国家是优位于契约关系的一个价值实体。民权并不是在国家的层面而是在“政府契约”的层面被导入的。正像有机体需要他的肢体健全一样，国家也需要他的政府和人民有一个合理的关系，而来源于“契约”的民权，无疑是这种关系合理构成最不可或缺的元素。梁启超的民权言论正是由此展开的。他说：“夫国也者何物也？有土地，有人民，以居于其土地之人民，而治其所居之土地之事，自制法律而自守之，有主权，有服从，人人皆主权者，人人皆服从者。夫如是斯谓之完全成立之国。”②国家与其人民的联系愈是紧密，民权就愈是重要。从这个意义上说，民权是梁启超政治哲学的起点，国家是其终点，即所谓：“民权兴则国权立，民权灭则国权亡。”

在“民权—国权”的表述结构中，国家与人民、国权与民权便形成了一种双向关系。由于(中国)国家的未来命运如何取决于人民的状态，所以，从国家来讲，首先应确立和保障民权：“国民不能得权利于政府也，则争之。政府见国民之争权利也，则让之。欲使吾国之国权与他国之国权平等，必先使吾国中人人固

① 这篇论文是《论政府与人民之权限》，见梁启超《饮冰室合集》文集之十，第1～5页。

② 梁启超：《饮冰室合集》文集之五，第9页。

有之权皆平等,必先使吾国民在我国所享之权利与他国民在彼国所享之权利相平等。”[①]对于国家来讲,一个人格健全的人如同有机体的一个活性细胞一样重要:“自由者,权利之表证也。凡人所以为人者有二大要件,一曰生命,二曰权利。二者缺一,时乃非人。”[②]民权是国权的起点,但要使民权转化为国权的“活性剂”,还需要“合”“积”“结”“团”这些环节:

> 一部分之权利,合之即为全体之权利。一私人之权利思想,积之即为一国家之权利思想。故欲养成此思想,必自个人始。
>
> 国民者,一私人之所结集也;国权者,一私人之权利所团成也。
>
> 国家譬犹树,权利思想譬犹根也。其根既拔,虽复干植崔嵬,华叶蓊郁,而必归于槁亡,遇疾风横雨,则摧落更速焉。[③]

从民权方面来讲,它也必须生存于与国家或国权所建构的关系中。脱离了国家的表述结构,民权的价值是要打折扣的。“以国家自身为目的者,实国家目的之第一位,而各私人实为达此目的之器具也。”[④]就像国家依赖于每一个健全的个人一样,个人也必须在国家的庇荫下安身立命:“今世之识者,以为欲保护一国中人人之自由,不可不先保护一国之自由。苟国家之自

---

① 梁启超:《饮冰室合集》专集之四,第40页。
② 梁启超:《饮冰室合集》文集之五,第45页。
③ 梁启超:《饮冰室合集》专集之四,第36、39页。
④ 梁启超:《饮冰室合集》文集之十三,第88页。

由失，则国民之自由亦无所附。当此帝国主义盛行之日，非厚集其力于中央，则国家终不可得安固。”①

梁启超的民权表述结构是由西方的许多不同元素构成的。其中，国家的概念主要来自伯伦知理的有机体学说；政府与人民的关系构成方式主要来自卢梭的“契约论”；自由民权言论则是来自穆勒的《论自由》。② 这些来自西方的不同原理，在西方各有自己的学理及逻辑命脉，相互之间很难通约，甚至可以说，其中的任何一个原理对另一个都是颠覆与被颠覆的关系。然而，梁启超则把这些相互扞格的学理统摄于自己的民权言论中，使其成为建构民权叙述结构的有用材料。尽管在一个新的结构中这些元素彼此间并不那么和谐，但通过叙述的侧重不同，倒使这种叙述结构具有了层次性的特色。日本学者对梁的这种叙述结构评价说：“梁启超的阐释以个人为出发点，以国家之优位为归结。……当他的国权和民权论从‘国民’的观点展开时就倾向于民权主义，从‘国家’的观点展开时就倾向于国家主义，可以说有两个轴心，正像椭圆有两个焦点一样。”③这种评述并不确当，叙事的“轴心”并不是两个，而是一个：梁启超在建构其民权表述结构时，从来不是把民权看作可与其他价值相脱离的东西，而是看作在结构上与国权相关联的问题。④ 即是说，在梁的表述结构

① 梁启超：《饮冰室合集》文集之十四，第30～31页。

② 参见[日]土屋英雄《梁启超的“西洋”摄取与权利—自由论》，载《梁启超·明治日本·西方——日本京都大学人文科学研究所共同研究报告》，第120～155页。

③ [日]狭间直树：《〈新民说〉略论》，载《梁启超·明治日本·西方——日本京都大学人文科学研究所共同研究报告》，第86页。

④ 参见[日]土屋英雄《梁启超的“西洋”摄取与权利—自由论》，载《梁启超·明治日本·西方——日本京都大学人文科学研究所共同研究报告》，第153页。

里,民权不是一个概念,而是一组关系概念。在这个"轴心"里,不同时期的梁启超在叙事时各有所侧重而已,譬如,有时他侧重于民权,有时则偏重于国权。

对中国的民权言论出现的这种现象,国外的学者认为是因为中国的知识者没有真正理解西方的自由主义。① 问题果真如此吗?据日本学者的研究,梁启超在阅读穆勒的《论自由》一书时,并不是"误读",而是作了"有意"的选择:除了把穆勒的自由所关联的"社会""个人"这两个概念转译为"政府""人民",还把穆勒的一个最重要的思想——"社会性暴虐"的命题加以隐匿,用"合群"这样一个中国化的论题取而代之。② 这说明,不是梁启超没有真正理解西方的自由主义,而是西方知识分子与中国知识者的问题意识不同。同样讲自由民权,穆勒告诉他的读者要注意"社会性暴虐"的危险,而梁启超则告诉他的中国听众要怎样做到"合群"。问题至此,可以这样说,20 世纪以后,梁启超的民权言论在不同时期确有变化,但不变的是他在戊戌前后就已建立起的民权叙述结构。

我只是要说,一个中国的民权主义者并不是一个不懂西方的人,在很多方面他们是有意识地拒斥了西方的某些东西,因而一个中国的民权言者首先是一个通晓"西方原理"的人,哪怕只是以一种肤浅的方式。一个手持长矛杀死传教士的"义和团"乡民不是中国的知识者,仅仅是个勇莽的战士。而一个中国的知

---

① R.Edwards, L.Henkin, A.J.Nathan, *Human Rights in Contemporary China*, Columbia University Press,1986,p.152.另可参见[美]张灏《梁启超与中国思想的过渡:1890～1907》。

② 参见[日]土屋英雄《梁启超的"西洋"摄取与权利—自由论》,载《梁启超・明治日本・西方——日本京都大学人文科学研究所共同研究报告》,第 135～143 页。

识者则意味着他知晓中国需要什么，如果这被看作浅薄，那也是一种必要的浅薄。

四

西方性

中国的民权是一个来自西方的概念，但如果再把中文的民权一词还原成西方的概念，那是非常困难的。据我所知，在西文中，与中文"民权"比较接近的是"Civil Rights"这个词。对此，中文有时把它译作"公民权"，有时译为"民权"。譬如，我们把美国的"Civil Rights Act"就译作"民权法案"。然而，当我们把美国的"Civil Rights"表述为"民权"时，问题就变得复杂了：首先，中国人使用的"民权"与美国使用的"Civil Rights"在语义上存在很大差异，这将在下面分析；其次，"Civil"这个词，既可以译作中文的"公民的，国民的"，也可以译作"市民的"，但在西语里，"市民"与"公民"是两个不同的概念，前者言指的是"社会"意义，如"市民社会"的表达，后者指谓的是政治或国家层面的问题，如"公民政治"的表述。"公民权"肯定属国家性的权利。然而，当我们把西语中的"Civil Law"译作"民法"时，这种法律在西方特别在法国和德国则被看作社会性的，它是"私法"的代表。在法国和德国的法律系统中，国家与社会的分野是"公法"与"私法"二分的基础。即是说，Civil 这个词既可以译作"公民"的，也可以译作"私民"的，只要"私"不是在贬义上使用。因此，用民权一词来指谓西方的意义，很容易发生语义的混乱。

在美国，"Civil Rights"是有具体指向的，与中文的民权意义不同。它主要与公民〈私民〉(以下皆统称为“民”)免受歧视的法律问题相关。按照美国的习惯,民权(Civil Rights)往往与“民自由”(Civil Liberties)一同被定义。民自由被看作“对政府专横行为的防备,也就是那些在宪法和《权利法案》中列举的权利”。[①] 而民权则是“旨在保护公民免遭来自政府机关或私人方面的非法行为的政府积极行为”。[②] 民权与民自由的主要不同在于:民自由是对一定政府行为的禁止,而民权则是“政府用来实施其社会契约义务以保护公民的‘生命、自由和财产’之基本权利的创制”。[③] 从民权与政府的关系说,民权是一个行动概念,它是政府积极引导的结果;从价值取向看,民权诉求的价值主要是一种特定意义上的平等,它隐含了对自由的限制。而这种限制在美国人看来是符合自由主义原理的,因为一种完整的自由主义理论必然含有对自由限制的观念,如J.S.密尔的“损害原则”。[④] 从权利陈述的普遍性层次来看,这里的民权不是指特定的权利(某人在某时采取行动的权利),也不是指自由酌定权(某人有选择做或不做某事的权利),而是一种权利集合,即“一组与某些特殊活动或对象有关的自由酌定权”。[⑤] 这也可从对其表述采用的英文复数形式——Civil Rights看出。具体讲,它是指民可不受歧视地享用公共设施、就业、入学、参加选举、购买和租用住房等一组免受歧视的平等权利。

---

① [美]彼得·G.伦斯特洛姆编:《美国法律辞典》,贺卫方等译,中国政法大学出版社,1998年,第320~321页。

② [美]彼得·G.伦斯特洛姆编:《美国法律辞典》,第320~321页。

③ [美]彼得·G.伦斯特洛姆编:《美国法律辞典》,第321页。

④ 参见[英]J.S.密尔《论自由》,程崇华译,商务印书馆,1959年,第84页。

⑤ [美]范伯格:《自由、权利和社会正义》,王守昌等译,贵州人民出版社,1998年,第101页。

这里的平等权利既可能是国家性的，也可能是社会性的。当共同体的成员作为公民参与到公共性中，这里的民权就是国家性的，如平等的选举权和被选举权；当那些成员作为私民参与其私人生活时，这里的民权就是社会性的，它意味着生活于同一共同体的社会成员，不管民族、肤色，都有不受歧视对待的要求和权利。在第二层意义上，民权可能关涉社会身份的认同问题。

关于“认同”(Identity，又可以译作“身份”)，查尔斯·泰勒(Charles Taylor)有这样一种解释：

> (认同)经常同时被人们用这样的句子来表达：我是谁？但在回答这个问题时一定不能只是给出名字和家系。如何回答这个问题，意味着一种对我们来说是什么是最为重要的东西的理解。知道我是谁就是了解我立于何处。我的认同是由承诺(Commitment)和自我确认(Identification)所规定的，这些承诺和自我确认提供了一种框架和视界，在这种框架和视界之中，我能够在各种情景中尝试决定什么是善的，或有价值的，或应当做的，或者我支持或反对的。换言之，它是这样一种视界，在其中，我能够采取一种立场。[1]

认同，对一个人如此，对一个族群也如此。它关系到一个人或一个族群安身立命的根据，是确定自己身份的尺度。对美国来讲，如果我们可以把“美利坚”看作一个共同体，那么生存于其中的既有白人也有黑人。要让黑人族群从共同体的认同中来确定自己的身份，并使之归属和效忠于共同体，那么共同体成员间

---

① Charles Taylor，*Sources of the Self*：*The Making of the Modern Identity*，转引自汪晖《汪晖自选集》，广西师范大学出版社，1997年，第37页。

的"平等对待"就十分重要。换言之,消除族群间人为的隔阂,确定身份的平等,应该是美国民权的核心部分。相反,如果黑人族群在共同体中发生认同危机,那么共同体本身就可能有发生骚动、分裂的危险。①

在西方,与认同概念相关联的民权可能最早出现于中世纪。根据法国著名史家基佐提供的文字②,我们知道,"城墙"在西方曾如此重要,它既是中世纪的城镇进入封建制度结构的象征,又是与这种制度充满紧张的悬隔物。以城墙为界,墙外是贪婪的封建领主,墙内是力量弱小的城镇市民。虽然大家都同在封建制度的屋檐下,但市民的认同感一直存在问题。而这种"共同体"内部的紧张随着如下的事件而加剧:

> 城墙外住着一个有权势的人,可以不经他们同意随心所欲向他们征税,可以召集他们的民兵,送去打仗,而不必问他们同意与否。
>
> 每当附有市镇领地的领主一时贪心大发,他的暴虐就施加到市民身上。……商人们外出经商回来,不可能平平静静地进入市镇。大道和通往家乡的路上不断有领主和他的手下拦路打劫。勤劳工作刚刚重新开始,也正是安全最

① 认同危机的表征是失去方位感,不知自己是谁。如泰勒所言:"人们经常用不知他们是谁来表述(认同危机),但这个问题也可以视为他们的立场的彻底的动摇。他们缺少一种框架或视界,在其中,事物能够获得一种稳定的意义,某些生活的可能性可以视为好的东西或者有意义的,另一些是坏的或者不重要的,所有这些可能性的意义是不确定的,易变的,或者未定的。这是一种痛苦的和恐惧的经验。"(《汪晖自选集》,第38页)

② [法]基佐:《欧洲文明史——自罗马帝国败落起到法国革命》,程洪逵、沅芷译,商务印书馆,1998年。有关中世纪城镇市民的论述,见该书《第七讲》,第116~132页。

> 没有保障的时候。一个人的生计就这样被横加干扰，期望中的成果被洗劫一空，没有什么比这更使人恼火的了。①

领主的暴虐使市民对封建制度下的“共同体”产生了认同危机，并随着这种危机的加重，社会性的骚乱也开始出现。这种骚乱被基佐称之为“造反”：“11 世纪平民自治是真正的造反的结果，是真正的战争，是市镇居民向他们的领主的宣战。”②持续不断的骚动，使市镇最终脱离了封建制度，建立了自己的“城市共同体”，市民重新有了自己的归属和效忠的对象。战争的最终结果是平民与对手缔结了和平条约，这种条约被称作“自治特许证”，即市民与领主的和约。“特许证”既是对市民身份的重新确认，又是市民享有“城镇自治权”的凭证。由此开始，脱离了封建制度结构的市民便享有了与自己身份相关的民权——自治权。民权是市民的身份确认，也是他们浴血奋战所得的奖赏。从此开始，欧洲的历史也翻开了新的一页。

西方的民权既是经验的，也是理性的；但无论从何处观审，西方的民权与中国的民权话语并不是同出一源，而是各有自己言说的指向和理路。关于西方的民权，已经说得够多了，再回到中国的问题。

---

① [法]基佐：《欧洲文明史——自罗马帝国败落起到法国革命》，第 117、122～123 页。

② [法]基佐：《欧洲文明史——自罗马帝国败落起到法国革命》，第 124 页。

中国性(Chineseness)[①]

与西方不同,中国的民权并不是一种"现时态"的话语,而是对(中国)国家的未来表达的一个欲求。当知识者想把民权问题置于现时态来加以思考时,他们发现"现在"的中国正处在通向"未来"的路上,为此,中国必须先打点行装为未来做好准备。因为在现时态中,中国的"民"与西方的"民"并不是处于一个层位,有着"民族"的西方绅士与"部族"的、粗野的、蒙昧的中国乡民的区别。要得民权,首先要培植出民权的主体。这样,民权在现时态上便被转换为一个怎样培植具有"现代性"的人民问题。

在他们看来,一个合乎民权要求的主体必须与一定的"智性"相联系。民权与民智之间有着内在的关联,"开民智"便是通向民权的第一步。梁启超说:"权者,生于智者也,有一分之智,即有一分之权。……使其智日进者,则其权亦日进。……权之与智,相倚者也。昔之欲抑民权,必以塞民智为第一义,今日欲伸民权,必以广民智为第一义。"[②]对这一问题在理论上系统阐发的是严复。严复的理路是,关系国家强盛的一个重要方面就是利民,利民才能富国强国。而欲利民必首先使"民各能自利",而民能自利又须以其获得自由民权为基础,而后者的取得当以"民各能自治"为前提,而有无这种自治的能力取决于民的智性的优劣。因此,民智的提高与增进乃"现在"中国的头等大事,它不仅直接关涉着"未来"的民权,而且也决定了中国国家的强弱

---

① Chineseness 概念是本文从列文森的著作中借用的,有关这个概念的使用,请参阅[美]列文森《儒教中国及其现代命运》,郑大华、任菁译,广西师范大学出版社,2009 年,第 167 页。

② 梁启超:《论湖南应办之事》。

和兴衰。依据于此，严复把一个国家民族的治乱兴衰与民智的关系看成草木和土质的关系。他说："善治如草木，而民智如土田。民智既开，则下令如流水之源，善政不期举而自举。"否则，"虽有善政，迁地弗良"，势必要"淮橘成枳"。[①] 他甚至认为，各个民族"自存保种之能力，与脑形之大小有比例"。[②] 从社会有机体出发，严复把这一关系越来越推向了极端。

中国的民权言者借来了西方的词汇，而消化的方式则是中国的。**"开民智"是典型的中国语言，与西方的"启蒙"有着不同的路向。**"启蒙"(Enlightenment)的原意是"点亮""弹去灰尘"。康德在回答何为启蒙运动时说：

> 启蒙运动就是人类脱离自己所加之于自己的不成熟状态。不成熟状态就是不经别人的引导，就对运用自己的理智无能为力。当其原因不在于缺乏理智，而在于不经别人的引导就缺乏勇气与决心加以运用时，那么这种不成熟状态就是自己所加之于自己的了。Sapere aude！要有勇气运用你自己的理智！这就是启蒙运动的口号。[③]

福柯是从"现代性"上解读康德这个概念的[④]，作为一个中国的阅读者，我对康德这个概念感兴趣的是中西的"启蒙"有何不同。在康德的概念里，启蒙意味着自我克服"不成熟状态"的

---

① 严复：《天演论·导言八》，按语。

② 严复：《天演论·导言十五》，按语。

③ [德]康德：《答复这个问题："什么是启蒙运动？"》，载《历史理性批判文集》，何兆武译，商务印书馆，1997年。

④ [法]福柯：《什么是启蒙？》，汪晖译，载汪晖等编《文化与公共性》，生活·读书·新知三联书店，1998年。

一项伟业，而这种“不成熟状态”之所以能够克服，是因为自我的原体是具有理性“光源”的，现时的自我只是理性之光已被遮蔽、蒙上了灰尘而已。启蒙就是弹去灰尘，用理性之光点亮自己。或者说，**启蒙就是自我除却偏见与愚昧。**它不是通过“别人引导”而开启理性之光，而是自己照亮自己。换言之，非要经别人的引导才能运用自己的理智，这不是启蒙，恰是被康德看作人的“不成熟状态”的表现。

中国的“开民智”与之有着不同的喻指。“开民智”中的“民”不同于西方“启蒙”中的人，民并不是一个具有理性光源之体，而是一个不靠别人“引导”(准确地说是教化)就永远处于混沌状态的不觉者。在中国文化中，民有许多同源字，都有“迷蒙和混乱”的意思，如“泯”“惛”等，甚至作为玉的“珉”也往往被称为假玉，它们缺少真玉的光泽，因而君子不屑一顾。[1] 几种古代经典还定义民为“冥”或者“冥”的同源字“瞑”，即黑暗和混沌的意思。

董仲舒曾说过：

> 民之号取之瞑也。使性而已善，则何故以瞑为号？……性有似目。目卧幽而瞑。……譬如瞑者待觉，教之然后善。当其未觉，可谓有质而不可谓善…民之为言，固犹瞑也。随其名号以入其理，则得之矣。[2]

西周文字中的“民”指瞎了的眼睛，因为它没有瞳子。民是缺少眼睛中最重要的部分瞳子的人。段玉裁认为，《说文》把“民”定义为“众萌”，特别用了“萌”字以表示精神上的黑暗和无

① 参见《荀子·法行》。

② 董仲舒：《春秋繁露·深察名号》。

知。“萌”字的第二个意思是“发芽”，这和董仲舒把民说成可以唤醒的沉睡着的人是一致的。[①] 同样有关“民”的认知也可以转化为中国近代性的民权话语。

在孙中山的民权主义话语里，人被分成三等：先知先觉、后知后觉和不知不觉。而后一种类型与中国文化中的“民”同义：

> 这四万万人当然不能都是先知先觉的人，多数的人也不是后知后觉的人，大多数都是不知不觉的人。现在民权政治，是要靠人民作主的，所以这四万万人都是很有权的。全国很有权力能够管理政治的人，就是这四万万人。大家想想现在的四万万人，就政权一方面说，是像甚么人呢？照我看起来，这四万万人都是像阿斗。中国现在有四万万个阿斗，人人都是很有权的。[②]

在这种语境之下，孙中山说出了其他民权言者所谓“开民智”的真正意蕴：

> 民权思想，虽然是由欧美传进来的，但是欧美的民权问题，至今还没有办法。我们现在已经想出了办法，知道人民要怎么样，才对于政府可以改变态度。但是人民都是不知不觉的多，我们先知先觉的人，便要为他们指导，引他们上轨道去走，那才能避了欧美的纷乱，不蹈欧美的覆辙。[③]

---

① 参见［美］郝大维、安乐哲《孔子哲学思微》，蒋弋为、李志林译，江苏人民出版社，1996年，第104～105页。

② 孙中山：《三民主义》，第139页。

③ 孙中山：《三民主义》，第145页。

我注意到，只要使用“人民”这个词，孙先生总是抱着尊敬的态度，但一旦改换成“民众”，其态度则是蔑视的。譬如，他在抱怨众人接受“君权神授”时说：“无知识的民众，不晓得研究这些话，是不是合道理，只是盲从附和，为君主去争权利，来反对有知识的人民，去讲平等自由。”①对此可以作这样的解读，“智未开”的人就是“民众”，“智开”的人就是“人民”，当然，任何不知不觉的人的最终得救都须先知先觉者的引领。

中国过去的圣人们对百姓的读书识字不感兴趣，现在的圣人们的“开民智”则是要把人彻底变成瞎子，以便于他们永远需要引领者。当我们为儒家“民为贵，君为轻”的话语感到欣慰时，千万别忘了，那些被视为“尊贵的人”都是些没有瞳子的盲人。**中国的民权意蕴由“开民智”的言路全部托出了。**正像孙中山先生所说的，民权就是让这些不知不觉的人当皇帝（这叫人民掌握政权），另外再让先生那样的先知先觉者组成政府（这叫政府掌握治权）：“我们先知先觉的人，便应该先来造好这种机器，做一个很便利的放水掣，做一个很安全的接电钮，只要普通人一转手之劳，便知道用他，然后才可以把这种思想做成事实。”②

可以这样说，近代以来的民权言论在本性上并未脱离中国的“圣人政治论”的路数，如果要在民权与一般政治之间再作细微的分别，那么前者就是“圣人民权论”。这也让我记起了庄子的话：

> 世俗之所谓至知者，有不为大盗积者乎？所谓至圣者，有不为大盗守者乎？……圣人不死，大盗不止。

---

① 孙中山：《三民主义》，第99页。

② 孙中山：《三民主义》，第161页。

庶民的胜利

——中国民主话语考论

他们无法表述自己，他们必须被别人表述。

——马克思

写作使叙事人获得权势，不识字使阿Q丧失地位。

——刘禾

一　为什么考辨"Democracy"

对上个世纪汉语"民主"与英语"Republic""Democracy"三个词语间的"跨语际实践"（Tran lingual practice ）所形成的复杂关系的研讨，可从语言学的视角对现代中国的民主话语及其实践作一种新的诠释。我们已习惯了"现代民主生活"，习惯了对我们这种生活的表达方式，而对这个表征着"庶民的胜利"的"民主"词语却早已忘却了它似乎还有出生史的事实。今天重新阐释、辨析这一段历史，其目的并不只是为了弄清现代汉语"民主"一词的词义，而且是通对其起源、流变以及由此所构建的中国现代民主话语的省察，对中国的政治现代性问题提供某种重新解释的途径。

当然，有关中国政治的现代性问题的论述和研讨的方法与途径是多样的，未必非从"民主"语词开始不可。自19世纪真正遭遇西方以来，中国的历史就再也无法自足地展开。西方对中国历史的加入不但引发了中国历史上一系列的重大事件，而且每一个事件本身都成了中国政治现代性的某种象征。"戊戌变法""立宪改革""共和革命""新文化运动"等等事件的发生，都直接或间接地与民主相关，而五四新文化运动的那些人干脆用"德先生"（民主）来表达运动的意义和诉求的目标。对这些事件的叙述、阐释固然是一种对中国民主进程的把握，并蕴含着对民主的一般意义的理解，但是，把中国的政治现代性与"民主"一词的使用相联系，则对理解现代中国的民主话语及其实践无疑是重要的，也无疑会为展现现代中国民主的特质提供某种帮助。

早在80多年前，李大钊就对祈福于中国的"Democracy"（民主）作了整体性的描述：

> 现代生活的种种方面，都带有Democracy的颜色，都沿着Democracy的轨辙。政治上有他，经济上也有他；社会上有他，伦理上也有他；教育上有他，宗教上也有他；乃至文学上、艺术上，凡在人类生活中占一部位的东西，没有不受他支配的。简单之一句话，Democracy就是现代唯一的权威，现在的时代就是Democracy的时代。①

无论作为一种意识形态还是作为现代中国的政治象征，民主都与中国的现代性话语密切相关，至少是中国政治精英、知识精英"现代政治话语"的重要构成要素。而现代中国民主话语本

① 李大钊：《李大钊文集》（上），人民出版社，1984年，第632页。

身所不断显现出的某些特征，又与早期中国人对英语"Republic""Democracy"的翻译有关，与中国经典所构成的传统民主话语有关。从一定意义上讲，正是传统的民主话语与西方的"Republic""Democracy"的某种结合而形成了现代中国独特的民主语境。话语不同于语言，它不能简单地还原为语句和语法。"话语并不只具有意义或真理，而且还具有历史，有一种并不把它归于奇异的生成变化律这样的特殊的历史。"[①]话语的历史即它自身的实践。正像奥斯汀的一本书名所提示的那样：说话就是做事(To say something is to do something)。[②] 话语不仅仅是语言，它的历史、它的指称力量有着型构现实的作用。话语实践(Discursive practice)肯定是社会实践的一个重要部分。

对我而言，最关紧要的问题是，中国早期的知识者以及深懂中国文化的那些"跨语际旅行"的西方传教士为什么要用"民主"这个中国传统词语去处理西方的"Republic""Democracy"？民主是怎样被等同于"Republic""Democracy"的？这里的问题不只是"Republic"或者"Democracy"能否被翻译成"民主"，更重要的是，为什么被如此翻译。民主这个汉语词汇是如何被等同于英语的 Republic 和 Democracy 的？汉语的民主语词与上述两个英语词语之间具有对等性吗？这种对等性是怎样被设定的？是在何种语境下被设定的？民主与 Republic、Democracy 的关系，仅仅是本源语(Source language)与译体语(Target language)之间的相互作用的翻译学问题吗？若进一步发问，也可转换为这样一个问题：当一个词语、一个范畴或者一种话语从

---

① [法]米歇尔·福柯：《知识考古学》，转引自米歇尔·福柯《词与物》，莫伟民译，上海三联书店，2001 年，译者引语，第 5 页。

② J.L.Austin, *How to Do Things with Words*, Oxford University Press, 1961.

一种语言向另一种语言“旅行”时，究竟发生了什么？是“平行地滑移”，还是创造性地被借用和挪用？对此，爱德华·赛义德提出了“四个阶段”的著名论说：

> 首先，存在着出发点，或者似乎类似于一组起始的环境，在那里思想得以降生或者进入话语之内。其次，存在着一个被穿越的距离，一个通过各种语境之压力的通道，而思想从较早一个点进入另一种时间和空间，从而获得了一种新的重要性。第三，存在着一组条件——称之为接受的条件好了，或者是抵抗(接受过程必不可少的一部分)的条件——而抵抗的条件对抗着被移植过来的理论或思想，也使得对这种理论与思想的引进和默认成为可能，无论它们显得多么疏远。最后，现在已经完全(或者部分)被接纳(或吸收)的思想，在某种程度上被其新的用法及其在新的时间与空间中的新位置所改变。①

正如论者所言，赛义德过分肯定了“理论”的首要性，以至于使得如下的问题倒无足轻重了：理论在哪个方向旅行(从西方向东方，还是相反)，出于什么目的(是文化交流、帝国主义，还是殖民化？)旅行，或者使用哪一种语言、为哪些受众旅行？② 就中西的复杂关系而言，与其说现代汉语的“民主”概念是西方的“Republic”“Democracy”在中国“旅行”的结果，倒不如说两者艳

---

① [美]爱德华·赛义德：《世界·文本·批评家》，转引自刘禾《跨语际实践——文学，民族文化与被译介的现代性(中国，1900～1937)》，宋伟杰等译，生活·读书·新知三联书店，2002年，第28页。

② 参见刘禾《跨语际实践》，第29页。

遇后的必然结局。“艳遇”(A erotic adventure)一词是表达西方Democracy与中国“民主”关系的最好喻说(Trope):短暂相逢,匆匆道别。①

本文以此为出发点,试图确证这样一个问题:无论是Republic还是Democracy,它们与中文的“民主”之间透明地互译是不可能的,而且文化间以这些词汇所构成的语言为媒介进行透明地交流也是不可能的。词语的对应是历史地、人为地建构起来的,而语言之间的互译性也必须作为一种历史的现象去理解和研究。任何互译都是有具体的历史环境的,都必然被一定的具体条件和话语实践所规定。本文不局限于对汉语“民主”一词作一般性考辩,而力图通过考察达到这样一个目的:

> 考察的是新词语、新意思和新话语兴起、代谢,并在本国语言中获得合法性的过程,不论这过程是否与本国语言和外国语言的接触与撞击有因果关系。也就是说,当概念从一种语言进入另一种语言时,意义与其说发生了“转型”,不如说在后者的地域性环境中得到了(再)创造。在这个意义上,翻译已不是一种中性的,远离政治及意识形态斗争和利益冲突的行为。相反,它成了这类冲突的场所,在这里被译语言不得不与译体语言对面遭逢,为它们之间不可简约

---

① “艳遇”是中国传统志怪小说的典型叙事线索:主人公往往为一介聪慧书生,在云游四方或进京赶考的途中无意间邂逅一位绝色佳人。才子与佳人彼此顿生爱慕之情。于是,佳人遂邀书生彻夜畅读诗书,同床共眠。最后,书生恋恋不舍地与佳人作别,继续踏上旅程。然而,故事的点题之笔往往姗姗来迟,书生终于发现与自己苟欢的原来是只狐狸精,而卧榻之所只是她在庭院中施展魔法变化出来的亭台屋宇。(参见刘禾《跨语际实践》,第194页)这里适用的是这个故事的隐喻:拂去西方Democracy的魔法以后,剩下的也许只是中国被表述的“庶民的胜利”的民主。

之差别决一雌雄，这里有对权威的引用和对权威的挑战，对暧昧性的消解或对暧昧的创造，直到新词或新意义在译体语言中出现。①

二 汉语“民主”语词是如何在近代中国复活的

“民主”一词早在古汉语中就有。《尚书·多方》中就有这样的话：“天惟时求民主，乃大降显休命于成汤。”②“商代夏作民主。”③这里的“民”与“主”不是现在的主谓关系，而是修饰关系，即民的主宰者的意思，多指帝王或官吏。类似的句子还有《左传·文公十七年》：“齐君之语偷。臧文仲有言曰：‘民主偷必死。’”《文选·班固〈典引〉》：“肇命民主，五德初始。”④《资治通鉴·晋惠帝太安二年》：“昌遂据江夏，造妖言云：‘当有圣人出为民主。’”在此，我们所不能忽略的是中国古典民主语词所包含的复杂意思。从字面上看，民主指的是民的统治者，但上述的表达也隐含着什么样的统治者能够作为“民”之“主”的一种价值评判。就《尚书》所提供的语境看，桀显然不能为“民主”所依据的不仅是事实（桀的统治的被颠覆），而且更主要的是一种德性的判断。桀的统治为什么被颠覆：既然桀已失去天命民心，那么商王朝的开创者自然是承天命顺民心的民主。民主只能是那些上承天命下顺民心的圣王。也就是说，古典的民主一词包含着一

① 刘禾：《语际写作——现代思想史写作批判纲要》，上海三联书店，1999年，第35～36页。

② 蔡邕注：“言天惟是为民求主耳。桀既不能为民之主，天乃大降显休命于成汤，使为民主。”

③ 蔡邕注：“商择也，民择汤而归之。”

④ 蔡邕注：“民主，天子也。”

种对统治者的基于道德的合法性要求。在儒家的文献里，民主的语词往往又与传统的圣王革命话语相关联。①

在现代中国，伴随西方民主的翻译过程而得到复活的民主概念，虽然未必出自这些典籍，但与之肯定有着某种关联。它能走出中国的典籍——像李大钊所表述的那样——渗入中国人的日常话语世界，其基本要素——统治类型、统治的普遍性、合法性——与现代民主话语构成了拒斥或融通等复杂关系。

中文的现代民主概念与西方的 Democracy 有着不可分的联系，同时也与中国传统的民主语词有着某种语义上的黏连。也就是说，Democracy 与民主的虚拟对等性不是一次完成的，而是经过了一个漫长的历史拟制过程。要解释其中的各种关节，还须从 Democracy 最初如何被汉语表达开始。

早在 19 世纪早期，英语的 Democracy 已经在汉语里得到解释。而解释者既不是纯粹的西方人，也不是纯粹的中国人，而是那些早期“跨语际实践”的人——西方的传教士。对 Democracy 的早期解释大致是这样的：1822 年，马礼逊（Robert

---

① 《孟子·尽心下》云：“民为贵，社稷次之，君为轻。是故得乎丘民而为天子。”（东汉赵歧《孟子注》：“君轻于社稷，社稷轻于民。”宋朱熹《四书章句集注》：“丘民，田野之民。”）《孟子·离娄上》又云：“桀纣之失天下也，失其民也。失其民者，失其心也。得天下有道，得其民，斯得天下矣。得其民有道，得其心，斯得民矣。得其心有道，所欲与之聚之，所恶勿施尔也。民之归仁也，犹水之就下。”（朱熹《四书章句集注》：“民之所欲，皆为致之，如聚敛然。民之所恶，则勿施于民。”）在儒家的民主思想体系中，“天命”“民心”是最重要的概念，关涉着政治统治以及政权转移的道义问题。（参见刘小枫《儒家革命精神源流考》，第 34～38 页）

Morrison)将其解释成"既不可无人统率亦不可多人乱管"①；1847年，麦都思(Walter Henry Medhurst)则用"众人的国统，众人的治理，多人乱管，小民弄权"进行诠解②；1866年，罗布存德(W. Lobscheid)的《英华字典》对之作如下释义："民政，众人管辖，百姓弄权。"③

有的论者把这种解释看作源于西方民主的历史认识。④ 这个观点令人生疑。问题是，上述三种解释之间有着很大的差异，甚至是对立的。前者的解释虽然语义上模糊不清，但它仍有明确的指示：不能把 Democracy 与"多人乱管"的政制相混淆，并潜有"Democracy 比'多人乱管'优越"的判断；而后两者的意思表达是一致的，都给予了一种否定性的解释。对这三个在中国的西方人而言，他们之间虽在时间上相隔不远，却横跨了中国的两个时代：一个是虽遭遇西方基督教文化但中国仍处于自主地位的时代，一个是中国丧失了话语优势而受帝国主义武力支配的时代。Democracy 的汉语解释上的差异，与言说者——西方传教士在中国的不同"角色"有关。

---

① 马礼逊：《华英字典·五车韵府》卷三，澳门1815～1822年版，第113页。《华英字典》分三部分，第一部分《字典》，系据嘉庆十二年(1807年)刊刻的《艺文备览》翻译，汉英对照；第二部分《五车韵府》，英汉对照；第三部分《英汉字典》，英汉对照。三部分相继于1815年、1819年、1822年问世，共2500余页。(参见方维规《东西洋考"自主之理"——19世纪"议会"、"民主"、"共和"等西方概念之中译、嬗变与使用》，载《中外法学》2000年第3期。

② 麦都思：《英汉字典》，上海1847年版。转引自方维规《东西洋考"自主之理"》。

③ 罗布存德编辑的原版《英华字典》(English and Chinese Dictionary)发行于1866年，至19世纪末已经难以得见，市面流传的是邝其照等人的缩编本《华英字典集成》。转引自方维规《东西洋考"自主之理"》。

④ 方维规博士认为，西方传教士对 Democracy 的汉语诠释是直接来自西方历史上对 Democracy 概念的理解，这种理解甚至可以追溯到其发端时代即古希腊的民主时代。参见方维规《东西洋考"自主之理"》。

同为传教士，鸦片战争以前的时代，既然欧洲还没被看作会对中国社会的稳定构成威胁，那么，对中国的士大夫而言，西学就是一种不必要的剩余物，它和权力或成功没有任何的直接联系。[①] 与此相关，那些西方传教士使用西学的目的主要是使自己成为一个有教养的绅士，从而取得与儒家士大夫相同的身份。他们要与中国的士大夫打交道首先得给自己的传教行为披上一件中国外衣，并努力使自己的思想观念适应中国的文明。“他们或多或少地像一个候选人，要接受能否成为这个国家之成员的资格审查，否则，就必须滚蛋。那些有权对这种资格作出审查的中国人，只是偶尔对耶稣会士带来的西方知识感兴趣。”[②]显而易见，马礼逊，一个生活在中国人并不认为“西方优越于中国”的末代的传教士，他要向他的阅读者——中国的士大夫介绍西方的Democracy，就得采用一种中国士大夫能够接受的调和方式：只是含混地说明而不明确地作出判断。

鸦片战争以后在中国通商口岸的那些传教士则不同，他们具有独立精神，根本不需考虑中国人的感情。“早期耶稣会士给中国带来的是一种优美的文化，从而修饰和丰富了它固有的并受到全世界尊敬的文明。而后来的欧洲人强加给中国的却是一种勿庸置疑的外国异端。”[③]传教士本身则成了文化优越者的象征。在这样的语境下，麦都思、罗布存德既可以把西方的Democracy表述为一种优越于中国的文明形态，从而向中国士大夫传播西方民主的福音，也可以明确地向中国的士大夫发出

---

① 参见[美]列文森著《儒家中国及其现代命运》，郑大华、任菁译，中国社会科学出版社，2000年，第41页。

② 列文森：《儒家中国及其现代命运》，第41页。

③ 列文森：《儒家中国及其现代命运》，第41页。

上述那样的警告。"播扬"与"警告"虽然语义不同，但言说者的角色并无二致，警告本身就是一种话语权力。两位传教士之所以选择后者，也许包含了他们对"民主"在解决中国问题时的意义持一种并不乐观的判断。

这也可解释后来的传教士为什么把西方的 Republic President 等概念用汉语的复合词"民主"对译并加以播扬。据考释，近代第一个使用汉语复合词"民主"加以译介西方政制概念的是美国传教士丁韪良（W. A. P. Martin）。他在 1864 年翻译美国著名律师惠顿（Henry Wheaton）的《万国公法》（Elements of International Law）时用复合词"民主"将"Republican"（Form of government）翻译成"民主之国"，以相对于"Monarchic"（Form of government），即"君主之国"。[①] 这之后，还有把"President"译成"民主"。1874 年 12 月《万国公报》卷 316 所载："美国民主曰伯理玺天德（President），自华盛顿为始。"1879 年 5 月 31 日该刊卷 541 所题《纪两次在位美皇来沪盛典》称："篇中所称伯理玺天德者，译之为民主，称之国皇者。"同年 5 月 17 日该刊卷 539 所题《华盛顿肇立美国》称："美国虽得自主而尚无人君治理，故通国复奉顿为民主，四年任满，再留任四年。……美国有民主以顿为始。"[②]在有的情形下，汉语"民主"一词到底是指译"Republic"还是"President"并不清晰，如：

美国乃公天下民主之国也，传贤不传子，每四年公举一

① 参见丁韪良《万国公法》，上海书店出版社，2002 年，第 34 页。"若民主之国，则公举首领、官长均由自主，一循国法，他国亦不得行权势于其间也。"

② 康有为亦曾说："众民所归，乃举为民主，如美、法之总统然。"

人为统领，称“伯理玺天德”。①

美国合邦之大法，保各邦永归民主，无外敌侵伐。倘有内乱而地方官有请，则当以国势为之弭乱。②

地球所有国政，约分三种：一为君主国之法，一为贤主禅位之法，一为民主国之法。间有于三种中择一法行之者，亦有于三种中参用二法者，又有合三法而并用者，如今之英吉利是也。③

民主国以平等为主义，大统领退职后，与齐民无异。……法兰西为欧洲民主之国，其建国规模，非徒与东亚各国宜有异同，即比之英、德诸邦，亦不无差别。……而后知其立国之体，虽有民主之称，统治之权实与帝国相似。④

实际上，在整个19世纪，中国人（包括传教士）在现代的意义上运用民主一词时，其语义往往是Republic、President和Democracy三者兼而有之。譬如，1875年6月12日出版的《万国公报》卷340所刊的《译民主国与各国章程及公议堂解》一文

① 张德彝：《航海述奇》(1866)，见钟叔河主编《走向世界丛书》，岳麓书社，2008年，第556页。

② 丁韪良：《万国公法》，第37页。

③ [英]傅兰雅：《佐治刍言》(1885)，上海书店出版社，2002年，第30页。

④ 载泽：《考察政治日记》(1905)，见《走向世界丛书》，第580、657页。在很多情形下，即便“民主”一词之后没有“国”字，也很难判定“民主”一词对译的是republic还是president，如：“西洋立国，有君主、民主之分，而其事权一操之议院，是以民气为强，等威无辨，刑罚尤轻”(郭嵩焘：《伦敦与巴黎日记》〈1878〉，《走向世界丛书》，第611页)；“夫各国之权利，无论为君主，为民主，为君民共主，皆其所自有，而他人不得夺之，以性法中决无可以夺人与甘夺于人之理也”(《郑观应集》上册，第175页)；“有一人专制称为君主者，有庶人议政称为民主者……”(黄遵宪：《日本国志》〈1890〉，第81页)。

便是一例。该文对“民主国”的解释是:“按泰西各国所行诸大端,其中最关紧要而为不拔之基者,其治国之权属之于民,仍必出之于民而究为民所设也……治国之法亦当出之于民,非一人所得自主矣,然必分众民之权汇而集之于一人,以为一国之君,此即公举国王之义所由起也。而辅佐之官亦同此例矣。”

有的学者指出,王芝在其1872年版的《海客日谭》中,用民主一词来翻译 Democracy 可能是把民主与 Democracy 建立起关系的最早尝试。而现代汉语中后来的译法广泛流传,可归因于日语的 Minshu。[①] 王芝是不是最早用民主来翻译 Democracy 的第一人则无从确证,而后来这个译法的广为流传既可能归因于日本人,也可能归因于中国的思想家严复。严复1895年3月在《直报》上发表的《原强》所说“以自由为体,以民主为用”一语中的“民主”则当是 Democracy 之意译。Democracy 还被严复译作“庶建”。严复所译法国人孟德斯鸠的《法意》(现译为《论法的精神》)曾解释说:“庶建乃真民主,以通国全体之民,操其无上主权者。”《法意》中西译名表:“庶建 Democracy,本书中又作民主。”又据梁启超转引严复所言:“欧洲政制,向分三种:曰满那弃(monarchy)者,一君治民之制也;曰巫理斯托格拉时(aristocracy)者,世族贵人共和之制也;曰德谟格拉时(democracy)者,国民为政之制也。”后来严复在论及自由、平等和民主的关系时也曾说:“自由者,各尽其天赋之能事,而自承之功过者也。虽然,彼设等差而以隶相尊者,其自由必不全,故言自由则不可以不明平等。平等而后有自主之权,合自主

① 刘禾:《跨语际实践》,“附录”,第375页。

之权，于以治一群之事者，谓之民主。"[①]这里的"民主"，亦当是Democracy之义。

上述的材料与言论至少给我们传达了以下信息：汉语的"民主"与西方的Republic、President、Democracy等概念的对等性首先是由西方的传教士建立起来的。民主一词在近代中国的复活是西方传教士启蒙的结果。从某种意义上说，重要的不是民主一词能否被确当地指译为President还是Democracy，而是民主这个古典的中国语词在近代被激活的方式。问题是，西方的传教士为什么要用中国古代的民主一词去指译时下的西方政制概念？丁韪良的《万国公法》能说明这个问题。这个文本有两点值得注意：第一，它并不是一部古典的西方名著，而是一部"现时态"的类似国际法教科书；第二，丁韪良用中国古代的"民主"一词去处理西方现时态的概念。这里要紧的不是概念和术语的"时态"问题，而是这种翻译方式所包含的权力问题：文本中作为过去时的中国"民主"语词的意义早已被现在时态的西方的优越的前提决定。换言之，西方的"Republic"之所以能为中国古代的"民主"词语所翻译，不是因为现实的中国与西方对等，而是因为对西方的屈从。**中国必须被西方启蒙——这也许是丁韪良翻译《万国公法》的真正动机。**这正如西方的Autocracy能让中国人发现中国古代的专制一词对描述现时中国的价值一样。[②]这

① 严复：《严几道文钞》，上海国华书局，1922年，第30页。

② 《左传·昭公十九年》"若寡君之二三臣，其即世者，晋大夫而专制其位，是晋之县鄙也，何国之为"；《汉书·西域传下·乌孙国》"昆莫年老国分，不能专制，乃发使送骞，因献马数十匹报谢"；又见《韩非子·亡征》"婴儿为君，大臣专制，树羁旅以为党，数割地以待交者，可亡也"。

里的丁韪良就像著名小说家老舍笔下的“伊牧师”：

> 伊牧师是个在中国传过二十多年教的老教师。对于中国事儿，上自伏羲画卦，下至袁世凯作皇上（他最喜欢听的一件事），他全知道。除了中国话说不好，简直的他可以算一本带着腿的“中国百科全书”。他真爱中国人：半夜睡不着的时候，总是祷告上帝快快的叫中国变成英国的属国；他含着热泪告诉上帝：中国人要不叫英国人管起来，这群黄脸黑头发的东西，怎么也升不了天堂。[①]

正如詹姆士·何为亚（James Hevia）所言：“传教士话语的目的不仅在反映现实，而且在塑造现实。”[②]丁韪良不仅推动了中国的西化改革，而且还型构了现代中国的政治语言。

古汉语的民主与西方的Democracy的对等关系的设定经历了一个复杂的过程。虽然民主一词在趋向上逐渐向Democracy滑移，并逐渐形成了一种固定化对等关系，但民主始终与Republic和President两个概念之间有着某种黏连。譬如，直到19世纪末期，还有以“民主”指译“President”；20世纪20年代，《英华成语合璧字集》也有这样的词条：“民主：President of a Republic。”[③]究其原因，这与英文中的Republic、Democracy两个概念本身存在的界限模糊不清有关。更重要的是，英语中的这三个概念都无法割断与中国传统“民主”语义的

---

① 《老舍文集》，人民文学出版社，1980年，第407页。

② James Hevia, "Leaving a Brand in China : Missionary Discourse in the Wake of the Boxer Movement", *Modern China* 18.3(July 1992): p306.

③ 见方维规《东西洋考“自主之理”》。

那种相斥相纳的复杂关系。相较而言，President 是最接近中国古代“民主”词义的，两者都有“民之主”的意思。由于中国古代“民主”的“主”本身也含有对民心、民意的诉求，因而在合法性上两者也有相合之处。梁启超从不同的角度曾敏锐地意识到这一点：

> 吾侪之昌言民权，十年于兹矣，当道者忧之嫉之畏之，如洪水猛兽然，此无怪其然也，盖由不知民权与民主之别，而谓言民权者，必与彼所戴之君主为仇，则其忧之嫉之畏之也固宜，不知有君主之立宪，有民主之立宪，两者同为民权，而所以驯致之途，亦有由焉。凡国之变民主也，必有迫之使不得已者也。①

显而易见，英语中的 Republic、Democracy 都在不同的层面上与古汉语“民主”中的“民”相通相感。或者说，这两个概念对“民”存有类似的认知方式。无论是 Republic 还是 Democracy，“民”是其基本元素，都为确认“民”在政治生活中的地位和价值。“民”是串联两个概念的基本线索，这是“民主”为什么始终与上述两个概念纠缠不清的主要原因。然而，传统的民主一词毕竟已在新的时代背景下被重新激活，其语义和意义自然会发生变化。它意味着中国传统的民主话语与西方的现代民主话语的接轨，意味着中国从此被纳入了由西方宰制的民主文明进程。“民主”语词不仅能唤起对中国古代“纯风美俗”的美好回忆，而且也预示了现代西方所能带来的令人心醉的远景。正由于西方传教士的加入，“民主”一词便突破传统而具有现代性的意义，它使得

---

① 梁启超：《饮冰室合集》文集之三，第 76 页。

后来的中国人在宣扬“人民”的同时也包含着社会变革的种种许诺。

三　“民主”的新语义:“Democracy”的被重新翻译

“知识从本源语言进入译体语言时,不可避免地要在译体语言的历史环境中发生新的意义。译文与原文之间的关系往往只剩下隐喻层面的对应,其余的意义则服从于译体语言使用者的实践需要。”①由传教士所传递的“民主”意义被他的中国读者中途拦截,在译体语言中被重新诠释和利用,这其中,五四新文化运动的中国知识者就是一批非同寻常的读者。他们将传教士的“民主”重新“翻译”成自己的激情创作,成为**中国现代民主话语的重要设计师。**

五四的中国知识分子与上个时代的西方传教士不同,甚至也与他们的前辈严复不同。他们不愿意把“Democracy”仅仅理解为国家政制中的一种“民主”,而期望在 Democracy 身上要求更多的东西。他们把 Democracy 叫作“德谟克拉西”(Democracy 的音译),为了显得亲切也叫它“德先生”。陈独秀认为,“德先生”和“赛先生”(科学)有无穷的能耐,是中国的救星。他“认定只有这两位先生,可以救治中国政治上道德上学术上思想上一切的黑暗”。②为什么用汉语“民主”能够表达清楚的问题,他们却要用“德谟克拉西”一词?为什么“德谟克拉西”这个译名最终又被民主一词取代?而读识这些问题是有难度的,困难就在于这个激情创作的民主话语本身所具有的含混性和

① 刘禾:《跨语际实践》,第 88 页。

② 参见《独秀文存》,安徽人民出版社,1987 年,第 242～243 页。

义性。[1]

据论者考计，民主一词出现在《新青年》中有305次，加上“德谟克拉西”和“德先生”的次数共有513次。[2] 中外史家一般把民主话语在中国的流行与播扬归因于《新青年》，虽无错识，但非史实全貌。事实上，当时有上百种刊物都关涉民主这个话域。这些刊物的创办者既有像陈独秀这样的激进知识分子，也有温和的自由派知识分子。更为有趣的是，他们对西语中的Democracy一词有着近乎一致的译义。

中国古典的民主语词在五四时代被重新激活，取代民权一词而成为中国精英阶层的流行词汇，可能由张勋复辟这个事件所导引。这个事件清楚地宣告了中国仿行西方政治体制的最终失败，进一步激化了一些中国人的沮丧情绪，同时也激发了另一些人对西方民政的更为迫切的欲求。双方的观点针锋相对，但其话语却共同地加入了一个关键词——民主。1917年康有为在《不忍》杂志发表的《共和评议》与《徐太傅书》成了这种失望情绪的见证，而同年陈独秀写的《驳康有为〈共和评议〉》表达的则是对西方的进一步向往。两个密切相关的文本都是由一个事件共同设定。康的出发点在于：他不但把“复辟”作为共和体制试验失败的证据，而且欲想进一步反证他主张的君主立宪的正确。陈的用意是表达对这个观点的不满和驳证。民主这个概念就是在上述一个话语层面同时展开的。据学者统计，《驳康有为〈共和评议〉》一文中，共55次使用“民主”一词，54次是在与君主相

① 参见姜义华《彷徨中的启蒙——〈新青年〉德赛二先生析论》，载《文史知识》，1999年第5期。

② 参见金观涛、刘青峰《〈新青年〉民主观念的演变》，载(香港)《二十一世纪》，1999年12月号。

对立的意义上使用的,其余1次是用以表达西方社会制度。[①]在民主语义的把握上,陈与康是一致的,他并没有为这个概念提供新的东西;不同的是,陈支持这个概念,而康则反对。**民主是中国古典的“民心”“民意”之德性元素与西方传教士所译释的Democracy所代表的西方现代性政治形态的一体化再现。**这再一次表明现代性的汉语民主一词无法扯分与Republic 、President概念的黏连。[②]

五四新文化的反君主主义的特质之一,就是既反对立宪体制下的虚君制,也反对与君主制相关涉的儒家文化。在他们看来,儒家文化不但要对复辟事件负责,而且也是整个中国乱象的原因,恰恰是儒家文化之下的君主体制扼杀了中国成为一个现代国家的全部生机。李大钊正是从此着眼来定义这个运动的:“政治上民主主义的运动,乃是推翻父权的君主专制政治之运动,也就是推翻孔子的忠君主义之运动。”[③]可以说,他们是一些彻底的共和主义者,但却不是西方意义上的共和主义者。具有反讽意味的是,他们不是以公民理论反对身份制度,而是以中国儒家所提供的“人民”的道德价值武器去批判儒家。既然君主已经被证明像个酗酒的船长,无法指挥驾驭国家这艘航船,那就应该让人民来试试。人民犹如水,既能载浮船只安全航行,也能一个浪头打翻正在航行的船只。儒家对民之德性的赞扬,成了五四新文化论证人民合法性的根据:儒家的错误不是对人民的价值估计过高,而是不够;人民既是水,也是船,也应成为驾驭船只

---

① 参见金观涛、刘青峰《〈新青年〉民主观念的演变》。

② 参见陈独秀《驳康有为〈共和评议〉》,载《独秀文存》,第128~149页。

③ 李大钊:《由经济上解释中国近代思想变动的原因》,载《新青年》,第七卷第二号。

的船长。由中国古典文化提供的“人民价值”，成为五四新文化“平民主义”创作的活力之源。这预示着，民主一词需要添加新的语义，Democracy 需要重新翻译。

1919 年前后，中国的知识界大都用“平民主义”或者与之相近的词汇翻译 Democracy，在某种程度上颠覆了传教士的知识传统，而与中国古典的“民主”语词更为接近。

据学者考析，1919 年，毛泽东在《湘江评论》的创刊号首先把 Democracy 翻译成“平民主义”，随后又列译为“兑莫克拉西”、“民本主义”、“民主主义”和“庶民主义”。[①] **民主词义的这种改变，以及 Democracy 被重新翻译，是决定中国民主话语实践的重要时刻，也是中国政治话语发生深刻改变的重要事件之一。**[②] 毛泽东也许是“偶然”将 Democracy 翻译为“平民主义”的，否则他为什么随后又译作其他“主义”呢？与之相比，同时期的李大钊虽然还不清楚用什么样的汉语语汇翻译 Democracy，但他已敏锐地注意到了 Democracy 对中国可能具有的新意义或新价值。1918 年，他在一篇为友人书所作的跋中对 Democracy 作了这样的解释：“我们要求 Democracy，不是单求一没有君主的国体就算了事，必要把那受屈枉的个性，都解放了，把那逞强的势力，都摧除了，把那不正当的制度，都改正了，一步一步的向前奋斗，直到世界大同，才算贯彻了 Democracy

---

① 参见顾昕《五四激进思潮中的民粹主义（1919～1922）》，载《自由主义与当代世界》，生活·读书·新知三联书店，2000 年，第 339 页。

② 这里的“事件”（occurrence）一词是在保尔·德曼曾经运用的意义上使用的。德曼是在讨论本雅明论翻译那篇文章时使用这个词的：“当路德翻译《圣经》时，某些事发生了——在那一时刻，某些事发生了，并不是说从那以后发生了宗教战争，然后历史的进程被改变了，这些不过是副产品。真正发生的是翻译。”（参见刘禾《跨语际实践》，第 45～46 页）

的真义。”[①]在这里，被李大钊重塑的 Democracy 概念，在保留了与君主政体相对立的“新型政体”这层语义的基础上，还增扩了四层含义：第一，它是个人主义的一种价值预设，伸张每一个被抑制的个性是 Democracy 最基本的价值；第二，Democracy 是销蚀特权的溶剂，社会的基本平等是其重要语义；第三，它是一种合理的制度，包括个性的维护、平等的制度架构、合理的财产分配等等；第四，它还意指一种和平的世界秩序，意味着一种国家间的平等关系。这对于任何一个生长在悲惨祖国的中国知识分子来讲，是对列强构筑的世界格局的一种起码的正义要求。

也就是说，Democracy 已经脱离了它原有的语境，被赋予了“中国欲求”的新含义。随着这些新语义的增扩，Democracy **也就从一个政治概念被转变成一个社会概念，中国的知识者可以方便地用以表达各种社会欲求。**

从某种意义上讲，李大钊对政治和社会问题表述的变化，就是对 Democracy 进一步“重译”（构造）的过程。1919 年以后，李大钊把 Democracy 进一步向社会层面推进，使“平等”的语义与价值急剧地凸显出来：“战后（指第一次世界大战——引者注）世界上新起的那劳工问题，也是 Democracy 的表现。因为 Democracy 的意义，就是人类生活上一切福利的机会均等。……应该要求一种 Democracy 的产业组织，使这些劳苦工作的人，也得一种均等机会去分配那生产结果。”“Democracy 的精神，不但在政治上要求普通选举，在经济上要求分配平均，在教育上、文学上也要求一个人人均等的机会，去应一般人知识的要求。”[②]

---

① 李大钊：《〈国体与青年〉跋》，载《李大钊文集》（上），第 604 页。

② 李大钊：《劳动教育问题》，载《李大钊文集》（上），第 632～633 页。

李大钊已经将“劳工问题”“经济问题”“大众文学问题”都挪借到 Democracy 概念中加以消解。毫无疑问，解决这些问题的密钥就是“平等”，平等是一个失衡社会中稍有良知的知识分子最为朴素的关切。平等被纳入 Democracy 也是中国民主话语表达与实践的最重要的特色。这里，重要的不是民主与平等两个概念谁能被统裹，也不是两个概念能否并列使用，而是中国的表达者对 Democracy 这个“德先生”解决中国社会问题所抱的深切期待。

随着平等问题越来越成为中国那些与上层官僚结构失去联系的平民知识分子关切的对象，Democracy 这个概念怎样被“重译”也越来越清晰和定型化。1921 年，在《由平民政治到工人政治》一文中，李大钊明确地将 Democracy 翻译为“平民主义”，有时也音译为“德谟克拉西”，并对此作了解释：Democracy 是现时代社会各方面的一种进步趋势与潮流，而不仅指的是一种制度。他还把苏俄的“工人政治”（Ergatocracy，音译为“伊尔革图克拉西”）看作一种新的德谟克拉西，并认为，现代德谟克拉西的意义是对物的管理，而不是对人的统治：“真正的德谟克拉西，其目的在废除统治与屈服的关系，在打破擅用他人一如器物的制度。而社会主义的目的也是这样。”“这样看来，德谟克拉西，伊尔革图克拉西，社会主义，共产主义，在精神上有同一的渊源。”① 显然，李大钊是受到“平等”的召唤，把他体认的苏俄式统治类型与中国古典民主语词中所隐含的“人民价值”加以整合，来填充 Democracy 这个概念。他把这种填充的成果命名为“平民主义”。

如果借用保尔·德曼的表述方式，对此可以这样解释：“平

---

① 《李大钊文集》（下），第 506～507 页。

民主义"的诞生是中国政治话语实践的一个重要事件，其"重要"不是说它与后来"人民民主专政"的意识形态有着千丝万缕的联系，而只是说，它是中国平民知识分子对 Democracy 的一次"再翻译"。也正因为"平民主义"这个译名使中国平民知识分子能够便捷地表达对社会各方面的欲求，所以"德谟克拉西"这样的直译也就逐渐为人少用并最终从中国的政治话语中退却了。[①]

既然要用"平民主义"来重新翻译 Democracy，那就有一个基本问题需要解决："平民主义"的 Democracy 是一个哲学概念，还是一个社会概念，或是一个具体的经济或政治、艺术概念？为此，李大钊于 1923 年专门写了《平民主义》的小册子。按照李的解释，平民主义更像是一个无所不包的袋子，只要是人间善美之物都在里边，甚至连他新近的"苏俄想象"也在其中。他的有些解释是清白无疑的，有些叙说则是含混的。平民主义大体上有这样几层语义：

第一，平民主义是一种哲学思想或思潮。它首先所指的是一种气质，或者说它要求一个人在气质上像个平民主义者；它是一种精神的养成，一个知识分子，特别是生长在失衡社会中的中国知识分子更需要培育一种平民主义情怀；除了精神层面，平民主义也是对欲望、情感和动机的规束，它要求一个人须把平民主义看作可欲的人生标向。总括起来讲，平民主义就是一种特别

① 按刘禾的解释，Democracy 最终由翻译取代直译，可能的原因是汉语书写系统的表意性，因为这种特性使汉语更适合于意译或借译，而不是根据音节的直译。(见刘禾《跨语际实践》，第 49 页)这种解释从语言学上有一定的说服力，但把它应用到具体的语境中其解释力是要打折扣的。我认为，舍掉 Democracy 的直译的直接原因应该是该词的音节太长，不符合中国人对名词的使用习惯。相反，短音节的直译我们保留下不少。譬如，"苏维埃""维他命""杜马"等等。当然，长音节的直译保留下的也有。譬如，"阿司匹林"等。

的人生哲学，一个像谢勒(Shelley)和惠特曼(Whitman)那样的诗性人生，向着人间最善美的目标前行。遗憾的是，我们还是不能从中知道平民主义在哲学上的确切意思。

第二，平民主义是一种最先进的政治类型。这种类型内含了完全废除统治—服从关系结构的人民纯粹自我管理的要求。这个制度大致是这样的：它是人民主权基础上的人民自我管理、自我治理；这里的"治理"是指对国家事务的管理而不是对人的统治。这个制度的新颖之处就在于，它消除了人与人之间的阶级鸿沟，传统的人与人之间的权力隶属关系也随之消解，代之而起的是一种新型的关系结构——无论官员还是普通公民，每个人都是国家事务平等的治理者。平民主义即一种人人为治的制度。

第三，平民主义是个人与群体、个性与协调性完美统一的社会理想。构建这种社会形态的主要材料是联邦主义。在李看来，个性的伸张并不意味着个人自以为是，而是使每个人的个性达致一种完美的状态：个性既得到解放，协调性也得到加强。个性与协调性在新的架构下达成了共谋：社会不压制个性，个性也不威胁社会的协调性。到目前为止，只有联邦主义能够做到这一点。所以，平民主义与联邦主义在价值与目标上是一致的，两者有着不可分的渊源。

第四，总括起来讲，平民主义就是政治、经济与社会上的新思潮、新制度、新目标：每个人(特别是智识阶级)应具有平民主义的精神与气质，折断贵族化的审美之剑，打磨平民主义之审美尺子，锻造出上腾九霄的诗性人生；铲除社会一切不平之物，打烂一切异化的政治机器，人人为治，自我管理；无论一个地域、一个民族或是一个人，都是个性的领地，而不受侵扰；人已超脱出统治与服属的羁绊，社会便是人自由的联合——这才是真正的平民主义。[1]

《平民主义》一文并没有为我们提供更多的东西,它主要是重述了1918年以来作者已对Democracy所作的阐释。然而,这个文本的价值在于:它是作者对Democracy解说的定型化和系统化。它不但最终确定了"平民主义"这个译名,而且还对此作了富有诗意的全面述说,尽管有的表述模糊不清,却进一步厘定了中国民主话语的后来走向。

应指出的是,除了"平民主义"这个已确定的译名,还存有其他几种译法。几乎在同一个时期,陈独秀则把Democracy译为"民主主义",并依据林肯的"By people"(由民)而不是"For people"(为民)来解释民主主义,强调Democracy一词中的人民主体性。他明确反对"民本主义"这样的译法,认为它容易与中国传统的民本思想相混淆。[2] 同年,陈独秀又发表了《实行民治的基础》一文。在该文中,根据美国哲学家约翰·杜威的民主思想,陈把Democracy又译为"民治主义",并对之作出了富有中国意味的解释。他认为,Democracy包含了四层涵义,分别是:政治的民治主义、民权的民治主义、社会的民治主义和生计的民治主义。这四种含义中,前两项并不容易从逻辑上进行区分,后两项的界域也不甚清晰。他把Democracy独立分列为四项,更多的是为了强调民权与生计在中国的重要性。前两项的内容有:一个真正代表民意的代议机构,一部能够保障人民权利的宪法,受保护的权利,包括言论、出版、信仰和居住的自由等;后两项是:消除阶级特权和贫富差悬,实现人格平等和社会平等。

陈用"民治主义"翻译Democracy是想说明这一点:他通过

---

① 参见《李大钊文集》(下),第588～609页。

② 参见《独秀文存》,第220页。

诊脉已确知中国的问题所在，并确信自己找到了疗治病痛的剂药。他富有创造性地认为，民治主义是工具，而**“社会生活向上”**才是目的，并一再告诫，生怕他的读者忘了这一点。这里的“社会生活向上”是让人颇费解的一个表述。我们无法清楚知道它的所指。它是单纯的道德提升与物质进步，还是泛指一种符合德性又符合（西方）现代性的生活样态？文本只是分别了工具与目的，并没有论证为什么“民治”是工具而“社会生活向上”就是目的这个令人好奇的问题。

与政治的民治主义相比，他一方面强调经济上的民治主义对“目的”的重要性，另一方面又详尽地叙说政治的民治主义元素：

> 我们政治的民治主义的解释：是由人民直接议定宪法，用宪法规定权限，用代表制照宪法的规定执行民意；换一句话说：就是打破治者与被治者的阶级，人民自身同时是治者又是被治者；老实说：就是消极的不要被动的官治，积极的实行自动的人民自治；必须到了这个地步，才算得真正民治。①

由上可以看出，除译名的不同之外，陈独秀的“民治主义”与李大钊的“平民主义”的含义是同大异小的。有一点可以肯定：无论是用平民主义还是民治主义翻译 Democracy，至少都蕴含了政治和经济这两个要素。陈独秀虽然很少像李大钊那样在人生与艺术方面直接使用平民主义指称 Democracy，但在对待文

---

① 参见《独秀文存》，第 250～252 页。

学的革新与人生目标的重塑方面，无一不缠绕着平民主义的情怀。[①]

当 Democracy 由平民主义进而被人化为“德先生”的时候，我们不必对这位“先生”有恍然大悟式的惊叹。它只不过是经由中国知识分子有目的地挪用而为构造中国“现代性”历史提供的一个合法性术语。[②] 这也进一步表明，当 Democracy 概念从客方语言（英语）走向主方语言（汉语的“平民主义”）时，并不是意义的被改变，而是意义在主方语言的本土环境中被重新发明和创造。

四　庶民的胜利：人民、农民、平民、劳工与“平民主义”

美国的政治学教授乔·萨托利（Giovanni Sartori）对 Democracy 一词中的“人民”含义曾给出六种解释：人民字面上的含义是指每一个人；人民意味着一个不确定的大部分人，一个庞大的许多人；人民意味着较低的阶层；人民是一个不可分割的整体，一个有机整体；人民是绝大多数原则所指的大多数人；人

---

① 参见陈独秀《文学革命论》，载《独秀文存》，第 95～98 页。

② 据学者考析，五四时代的确有人不同意用“平民主义”翻译 Democracy，而主张用“庶民主义”。陈启修于 1919 年在《北京大学月刊》中发表了题为“庶民主义之研究”的文章，就主张 Democracy 一词的最好译名应该是“庶民主义”而不是“平民主义”。他认为，平民主义意味着平民对抗贵族，而 Democracy 并不含有平民掌握政治的意思。而庶民则是意指“所有的人”，符合 Democracy 之意。我同意阐释者顾昕先生的看法：事实上，中文中的“庶民”并不是指“所有的人”，而是与上等阶级相对称的，泛指一般的平民百姓。即是说，庶民主义与平民主义在语义上是可以互用的。（参见顾昕《五四激进思潮中的民粹主义（1919～1922）》，第 339～340 页）

民是有限多数原则所指的大多数人。[①] 很显然，萨托利教授的这种解释并不完全符合五四时代他的中国同行对"人民"这个概念的期待。毫无疑问，李大钊等人用"平民主义"译释Democracy，遵守的并不是他们的前辈严复所倡导的"信达雅"，而是对 Democracy 的意义在中国本土能够得以再生的一个祈愿。如果说"平民主义"是 Democracy 中国意义的再发现，那么"平民"就是被创造的新意义的唯一承载者，它是这个"平民主义"话语链上最重要的环扣。甚或也可这样说，"平民"的价值不是由 Democracy 决定的，相反，是因为"平民"，所以 Democracy 才有意义。

"平民"这个语汇承载了五四知识分子几乎所有的希望：政治上，他们要建立一种平民政体，不但立法权由平民直接行使，而且行政与司法两权也由平民职掌；经济上，废除资本主义生产方式，建立平等的经济制度，使每个人都成为普通的劳动者；教育上，要实行平民教育，使广大的平民成为有知识有文化的人；社会上，通过社会主义的推行，要解决社会普遍存在的劳动、贫民以及妇女问题；文学上，弃绝雕琢的阿谀的贵族文学，建立平易的抒情的平民文学。平民文学的使命是使普通人成为文学叙

---

① Giovanni Sartori, *The Theory of Democracy Revisited* (Chatham, N. J.: Chatham House Publishers, 1987), p. 22. 中译本见［美］乔·萨托利《民主新论》，冯克利、阎克文译，东方出版社，1993 年，第 22 页。

事的主角，为社会的提升与进步规划方向。①

这里的“平民”与“身份”一词并无多少关涉。它不是由身份决定的，如罗马传统意义上那部分无贵族位阶身份的人，也主要不是指涉中国传统意义上对应“士大夫”概念的“庶民”“庶人”，它主要是就社会地位的一种判断。在不同的语境下，它所指涉的对象并不完全一致。譬如，政治上主要指向的是那些无权势的人，其反面则是强权的官僚；经济上言指的是那些寡财少产的穷人；若在社会意义上使用，指的就是那些地位相对低下的民众。青年毛泽东对 Democracy 所作的那个“平民主义”表达最为激昂和典型：

> 各种对抗强权的根本主义，为“平民主义”（兑莫克拉西。一作民本主义、民主主义、庶民主义）。宗教上的强权，文学上的强权，政治上的强权，社会上的强权，教育上的强权，经济上的强权，思想上的强权，国际上的强权，丝毫没有存在的余地，都要借平民主义的高呼，将他们打倒。②

事实上，五四时代的中国知识分子无论是把 Democracy 译为“平民主义”还是“庶民主义”，“平民”与“庶民”都主要被运用

---

① 以上材料参见罗家伦《今日世界之新潮》，《新潮》第 1 卷第 1 号，1919 年 2 月 9 日；一湖：《新时代之根本思想》，《每周评论》第 8 号，1919 年 2 月 9 日；光舞：《平民主义和普及教育》，《平民教育》第 12 号，1919 年 8 月 2 日；谭平山：《〈德谟克拉西〉之四面观》，《新潮》第 1 卷 5 号，1919 年 5 月 1 日；陈独秀：《文学革命论》，《独秀文存》，第 95 页；周作人：《平民文学》，《每周评论》第 5 号，1919 年 1 月 19 日。

② 毛泽东：《湘江评论创刊宣言》，《湘江评论》第 1 期，1919 年 1 月 4 日。又见《毛泽东早期文稿》，湖南人民出版社，1990 年，第 293 页。

于“下层民众”这层意义上，指涉的主要是劳工与农民。下层民众是平民主义的主语。但在具体语境下，每个人指称的对象是有区别的。蔡元培言说的“平民”更多的是“劳工”形象，并喊出“劳工神圣”的口号；[①]李大钊习惯从整体性上把握“平民”这个用语，有时他也专指“农民”，认为农民是美德的化身，是智识阶级临摹的对象：

> 我们青年应该到农村里去，拿出当年俄罗斯青年在俄罗斯农村宣传运动的精神，来作些开发农村的事，是万不容缓的。我们中国是一个农国，大多数的劳工阶级就是那些农民。
>
> ……
>
> 在城里飘泊的青年朋友啊！你们要晓得：都市上有许多罪恶，乡村里有许多幸福；都市的生活黑暗一方面多，乡村的生活光明一方面多；都市上的生活几乎是鬼的生活，乡村中的活动全是人的活动；都市的空气污浊，乡村的空气清洁。
>
> ……
>
> 青年呵！速向农村去吧！日出而作，日入而息，耕田而食，凿井而饮。那些终年在田野工作的父老妇孺，都是你们的同心伴侣，那炊烟锄影，鸡犬相闻的境界，才是你们安身

① 1918年11月16日，时任北京大学校长的蔡元培在庆祝协约国胜利大会致辞中说：“此后的世界，全是劳工的世界呵！我说的劳工，不但是金工、木工等等，凡用自己的劳力做作成有益他人的事业，不管他用的是体力，是脑力，都是劳工……我们要自己认识劳工的价值。劳工神圣！”（蔡元培：《劳工神圣》，载《蔡元培全集》第3卷，中华书局，1981年，第219页）

立命的地方啊！[1]

虽然，像蔡元培这样的知识分子在使用“劳工”一词时也把知识分子(“脑力劳工”)包括在内，但这仅仅是为了语言逻辑上的周延，“脑力劳工”并不是言者希望的主语。恰恰相反，正是在“劳工”即美德的映照下，中国智识阶级才有了自惭形秽的觉悟。值得注意的是，中国知识分子在表达“劳工”概念时，又特别关注“人力车夫”这个要素。“人力车夫”是他们用以观审和表达劳工阶级品质的一个最重要的工具，也是中国知识分子审视自我与批判社会的显微镜和放大镜。它是“劳工”概念的主要所指，是中国知识分子共同言说和想象的主语。问题是，为什么中国知识分子把“人力车夫”作为观审“劳工”概念的聚焦点？在解释这个问题之前，先看看他们是如何表达“人力车夫”的。

陈独秀曾对“人力车夫”做过这样的修辞：

> “肚子饿极了，我们两天没得吃。想问对门借点米熬粥喝，怎奈他们的口粮还没领下来，也在那里愁眉叹气。”
>
> “好冷呀！老天为什么要下雪？这风雪从窗户吹进来还不打紧，只是从屋顶漏湿了一家人这条破被，怎么好！”
>
> “我的可怜的丈夫，他拉车累的吐血死了，如今我的儿子又在这大风雪中拉车，可怜我那十二岁的孩子，拉一步喘一口气！”[2]

此文的标题为《贫民的哭声》。从这“哭声”中，我们听到的

---

① 《李大钊文集》(上)，第648～651页。

② 《独秀文存》，第409页。

不只是一个知识分子对下层民众的同情与怜悯，也听到了“平民主义”的Democracy那颗不安而急促的心。引号的使用表明了文本的作者与叙事者的分离，并通过引号的指引作用，使读者身临其境，与“我”一起倾听和泣诉苦难。“车夫”的苦难虽需要拯救，但这苦难也缔造了“车夫”的美德。

鲁迅那篇脍炙人口的《一件小事》就是对“人力车夫”意义与美德的一次发现。众所周知，文中有三个人物：穿皮袍的“我”、车夫和假装被撞倒的“老女人”。文本的基本策略是将“我”与“车夫”相比照，让“我”在“车夫”高大影像中自觉地显露渺小。而这种自觉的差别意识的形成又进一步唤起了“我”的羞愧之心，让这个穿“皮袍”的“我”在“车夫”面前自惭形秽，进而使“我”欣喜，犹如新人，因为“车夫”影照出了一个正确的人生标向，而“我”也确信自己有了向这个方向迈走的信心。[①]

与鲁迅相比，老舍对“人力车夫”的想象与认知要复杂得多。但也正因为《骆驼祥子》，我们可以得到求解中国知识分子为什么要把劳工概念对象化为一个“人力车夫”影像的线索。

“人力车”又称“洋车”。这两个词的区别在于：前者在表述其对象时，假定了一种中立性；而后者那个“洋”字却带有情感评价，也可以说是诠释时的剩余价值，它公开宣布了一个中国言说者对于贴上此类标签的舶来品所表明的从敌意到钦慕的主体姿

---

① 在这篇短文里，“皮袍”这个物件的符号意义极为明显，它造成了文本的强烈对比效果，极具修辞意义。而文本中的那个假装被撞倒的“老女人”则是一个不太好理解的角色。因为她的身份与“车夫”一样，同属天生具有美德的劳动阶级。为什么作者非要把她书写为道德并不高尚的人呢？我认为，要理解这个角色，关键在于那个“老”字。这里，年龄与身份是分离的。在五四新文化的语境里，“老年”代表的是过去、传统与历史，而“青年”代表的是现在、未来与希望。也就是说，年龄的象征意义要大于身份意义，这也符合五四时代进化主义的话语体系。

态。

据说,1886 年从日本舶来的人力车首次出现在北京街头,并几乎马上成为一个有争议的物件。正如戴维·斯特兰德指出的,一方面,拉车超越了抬轿,代表了技术的进步;而另一方面,“一个人拉着另一个人,这一景观也成为落后与剥削的象征”。人向动物层次的退化,迅即被同行业的竞争者骡马大车的车夫所发现,他们“把这些使人降级为动物的讨厌的洋玩艺,扔进了运河”。人力车是舶来品,与现代的都市文化、半殖民主义、帝国主义一同被带入中国。“当祥子梦想通过占有一辆洋车来掌握自身的命运时,作为奴役和剥削的舶来之象征的洋车,便与祥子赋予它的地方的/农民的象征主义相冲突。”①

这一冲突摧毁了祥子试图超越自己身处的贫困、不安全、无家可归、依赖性等不利环境而付出的所有努力,而他的结局要比开始的时候更为悲惨。小说戏剧性的展开,以祥子把奴役的象征完全误认为自由的许诺为转移。“资本主义,同一切有效的意识形态一样,恰恰依赖于这一类误认,即让他/她的个体错误地以为能够成为一个自由的主体,能够选择自己的从属(bondage)形式。”②

这是我所看到的对祥子/人力车最有见识的一种读解。这也可以解释为什么中国的言者要用“人力车夫”表达劳工概念。《骆驼祥子》无疑是一个杰出的文本,它既解释了人力车所造就的苦难,也揭橥了造就这种苦难的原因。而有些中国知识分子最终发现“无产阶级”的 Democracy 或“人民民主专政”,并从负面的意义上体认“资产阶级”Democracy 并进行批判,可能都是

---

① 见刘禾《跨语际实践》,第 163～164 页。

② 刘禾:《跨语际实践》第 164 页。

对这种原因进一步追寻的结果。

当然,从平民主义的 Democracy 过渡到人民民主专政,在思想逻辑上还有许多环节。譬如,还依赖于中国的智识阶级对从人力车夫到一般农民的美德的进一步发现,以及在这种美德映照下智识阶级的自我审视、自我贬损等等。

在美德的发掘上,鲁迅的《一件小事》还只是隐说,而其他人则公开倡导智识阶级应该以下层民众为师。1919 年,《平民教育》发表了一篇署名"德"的文章。这位"德"先生把自己所在的智识阶级与一般民众作了这样的观照:

> 念书人是什么东西,还不是"四体不勤,五谷不分",无用而不安生的社会的蠹民吗?……所以我们此后应当觉悟,教育是应当给一般有用的人民——平民——受的……。我们这些人,好称是受了高等教育的人了,但是请问回到家里扛得起锄,拿得起斧子,凿子,擎得起算盘的可有几个?
>
> 再翻回头来,看看那些大睁着眼不识字底可怜底平民,却实实在在我们的衣食生命都在他们掌握之中。他们才是真正的中国人,真正的社会的分子。①

在这里,"德"先生还是笼统地使用"平民"一词,虽然他的"平民"指涉的主要是劳工和农民,但还没有像他后来的朋友们那样能够清晰地运用"工农"概念。我们再听一听陈独秀对码头工人的演讲。在这个演讲中,陈使用了"做工的人""劳动者"等概念来表达他的问题:

---

① 德:《教育的错误》,《平民教育》第 9 期,1919 年 12 月 6 日。

> 世界上是些什么人最贵重呢？……我以为只有做工的人最有用最贵重。
>
> 这是因为什么呢？
>
> 我们吃的粮食，是那种田的人做的，不是皇帝总统做官的读书人做的；我们穿的衣服是裁缝做的，不是皇帝总统做官的读书人做的；我们住的房屋，是木匠瓦匠小工做的，不是皇帝总统做官的读书人做的……。可见社会上各项人，只有做工的是台柱子……
>
> 中国古人说："劳心者治人，劳力者治于人。"现在我们要将这句话倒转过来说："劳力者治人，劳心者治于人。"①

陈的这段话除了恭维他的听众之外，还告诉了我们一个令人惊奇的故事："从来都是鞋匠们造反，要做老爷，当今却是老爷们造反，为的是要做鞋匠。"②陈并不是真的要做"鞋匠"，他要做的是鞋匠们的操纵者、启蒙者，并通过这种操纵而为他们代言。正像小说家郁达夫歌颂农民不意味着他就想当农民一样："正直的农夫吓！你们是世界的养育者，是世界的主人。我情愿为你们作牛马，代你们的劳，你们能分一杯麦饭给我吗？"③

正如论者所言，这话似乎是在恭维劳动阶级，但由于作品的叙述者是从一个特定的角度说出的，他透过火车车窗向田野远远望去，就像陈独秀在特定的场合恭维码头工人一样，因此这番颂扬就像是知识分子付出的空头支票一样随风而去，他们想与

---

① 陈独秀：《劳动者底觉悟》，见《独秀文存》，第300～301页。

② ［法］亨利·特罗亚：《神秘沙皇——亚历山大一世》，世界知识出版社，1984年，第327页。

③ 郁达夫：《还乡记》，转引自刘禾《跨语际实践》，第209页。

劳动阶级亲近的欲望仅仅停留在“劳心者治于人”的口号以及“作牛作马”的类比之上。①

在他们师长的感召之下，青年学生开始践行 Democracy 的平民主义意义，平民教育演讲团、工读互助团等组织也在北京大学相继地建立起来。然而，具有反讽意味的是，他们歌颂的平民大众并不真正理解他们，而且对这帮“老爷”为什么想当“鞋匠”也始终抱着清醒的疑惑。②

问题是，这些平民大众的“鞋匠”为什么如此地吸引这些有智识的“老爷”？为什么这些“老爷”有着如此强烈的道德自卑感？对此，我想依照俄国思想家的方法尝试性地作出解释。

高尔基在谈到 19 世纪俄国“平民知识分子的民主文学”时敏锐地点破了这个问题的枢纽：

这派作家都有一种无力感，都感觉到自身力量的渺

① 参见刘禾《跨语际实践》，第 209 页。

② 对听这类演讲的场景的下列描述能说明这个问题：“今天是星期天，长辛店方面，工场的工人休息，都往北京游逛去了；市面上的善男信女都到福音堂作礼拜去了，剩下可以听讲的就可想而知。……虽然抓着旗帜开着留声机，加劲的演讲起来，也不过招到几个小孩子和妇人罢了。讲到两个人，他们觉得没有味道，也就渐渐退去。这样一来，我们就不能不‘偃旗息鼓’，‘宣告闭幕’啦。……到长辛店，一点多钟，到不了五、六人，还是小孩……土墙的底边，露出了几个半身妇人，脸上堆着雪白的粉，两腮和嘴唇又涂着鲜红的胭脂，穿上红绿的古色衣服，把鲜红的嘴张开着，仿佛很惊讶似的，但总不敢前来。”（张允侯等编：《五四时期的社团》〈二〉，生活·读书·新知三联书店，1979 年，第 167～168 页）这个段落很能说明问题，言者用“堆着雪白的粉”“鲜红的胭脂”来表达听众的脸部特征，这极具审美意义，而其意义早已被作者优越的前提决定。这里要紧的不是对这些被他们颂扬和恭维的大众应不应该这样描写，而是这种描写与他们的颂扬形成的比照，以及描写本身所包含的权力，因为只有智识阶级才有权决定审美。“把鲜红的嘴张开着”一语更让人惊讶，这真实地反映了智识阶级对大众难以克服的轻蔑。

小……

> 这种对自己的社会脆弱性的感觉激发了俄国作家注意到人民，激发他们必须唤起人民的潜在力量，并且把这力量化为夺取政权的积极的思想武器。也正是这种无力感，使得绝大多数俄国作家成为激烈的政治煽动者，他们千方百计阿谀人民，时而讨好农民，时而奉承工人。[①]

对中国的知识分子而言，这种"无力感"还来自其自身的平民身份。他们大都是因为知识改变了工农身份的人。他们虽有下层生活的记忆，但他们与现存的官僚权力结构却没有直接关系，是属于被排斥在现存权力结构之外的人。因而，他们无法利用现存的权力关系去达到改造社会的目标，而唯一可以依赖的对象就是一般民众。他们歌颂和奉承大众，但他们未必真正地欣赏大众。[②]

在中国，这种道德上的自卑感也得之于传统的支持。这个传统就是士子们因官场失意而由自恋、自赏走向自轻、自贱的文人传统。郑板桥的家书为我们提供了这方面的写照：

> 我想天地间第一等人，只有农夫，而士为四民之末。农夫上者种地百亩，其次七八十亩，其次五六十亩，皆苦其身，勤其力，耕种收获，以养天下之人。使天下无农夫，举世皆饿死矣。我辈读书人……一捧书，便想中举、中进士、做官，如何攫取金钱，造大房子，置多田产。[③]

---

① [俄]高尔基：《俄国文学史》，缪灵珠译，上海文艺出版社，1961年，第7页。

② 见郁达夫《还乡记》，转引自刘禾《跨语际实践》，第209页。

③ 《范县署中寄舍弟墨第四书》。

为什么在平民主义的语境里只有下层民众是意义与美德的化身，而知识分子的生活代表的却是腐朽、堕落和病态？当然，民众的意义与美德是需要那些病态的知识分子去发现和言说的，这需稍加注意。问题是，他们怎样证明只有种地与做工才是最有意义、最符合美德的行为，而知识分子的书写、传授与研究就是低下的、病态的？

我认为，这里是劳动概念而不是身份概念起关键作用。正如上述，平民主义语境下的“劳动”一词一般不包括知识者和管理者的行为，更多时候是特指“做工”与“耕种”，所以用“劳作”一词更为恰切。劳作会让人产生诗性的联想，诸如“大地”“麦田”“收获”等等。正如车尔尼雪夫斯基所论证的那样：

> 在农民，“生活”这个概念同时总是包括劳动的概念在内；生活而不劳动是不可能的，而且也叫人心烦的。辛勤劳动，却不致令人精疲力竭那样一种富足生活的结果，使青年农民和农家少女都有非常鲜嫩红润的面色——这照普通人民的理解，就是美的第一个条件。上流社会的美人就不同了，她们的祖先都是不靠双手劳动而生活过来的，由于无所事事的生活，血液很少流到四肢去，手足的筋肉一代弱似一代，骨骼也愈来愈少；而其必然的结果是纤细的手足——社会的上层阶级觉得惟一值得过的生活，即没有体力劳动的生活的标志。①

那些平民知识分子从农民在满足“吃食”这种人类最基本价值方面挖掘出意义，并不是一件太困难的事情：从“鲜嫩红润的

① 转引自叶平《纯情的手势》，作家出版社，2005 年，第 8 页。

面色”、粗壮的“骨骼”这些象征着农人“劳作行为”符号中较容易发现诗意；劳作的特征，譬如，“弯腰”、“流汗”、“号子”、“嘻笑”、劳作的程式（日出而作，日落而息）、劳作的环境（土地、自然的色彩）都会成为发现美与美德的最重要素材。若再把这些特征进一步延伸和哲学化，那么，形成诸如“纯朴”“诚实”“正直”等表达德行的概念也就不难了，而对每一株禾苗的“专注投入”，是诸多优良品质中最难得的——这也是当今著名的商贾大亨比尔·盖茨泄露出的成功秘诀[①]；庄稼按节气定期地施肥、浇水、除草以及收获、储藏，也容易使人联想到“规律”和“知识”这些概念，所以，“拜农民为师”的吁说也就变得好理解了。

另一方面，富有诗意的生活方式并不能改变这样一个基本事实：他们的劳作与他们的所得并不成比例。于一个对“饥饿”有着刻骨铭心体验的农家出身的知识分子来讲，由这幅带有残酷色彩的人间图画所激发出的正义之感、不平之心是容易理解的。何况，他们那双用来打量世界的智慧之目也更容易发现：当耕作者的收获之物并不能使他们免于“饥饿”时，那些不耕种的人却正在享受着大鱼大肉。人间的尊卑贵贱，世事的怪诞不平，很容易使这些知识分子把问题的解决方案判定在“平等”的身上。这也可以解释为什么平民主义的 Democracy 最推尚平等价值。

只要把“平等”作为译释 Democracy 的关键词，就会促使这类知识分子最终把目光投向社会制度上，那么衍生出“阶级”的概念就是非常自然的，而且也使得 Democracy 概念有了新的“阶级”质素。**当“阶级”定型化成为表达社会问题的“最终概念”**

---

① 他说：“如果一个人每天自觉地用一个小时去思考同一个问题，那么五年后他将会在这一方面取得成就。”（转引自叶平《纯情的手势》，第 14 页）

时，平民主义的"德先生"临终前也就衍生出了两姓：一支姓"资"，另一支姓"无"，而后者是正宗。只是早时的"无"姓，还不叫"无产阶级民主"或"社会主义民主"（人民民主专政），而是叫"无产阶级狄克推多"（"狄克推多"系"独裁者"之音译）。早在1920年，陈独秀凭借阶级概念就能发现资产阶级掺了假的"德谟克拉西"，并对那些"瞎了眼"的中国德谟克拉西主义者进行了严厉批评：

> 他们只有眼睛看见劳动阶级底特权不合乎德谟克拉西，他们却没眼睛看见戴著德谟克拉西假面的资产阶级底特权是怎样。他们天天跪在资产阶级特权专政脚下歌功颂德，一听说劳动阶级专政，马上就抬出德谟克拉西来抵制，德谟克拉西到（"到"字原文如此——引者注）成了资产阶级护身符了。我敢说：若不经过阶级战争，若不经过劳动阶级占领权力阶级地位底时代，德谟克拉西必然永远是资产阶级底专有物，也就是资产阶级永远把持政权抵制劳动阶级底利器。①

传教士的西方背景最终证明了他们在中国的 Democracy 事业的失败，而从"庶民""平民""劳工""农民"到"劳动阶级""无产阶级"，从"平民主义"到"无产阶级狄克推多"，中国自己的民主话语最终定格在中国式的完成时态。在本文行将结束之际，让我们重温一下李大钊在1918年向中国知识分子发出的吁请："我们要想在世界上当一个庶民，应该在世界上当一个工人。诸

① 《独秀文存》，第370页。

位呀！快去做工啊！”[①]这句话是李大钊在庆祝协约国胜利大会的讲演中说的。我相信李说这话不全是在恭维劳动阶级。这个讲演的题目叫“庶民的胜利”，也就是说，他或许真的相信，协约国在第一次世界大战的胜利就是民主主义的胜利、庶民的胜利，而且他也相信庶民照样会在中国取得胜利。

打这以后，“庶民”“平民”这些概念就极具象征意义地成了重构中国“民主—德谟克拉西”(Democracy)这一语境的有用工具。“庶民的胜利”的标题本身就是一个标志，象征着一个“庶民时代”的开始，一个“庶民”重新被发现的历史的到来。而“庶民的胜利”也就成了中国的民主概念自身的标识。

而我的问题是：“庶民能说话吗？”[②]

---

① 《李大钊文集》(上)，第596页。

② “庶民能说话吗”是斯皮瓦克的一句明言，请参阅 Spivak, Gayatri Chakravoty, “Can the Subaltern Speak?” In Cary Nelson and Lawrence Grossberg, eds., *Marxism and the Interpretation of Culture*. Urbana and Chicago: University of Illinois Press, 1988。转引自刘禾《跨语际实践》，第221页。

一个最低限度的法治概念

——对中国法家思想的现代阐释

一 比较:法家的法思想与“普世主义”法治观

现代中国接受法治这个概念主要是基于西方的学理。对法治概念的解释路径主要有两种:一种是理想主义的,另一种是实证主义的,它们分别代表的是两种不同的法治观。第一种解释遵循西方的古典传统,通过展示西方某些最基本的价值标准以及对“法”的某些道德要求,向人证明建立一种理性的法律秩序既是合理的也是可能的。[①] 第二种解释则试图绕开西方那些基本价值和道德要求,单就“法律秩序”自身范围内寻求对法治的认知和实践,其间隐含了这样一种预求:不同文化用各自的观点去证立法治,希望从各自的实践和相互对话中达到对法治规范的共识。我把第一种称为“原教旨主义”(Fundamentalist),第

---

① 就我所知,至少哈耶克和昂格尔所使用的方法便属此类。参见 Friedrich A.Von Hayek, *The Constitution of Liberty* , The University of Chicago Press,1960。中译本见邓正来译《自由秩序原理》,生活·读书·新知三联书店,1997 年。参见昂格尔著《现代社会中的法律》,吴玉章、周汉华译,中国政法大学出版社,1994 年。

二种叫作“普世主义”(Ecumenical)。按照普世主义的法治概念,法律并不与一种特定的社会伦理发生必然的关联。一种组织得好的法律秩序、一套起作用的法律规则与它服务的社会目标之间是没有必然关系的,法治首先是基于法律自身的而不是某种特定的社会伦理的制度安排。详言之,一种服务于人权、自由社会伦理的法律秩序可能是法治的,一种追求国家和民族目标的法律秩序也可能是法治的,关键不在于法律服务的目标是什么,而在于法律本身被组织得好坏。在法学意义上,法治不是一套社会的价值体系,而是为了某一种价值体系设计出来的一系列技术和规则的总和。在法治概念里,法律的正义比正义的法律更重要。[①] 虽然这种思想经常受到来自西方“原教旨主义”方法论和那些想把人权、自由等价值装进法治概念这个袋子里的中国学者的极端反感和强烈反对,他们对法治可能沦为为现实某种制度辩护的器具极是忧虑。[②] 普世主义方法论在理论上的优点是:它可以将法治概念从西方文化的母体中剥离出来置于一个以个别文化为本位的基础上,使原本缺乏西方法治理念的文化也能与法治相通融。中国法家的“法治观”在一定程度上与这种普世主义的路径是相融通的,本文尝试借着比较法家的法思想与实证主义的法思想来检讨当代中国接纳普世主义法治观的可行性。

---

① 参见 Joseph Raz, *The Authority of Law……Essays on Law and Morality*, Clarendon Press.Oxford.1979,p.211。

② 具有代表性的观点是夏勇的《法治是什么》的论文第三、第四部分。他认为,普世主义的法治概念的根本缺陷在于它忽略了人权、自由和正义这些人类更为根本的价值,容易使法治成为极权主义、法西斯主义政治的卑劣工具。(参见夏勇《法治是什么》,载《中国社会科学》1999 年第 4 期,第 134～141 页)

中国法家在历史上一直有着坏名声，他们往往被看作当权者玩弄伎俩诈术而出谋划策的法术之人。近世以降，中国学者虽然出于国家、民族问题的功利性考虑，重新体认法家"富国强兵"思想的重要性，但对其法律思想则作了许多不恰当的解释和评价。① 法家的法学传统在当代中国虽已碎裂，然其余绪并未中绝，思想的碎片散落在中国人的法律意识和行为之中。它的"尚法""尊法"精神暗合了当代中国推行法治的潮流，"依法治国"在当代中国的官方文本和法科大学的教科书中随处可见便是一例。无论我们的学者怎样煞费苦心地去辨析"依法治国"与法家主张的"以法治国"②有何不同，凸显法(律)在国家治理中的重要性则绝对是法家的理念。③ 如果把当代中国有关法治规范和概念认知的"知识话语"与"权力话语"这两个文本相对照的话，那么我们就会发现，在中国的"法治图景"里，西方的"原教旨

---

① 参见章太炎《诸子学略说》《原法》，载《章太炎政论选集》，中华书局，1977 年；梁启超：《先秦政治思想史》，上海书店，1986 年(重印本)；丘汉平：《先秦法律思想》，商务印书馆，1931 年；杨鸿烈：《中国法律思想史》，商务印书馆，1937 年；杨幼炯：《中国政治思想史》，商务印书馆，1937 年。

② 《管子》的《明法》篇上说："威不两错，政不二门。以法治国则举措而已。"

③ 时下有人在"依法治国" 与"以法治国"辩分的基础上，提出了"循法治国"与"依法治国"的不同。认为，"循法"的主体是一切人，而且一切人都在法律之下，平等地作为法律规则的对象。"依法"的主体却似乎容易被误解为与法律平列地站着，相依相靠，法律只是其办事的器用。(参见夏勇《法治是什么》，载《中国社会科学》1999 年第 4 期，第 124 页注③)实际上，在法律学上"依法""以法""循法"的意思差不多，强调的都是法律的重要性。如果实际上做到"一切人都在法律之下"，那就不是法律上的问题，更不是语义上的问题，而是政治制度和社会制度的事了。

价值”更多的是皮相，而其底色则是传统的法家思想。[①] 法家有关法的许多见解构成了当代中国法治问题的“遗传共业”。[②] 虽然不能把“以法治国”作为现代法治概念加以使用，但它无疑是法治概念最基本、最重要的内容。法家的法思想与普世主义法治观某些观点的异曲同工之处，主要体现在以下几个方面：

第一，在对法律规则的看法问题上，普世主义方法论由于拒绝了西方那些独有的社会伦理，而强调实证的法律秩序和法律规则的重要性，这就为法家的“以法治国”与法治概念相通融留下了许多余地。

中国法家有着与普世主义相类似的看法：法是一套理性的规则，它为了君主主义的目的只能通过规则的指引而对参与了公共生活的每个人发挥作用。无论国家的仁暴、政府的好坏，法作为一种控制公共生活的技术工具体系，只有它本身被有效地

---

① 一般说来，知识者的法治话语文本更多的杂有西方第一种方法论的色彩，它不大关注当下中国应用这一法治概念的困难，而是搁置“可能性”，专心于法治植根于西方的那种伦理意义，它提供的是“法治应该是什么”的形上思考，而不是“中国实际上能够应用什么样法治”的问题。这方面的资料可参阅夏勇《法治是什么》；刘海年主编：《依法治国，建设社会主义法治国家》，中国法制出版社，1996年；李龙主编：《依法治国论》，武汉大学出版社，1997年；李步云、张志铭：《跨世纪的目标：依法治国，建设社会主义法治国家》，载《中国法学》，1997年第1期；程燎原：《法治》，载卓泽渊主编《法理学》第21章，法律出版社，1998年。相反，在官方的文本中，法治的概念首先与“国家民族的兴衰”相联系，而不是把西方的社会伦理诸如人权、(个人)自由作为优先的考虑，但这不能说中国所应用的主要是西方“普世主义”的法治概念，因为普世主义所强调的是法律秩序和法律规则，而不是使用法律治理国家的重要性，它很少使用“依法治国”这样的表述。从这一点上说，“依法治国”的理念更多的是来自传统的法家理念，这是毋庸置疑的。

② “共业”这个名词是由近人梁启超在表达他对中国先秦政治思想的看法时使用的，它比时下的“资源”一词更能准确地表达“过去”与“现在”的联系。(参见梁启超《先秦政治思想史》，上海书店，1986年〈重印本〉)

组织起来，才能与它服务的国家目标之间建立起有机的联系。法所提供的主要价值是安全和秩序，一个安全、有序的公共领域的存在是实现国家目标的前提。从法之为法的实质来讲，它无须得到道德律令的授权，而是根源于国家（君主）的力量，并为行为规则提供合法性。由于依托国家，法会使每一个参与了公共生活的人遵守它所设定的共同行为尺度，各司其职，每一个人便都会从这种秩序中受益。法就是这样一种"没有混乱"的秩序。①

第二，从法（律）的来源看，普世主义的方法是实证主义的，其思想实质被表述为"形式主义法治"或"工具主义法治"。② 形式主义法治在方法论上与这样一种法律实证主义有着密切的联系："任何法律或规则都是命令。或者说，所谓严格的法律都是命令。"③"法律的存在是一回事，它的功过是另一回事；它是否这样是一回事，它是否符合一个假定的标准是另一个问题。一个实际上存在的法律是一个法律，尽管我们碰巧讨厌它，或认为它不同于我们用以表示赞成与否、教科书中所讲的东西。"④奥斯丁的这些话被看作法律实证主义的经典表述。它所代表的是一种"法律的创造观"（Creating law）。法律创造观构成了形式

---

① 《管子》说："置法以自治，立仪以自正"（《法法》）；"君臣上下贵贱皆从法，此之为大治"（《任法》）。《韩非子》载言："错法以道民也，而又贵文学，则民之所师法也疑。赏功以劝民也，而又尊行修，则民之产利也惰"（《八说》）；"圣人之治国，不恃人之为吾善也，而用其不得为非也。恃人之为吾善也，境内不什数。用人不得为非，一国可使齐。为治者用众而舍寡，故不务德而务法"（《显学》）。

② 参见夏勇《法治是什么》，载《中国社会科学》1999 年第 4 期，第 134 页。

③ John Austin, *Lectures on Jursprudence*, *Or the Philosophy of Positive Law*, London, Scholarly Press, Inc, 1977, p5, p6.

④ ［英］奥斯丁：《法理学的范围》，转引自沈宗灵《现代西方法理学》，北京大学出版社，1992 年，第 194 页。

主义法治概念的前提条件。与此相反,原教旨主义则根源于另一种观念——法律的发现观(Finding law)[①]。"法律的发现观"在西方有着悠久的传统,它包含以下思想:"每一种法律都是一种发现,是神赐予的礼物——明智者的戒规。"[②]"人们并不是制定法律,他们只不过发现法律而已……如果一种政府具有发现法律的最佳机制,那这个国家就再幸运不过了。"[③]下面的这段话集中表达了这一思想:

> 我们很难找出一种谬论,它比下述主张对于所有的秩序和美好事物以及人类社会所有的和平和幸福,更具有颠覆性。这种主张认为,任何人类群体皆有权制定他们喜欢的法律;或者说法律不论其内容的好坏,皆可以仅从法律制度自身获得一切权威性。……恰当地说,所有的人法仅仅是宣布性的。它们可以改变原初正义的形式与应用方式,但决没有高于原初正义内容的权力。[④]

发现观是这样一种形而上学的哲学:它假定有某些关于权利和正义的特定原则凭借其自身内在的优越性,不管现实中人们的态度如何,都须得以普遍守护和遵行。这些原则不是由人制定的,它们存在于所有意志之外,但与理性本身却互相浸透融通,而且是永恒不变的。相对于这些原则而言,当人法除某些不相关的情况而有资格受到普遍遵行时,它只不过是这些原则的

---

① 参见 John Finnis, *Natural Law and Natural Rights*, Clarendon Press, 1980。

② Holland, *Elements of Jurisprudence*(12 thed.1916)p14.

③ Colidge, *Have Faith in Massachusetts*(1919)4.

④ Burke, Tract on the Popery Laws (c.1780) c.3, pt. 1, 6.

记录或摹本，而且制定这些人法不是体现意志和权力的行为，而是发现和宣布这些原则的行为。[①] 从严格意义上说，发现观并不能容纳“立法”的概念，因为如果这些原则不是先于神而存在的话，那么它也只能是神制定的，而非人能所为。在这里，不管多么强有力的政府、多么贤德的君王，它唯一要做的就是依靠这些形而上学的哲学家去发现并宣布这些先验的原则——高级法。即是说，由人宣布的法律必须从人之外的东西上取得合法性。法的创造观虽然也坚持法治之法必须符合和遵行某些原则，但这些原则是经验性的而非先验的。并且，它特别强调“立法”概念的重要性。在它看来，立法并不需要“神”的参与，它纯粹是人的一项创造活动，是人的智慧的运用，没有人的立法活动就没有人的所谓法治，立法是法治的始点。

中国法家也持有与之相类似的看法。《管子》说，“有生法，有守法，有法于法。夫生法者，君也；守法者，臣也；法于法者，民也”（《任法》）。《韩非子》也说，“人主之大物，非法则术也”（《难三》）。法家是这样一些人：他们是君主主义的热情鼓吹者；他们不是理想主义地要统治的君王做一个圣人，而只想君王们怎样才能有威势，以便为万民立法；他们尚权而不尚智、尚力而不尚贤，谁在自由竞争中夺取了权力，权力就是谁的，而谁有了权力和威势，谁就是立法者；他们公开地毫不掩饰地告诉我们人习惯怎么做而非应该怎样做，告诉我们法律事实上是来自何处而不是应该来自何处。有权力和威势的君王既是法律的创造者，也是为法律权威提供最可靠保障的源泉。

法律的创造观对形式主义法治概念有着非常重要的意义。它意味着法律是各个民族自己的创造物，而不是凌驾于人类之

---

① 参见 Holland, *Elements of Jurisprudence*, pp.19～20、32～36。

上的“造物主”所赐之物。“立法”是国家的权力,而无须有道德准则的介入。从发现观到创造观,它把伦理学意义上的“立法”转变为一个法学意义上的“立法”概念。这也意味着,立法权从上帝的手中转移到人们的手中;立法者已经由神圣的上帝变为权威的凡人。换句话说,立法权及立法者都“世俗化”了。由此,对于“法的合法性来源”这个问题而言,我们不必再去聆听上帝的福音,而只需到世俗社会的两支相对抗力量中去寻找依据。在这里,无论是君王还是人民,无论他有无德性、是否圣贤,都可能成为立法者;法律之所以具有至上的权威,不是因为它符合神的意旨或某种价值准则,而只是因为它是立法者的创造。立法不仅创造了法律,而且也构成了法律的合法性来源。在这种意义之下,中国法家至少在逻辑上与形式主义法治观是相径合的。普世主义的法治概念非常注重立法主体的实证性,法家则主张法律来源于国家最高统治者。但我们有必要再进一步问一个问题:现代法治大都把法律来源于“人民意志”作为法治的前提和要素,那么,法家的法律方法论能否在逻辑上容纳“人民”的概念呢?事实上,我们往往把现代法治国家的法的合法性和至上性归结为这样一个事实,即法是由人民制定的。这意味着,法仅仅是人类立法者特定命令的一般表述,是一系列体现人类意志的法令;另外,它还进一步说明了这种命令的最高源泉是“人民”,因为“人民”最可能体现人类的意志,就像法家认为君主最可能体现人类的意志一样。很显然,无论对普世主义的法治概念来讲还是就中国的法家而言,“人民”并不是一个先验的存在,而是构成现实政治生活秩序的重要主体。在谁应该成为立法主体这个问题上,普世主义法治选择了“人民”,而法家则选择了“君主”。普世主义与法家的区别是观点上的,而不是方法上的。即是说,“君主”和“人民”都是经验性、实证性的概念,是在同一个逻辑的链条上。在法学方法论上，作为创制法律的主体，“君主”和“人民”两个概念发生逻辑上的转换是比较容易的，这也可以对为什么中国从政治上的君主主义转变为民主主义的革命没有发生多大的逻辑上困难提供部分的说明。从社会科学的规范来看，政治学注重政体分类学，故而“人民”和“君主”两个概念构成了政治学的核心范畴，前者被看作民主制的特征，后者则被视为君主制的核心元素。而在法学上，无论是“人民”概念还是“君主”概念，它们作为“实证法”的范畴，在逻辑上（而不是制度上）便具有同等重要的意义。由此，如果我们把法家有关法律论述中的“君主”换成“人民”，那对其著述的文理结构是不会有太大影响的。退一步来说，至少中国法家的实证方法为近代以后的中国法治理论接纳“人民”这个概念提供了逻辑上的便利。① 进而，如果法家思想与普世主义一样能够为“人民意志”提供逻辑上的可能性的话，那么，它也可以为宪政中的政治分权理论提供部分说明。现代的西方宪政是以政治的分权为特征的。政治权力为什么必须划分为立法、行政和司法三种权力，这是西方古典政治学所解决的问题。但立法权为什么能成为一种政治“权力”且为最高的权力，其原因只能从它直接体现了人民的意志而不

① 也许有人会认为，儒家因为不承认存在超验性的道德规戒，所以儒家的方法论也具有接纳“人民”概念的可能性。事实上，儒家思想虽然具有某种实证的特征，但儒家始终坚持政治法律与“仁”概念的必然联系，过于注重统治者的内在品质（“内圣”），并把这种品质作为政治法律的先决条件，这就阻隔了在政治法律上由“君主”向“人民”转变的逻辑可能性。法家则把道德问题排除于政治法律领域之外，注重统治者的外在力量（“威势”）和法的强制性。在法家的理论框架里我们可以讨论“君主有力量还是人民更有力量”这样的问题。换言之，立法权是由人民职掌还是由君主独占，并不是来自何者更具有内在品质的判断，而是来源于谁更具优势的事实。从消极方面说，它是“君主还是人民更容易犯错误”的一种判断。

是上帝和神的意志得到解释。法治的法律至上性不是来自法律的内容是否体现了一种实质性的、永恒的正义，而是来自立法权（包括制宪权）的最高性，“人民意志”的不可违逆性则是其最终来源。譬如，一些人之所以取得了管理国家生活的行政权力，那也是在理论上已假定了“人民对他们的授权”；一些人之所以有权审判案件，那是因为（宪法）法律已经规定了他们只能适用人民认可和制定的（宪法）法律。重新阐释法家思想为我们在既存的框架内有限度地接纳宪制做好了准备。

第三，对我们来讲最重要的是，普世主义和中国法家为我们提供了这样一种思考：那些不同于西方文化和哲学传统的国家，是否都必须在法律中贯彻了西方文化和社会哲学所展现的那种“实质性的、永恒的正义”诸如自由主义的人权，才算实施了法治？非西方国家是否必须首先服膺了西方的文化和社会哲学才有望成为一个法治国家？事实上，文化作为一种生存方式，社会哲学作为一种对待事物的态度、处理问题的方法，各个国家、民族是迥然相异的。法家从方法论上说明了非西方国家实施法治的可能性。这种可能性就在于，一个国家的人民（不管其代表是党员还是议员）依据自己的文化和社会哲学传统，有权根据理性规则创制自己的法律，这些法律在满足了一些客观的条件以后确实能得以普遍的执行和遵守——这样一个“最低限度”的法治概念——可以为法律“发展中”的国家所接受。这也说明，一个国家对待自己的法律思想传统，最重要的是超越那些思想生成中的历史场景去探寻能与现代发生关联的符号和意义，使古老的思想传统在现代能有转生的机会。

二　中国法家思想的现代阐释

普世主义对法治概念是这样解释的：

> 如果法治是良法之治，那么解释它的性质就是提出一套完整的社会哲学。但是如果是那样的话，这一术语也就失去了任何用途。仅仅为了去发现信奉法治就是相信良善应当获得胜利，是不必求助于法治的。法治是一个政治理想，一个法律制度或者缺乏、或者多多少少地拥有这一理想。这是一种共识。同时可以认为，法治只是一个法律制度可能拥有以及据以评判该制度的优点之一。它不应与民主、正义、平等、种族人权，或者对人或人格的尊重相混淆。一个基于否认人权、普遍贫困、种族隔离、性别歧视和宗教迫害的非民主的法律制度，可能在大体上要比任何一个开明的西方民主国家的法律制度更符合法治的要求。这并不意味着前者会好于后者。它是一个极端邪恶的法律制度，但是在此方面它是出色的：它对法治的遵循。①

这是一种极端性的表达。法治作为"一个法律制度可能拥有的优点之一"，它允许不同的国家或民族在不同时期有不同价值目标的存在，至少它并不仅仅包含上面所列举的那些西方价值；当然这也并不意味着追求其他价值目标就必须彻底弃绝西方的那些道德准则。它只是说明，法治概念与法的道德上的"良善"与否并无必然的联系，剔除"良法"于法治概念之外是普世主义的特点。用拉兹的话说就是："法治的这个概念显然是一个形

① Joseph Raz，*The Authority of Law*，p221.

式概念。它与法律如何被制定——是被暴君、民主的多数，还是以其他方式制定出来——毫无关系，它也不涉及基本权利、平等和正义。"[①]即是说，法治概念的关键处在于对法律概念的解释，它坚持法律是一个与善恶无关的中性概念。这样的解释也可以适用于中国的法家。

法家认为，法律是由君王根据一定的标准和原则立定的，它犹如度量衡，具有普遍的客观性，因为度量衡的性质最能排除主观的恣意，而表现其无色的中立性。《韩非子》言："法者编著之图籍，设之于官府，而布之于百姓者也"（《难三》）；《管子》云："尺寸也，绳墨也，规矩也，衡石也，斗斛也，角量也，谓之法"（《七法》）；"规矩者，方圆之正也。虽有巧目利手，不如拙规矩之正方圆也。故巧者能生规矩，不能废规矩而正方圆，虽圣人能生法，不能废法而治国"（《法法》）。即是说，法只要形式上成立，就可发生绝对的效力。所以，《慎子》说："法虽不善，犹愈于无法，所以一人心也。夫投钩以分财，投策以分马，非钩策为均也"（《威德》）。法不是"仁暴""善恶"的伦理学能够证成的一个概念，法代表的是一种理性的秩序。[②]

排除了"良法"的普世主义法治概念主要包含了两层意思：其一，人们应当由法律所统治并服从法律——不管法律在道德上为善还是为恶；其二，法律应当能够指引人们的行为。法治意义上的法律是一套一般性的、公开的、普遍和相对稳定的规则，也包括特定的、细节性的特别规则，它应在一般性的、公开的、普

---

① Joseph Raz, *The Authority of Law*, p214.

② 《慎子》曰："措钧石使禹察之不能识也，悬于权衡则厘发辨矣。圣君任法而不任智，任公而不任私，任大道而不任小物，然后身佚而天下治。"（《内篇》）

遍和相对稳定的规则指导下制定。① 由此也可引申出一系列法治原则：第一，法律必须是公开的、一般性的和明晰的；第二，法律应当是相对稳定的；第三，特别法（包括法律命令和行政指令等）必须根据一般性的、公开的、普遍和相对稳定的规则制定；第四，司法独立必须予以保证；第五，必须遵守自然正义原则；第六，法院应当享有审查权力以判断是否合乎法律；第七，到法院打官司应当是容易的；第八，不允许执法机构利用自由裁量权歪曲法律。② 在法治的这八项原则中，第一至第三个原则要求法律应当符合使之能够有效指引行为的标准。第四至第八个原则是用来保证执法机构不得通过法律的不当实施而剥夺了法律的指引能力，并确保能够对法治的遵循以及当法治被违反时能提供有效的救济办法。至于为什么确定这些原则而没有涉及其他在别人看来或许更重要一些原则，是因为所有这些原则都直接涉及有关法治问题的政府体制和方法。③ 下面就根据这些原则来检证中国法家思想能否应用普世主义法治概念的问题。

法家的思想可分为与普世主义法治概念相合和相容的两个部分。就通合的部分而言，法家对“人们应当由法律所统治并服

---

① Joseph Raz，*The Authority of Law*，p211～213.

② Joseph Raz，*The Authority of Law*，p214～218. 富勒从法律的“内在之德”出发，也持有与拉兹相类似的看法。他认为，就法律的“内在之德”而言，法治具有以下八项原则要求：一般性、公开性、明确性、可预期性、不矛盾性、可遵循性、稳定性和同一性。（Lon L. Fuller，*The Morality of Law*，Yale University Press，1969，p94）菲尼斯认为，法治所要求的法律必须遵循以下几项规则：1.法律是可预期的、不溯及既往的；2.法律必须被遵循；3.法律应被公布和公开；4.法律应是明晰的；5.法律之间应是相互协调而不矛盾的；6.法律具有一定的稳定性以指引人们的行为；7.特别法的制定和使用应受一般性法律的指导；8.有权制定和执行法律的人员须与法律的要旨相符合且是负责的。（John Finnis，*Natural Law and Natural Rights*，Clarendon Press，1980，p270）

③ Joseph Raz，*The Authority of Law*，p218.

从法律”的法治思想，应该是持赞成的态度。《管子》说：“是故明君知民之必以上为心也，故置法以自治，立仪以自正也。故上不行则民不从。彼民不服法死制，则国必乱矣。是以有道之君行法修制，先民服也”（《法法》）。《商君书》还从历史的经验出发，阐发“法律之治”的重要性：

> 世之为治者多释法而任私议，此国之所以乱也。先王县权衡，立尺寸，而至今任之，其分明也。夫释权衡而断轻重，废尺寸而意长短，虽察，商贾不为用，为其不必也。……夫倍法度而私议，皆不类者也。……是故先王知自议誉私之不可任也，故立法明分，中程者赏之，毁公者诛之。赏诛之法不失其议，故民不争。（《修权》）

《韩非子》亦云：“明主之国，令者言最贵者也。……言无二贵，法不两适。故言行而不轨于法令者必禁。若其无法令而可以接诈应变、生利揣事者，上必采其言而责其实。……是以愚者畏罪而不敢言，智者无以讼”（《问辩》）。法家不仅观察到一个有秩序的国家应“由法律统治”，而且也注意到统治者在“服从法律”中的极端重要性。所以，《管子》曰：“君臣上下贵贱皆从法，此之为大治”（《任法》）。要指出的是，法家强调“君臣皆从法”与西方普世主义提出“服从法律”的理由是不同的。在法家的思想逻辑里，不可能一方面主张法出于君，另一方面又对保证君服从法律进行某些限制性的技术设计。事实上，法家对“君臣皆从法”的命题很少作实证性的思考，而更多的时候是躲在君主主义的目标里“偷懒”，因为对君主权力的法律限制作任何一种技术上的考量都可能对法家所诉求的君主主义造成威胁。法家就像英国的莫尔在辞去大法官后忠告克伦威尔的那样：“在您向主上献言时，尽管说明他应当怎样做，可千万别说他能够怎么做。……因为一头狮子若是知道了自己的力量，就谁也无法管住他了。”[①]法家不具有这样的思想："国王本人不应该受制于任何人，但他却应受制于上帝和法，因为法造就了国王。因此，就让国王将法所赐予他的东西——统治和权力——再归还给法，因为在由意志而不是由法行使统治的地方没有国王。”[②]法家强调“君臣皆从法”更多是从“以身作则”的君王所具有的示范效应的儒家理念出发的，很显然，君王若不遵行自己的法律，可能就是一个好的统治秩序变坏的开始，因为他带了一个坏头。[③] “法律高于国王”的范式不大适用于中国的法家。但无论出于何种理由，“统治者守法”——作为法治概念的要素——是法家的一个重要思想。

对“法律应当能够指引人们的行为”的观点法家也能提供重要的支持。法律要做到“指引行为”，它必须满足一些条件。下列条件在法家看来是非常重要的：

第一，“因道全法”。法家的“道”不是道家和儒家意义上的道德性的形上概念，而是形下的物质性概念，是法必须遵守的自然的法则或规则。《管子》遵循本于“道”而行于“法”的原则，为法寻找“物质性”的根源。《管子》记：

> 根天地之气，寒暑之和，水土之性，人民鸟兽草木之生，物虽不甚多，皆均有焉，而未尝变也，谓之则。……不明于

---

① 转引自泰格、利维著，纪琨译、刘锋校《法律与资本主义的兴起》，学林出版社，1996年，第86页。

② Bracton，*De Legibus et Cosuetudinibus Angliae*（Twiss ed. 1854）f.5b.

③ 正像《韩非子》所劝告的那样："人主离法失人，则危于伯夷不妄取，而不免于田成、盗跖之耳也"(《守道》)。

则而欲出号令朝夕于运钧之上，檐竿而欲定其末。（《七法》）

"则"之于人即人之本性中的好恶，它是法律必须遵守的，否则，法律就会失去指引人们行为的能力。对此，《形势解》则作了进一步的解释："人主之所以令则行，禁则止也，必令于民之所好而禁于民之所恶也。民之情莫不欲生而恶死，莫不欲利而恶害。故上令于生利人则令行，禁于杀害人则禁止。"《商君书》则认为，因为圣人通晓必然之理，所以其法令以必然之理为根据，这样的法令则是合乎时势的、必定的、需要的，所以实行起来必然有很好的效果。[①]《韩非子》则把《管子》的"本道行法"思想发挥到极致并在哲学上提出了"因道全法"的命题：

> 古之牧天下者，不使匠石极巧以败太山之体，不使贲、育尽威以伤万民之性，因道全法，君子乐而大奸止；澹然闲静，因天命，持大本，故使人无离法之罪，鱼无失水之祸。如此，故天下少不可。（《大体》）[②]

法家"因道全法"的思想往往被人们所忽视，事实上，这一思想集中说明了"法"所具有的本原性和普遍性。"法"是一套人为的普遍性规则，它起源于对自然规律性和秩序的模仿，并通过人类行为的普遍化又具有对自然规律进行扩充的价值和效用。西

---

① "圣人知必然之理，必为之时势，故为必治之政，战必勇之民，行必听之令。是以兵出而无敌，令行而天下服从。"（《商君书·画策》）

② 《韩非子》还说："不引绳之外，不推绳之内；不急法之外，不缓法之内；守成理，因自然；祸福生乎道法，而不出乎爱恶；荣辱之责在乎己而不在乎人"（《大体》）。

方传统把自然科学解释为在世界中普遍起作用的力量，而中国的法家仅仅承认自然的自发和谐，坚信通过人的努力——“因道全法”，人和自然可以达到一致，从而丰富自然和人本身。而且，在法家看来，存在于自然中的和谐远不是由某些抽象的“自然法则”先定的，而是构成存在过程的那些内在的相关要素的综合的、开放性的成果。

第二，“毋强不能”。即是说，法律要真正对人的行为具有引导的作用就必须考虑到人的能力限度，不能规定人的能力达不到的事情。《管子》的《形势解》是这样解释的：“明主度量人力之所能为而后使焉。故令于人之所能为则令行，使于人之所能为则事成。乱主不量人力，令于人之所不能为，故其令废，使于人之所不能为，故其事败”，“故曰：毋强不能”。

第三，适中守正。《管子》告诫说，“求多者其得寡，禁多者其止寡，令多者其行寡”（《法法》）。《正世》篇则进一步对之作了阐释：“治莫贵于得齐。制民急则民迫，民迫则窘，窘则民失其所葆。缓则纵，纵则淫，淫则行私，行私则离公，离公则难用。”①

从严格意义上讲，后两者是对前者——“因道全法”的命题所作的进一步解释。在中国的法家看来，无论是人的能力还是性情都与自然存在着某种联系，因此，作为人类创造物的法律必须时刻注意到这种联系，达到与自然的和谐一致才会对人的行

① 《管子》告诫说，为了使法律对人的行为发生作用，立法者还要充分注意到不同的水土对人之性情的影响：“齐之水道躁而复，故其民贪粗而好勇。楚之淖弱而清，故其民轻果而贼。越之水浊重而洎，故其民愚疾而垢。秦之水泔最而稽，淤滞而杂，故其民贪戾，罔而好事。齐晋之水枯旱而运，淤滞而杂，故其民谄谀葆诈，巧佞而好利。燕之水萃下而弱，沉滞而杂，故其民愚憨而好贞，轻疾而易死。宋之水轻劲而清，故其民闲易而好正”，“是以圣人之治于世也，不人告也，不户说也。其枢在水”。（《管子·明法》）

为具有普遍性的指导意义。反过来讲，“违道”也就不可能“全法”。“违道”的法律就像忤逆之人的行为无法提供“孝”的示范一样。那么，中国法家对形式主义法治概念的八项具体原则又持有何种态度呢？

“法律必须是公开的、一般性的、和明晰的。”“公开性”是指，法律必须公布以便让服从规则的人知道规则是什么。“一般性”主要有两层意思：其一说，法律规范的制定要有一般性，即具有一定的抽象性以便能够适用于“同类案情”；其二是指，法律规范的适用须具有一般性，即相同的情况必须得到相同的对待。“明晰性”是说，不容许立法者制定的法律模棱两可，法律规则必须能够让民众清楚地理解和认知。对此，中国法家也提出了类似的看法。就法律的公开性、明晰性来讲，法家的意见与之并无二致。《管子》的《法法》篇的论述至为明白：“令未布而民或为之，而赏从之，则是上妄予也”，“令未布而罚及之，则是上妄诛也”，“令已布而赏不从，则是使民不劝勉、不行制、不死节”，“令已布而罚不及，则是教民不听”。《商君书》从建立一种稳定的统治秩序出发，主张法律公开以便让天下所有的官吏和民众都能明确地知晓。“故夫知者而后能知之，不可以为法……故圣人为法，必使之明白易知”(《定分》)。这样一来，“吏不敢以非法遇民，民不敢犯法以干法官”。如果“法明白易知”，则“万民皆知所避就，避祸就福而皆以自治”。所以，它主张：“主法令之吏，有迁徙物故，辄使学读令所谓，为之程式使日数而知法令之所谓，不中程为法令以罪之。”这里的程式就是公开的成文法，悬布于公共场所，明书年月日时，条文清晰易懂，“名正愚智，遍能知之”，民众就知道什么能做,什么不能做。[①] 关于法家对法律规范的一般性原则的看法,将在以后的问题中议论,不再赘述。

"法律应当是相对稳定的。"即是说,法律规则已经制定就应在相当的时期内加以适用,如果法律变动过于频繁,人们对法律的了解就变得困难,而且也不能在法律的指导下作长远的打算。当然,因事变而法变也是法律相对稳定性的应有之意。在"定"与"变"的问题上,由于法家正处在革故鼎新的历史时代,又加之儒家的"礼"的挑战,[②]他们主"变"胜于主"定"。即便如此,法家对法本身的稳定性还是给予了相当的重视。《管子》的《法法》篇说:"号令已出又易之,礼义已行又止之,度量已制又迁之,刑法已错又移之。如是则庆赏虽重,民不劝也,杀戮虽繁,民不畏也。故曰上无固植,下有疑心,国无常经,民力必竭,数也。"这是从反面说明法律朝令夕改的危害性。《韩非子》则从正面论述了保持法律稳定的重要性:"饬令,则法不迁;法平,则吏无奸。法已定矣,不以善言售法"(《饬令》)。与此相对应的是,法律规则的"时间性"则是法家的一个重要概念。在法家的思想里,法律是适应社会的需要而产生的,因而就不可能一成不变,就像社会关系不可能固定不变一样。这就要求,法律除消极地完成维护秩序的任务以外,还要实现积极的进步机能。在"时间性"的概念里,法律的客观性及其价值都是以历史的经验事实为基础。一切行为

---

① 《商君书·定分》。《韩非子》也以书作比,强调法律规范明确易懂的重要性:"书约而弟子辩,法省而民讼简。是以圣人之书必著论,明主之法必详尽事"(《八说》)。

② 对儒家的"礼",法家多有偏颇之论。如,《韩非子》说孔子,"欲审尧舜之道于三千岁之前","非愚则诬"(《显学》)。事实上,孔子谓"生乎今之世,反古之道,如此者,灾及其身者也"(《论语·中庸》),是孔子未必不同情于因时立制之主张。孔子又谓:三代之礼,损益可知(《论语·为政》),是孔子非不知制度之当变。

的准则也都以“时间”为依归，决没有不可变的法律规则。规则的客观性并不表示超越时间、空间的永恒价值，所展现的仅仅是不受人类恣意所左右而已。[①] 这是法家与形式主义法治概念有所出入的地方。

“特别法必须根据一般性的、公开的普遍和相对稳定的规则制定。”或者说，一般性规则设定了这样一个架构：它应对特别法可能导致的不可预期性给予限制。而这个架构可通过两类一般规则来创建，一类规则授予必要的权力以制作特定规则，另一类规则就被授权者如何行使权力规定若干义务。[②] 从严格意义上说，法家虽然对一个“普遍的、一般性规则”的法律概念给予了充分的注意，但它并未对“一般性的法”和“特别法”进行区分。而能与之相通融的是“律”“令”“刑”等概念。《管子》说：“律者所以定分止争也。令者所以令人知事也”(《七臣七主》)，“制断五刑，各当其名，罪人不怨，善人不惊，曰刑”(《正第》)，在《韩非子》这部著作中，它也把具有一般性和普遍性的法与“律”“令”“刑”概念进行了区分。[③] 正如上面所论及的，在法家“本道行法”或“因道全法”的理论架构里，法根植于自然之中，法的规则直接来源于自然法则，是对自然秩序的模仿，就像绳墨、尺寸、规矩等自然法则那样自然而然。所以，法必然具有一般、普遍的性能，可以使用于不同的人群和不同的行为，就像多数器物都可以用尺寸

---

① 《商君书》的《开塞》篇说：“圣人不法古，不修今。法古则后于时，修今则塞于势。”《慎子》则以历史进化为根据，强调法律因时制宜的重要性：“虑戏、神农教而不诛，黄帝、尧、舜诛而不怒，及至三王随时制法，各适其用”(《逸文》)。《韩非子》则将“时间”分拆为历史的三段，认为，“上古竞于道德，中世逐于智谋，当今争于气力”(《五蠹》)，即每一个时代都有立国原则和治世的原则。

② Joeph Raz , *The Authority Law* , p215～216 .

③ 参见《韩非子》的《定法》篇。

丈量一样。对自然而言，法既是自然秩序的派生物又能对自然秩序发生某种作用；对人而言，法既是一套抽象的规则体系，又是一种具体的行为模型。萧公权先生认为，在《管子》中，“法”作为一个一般性的概念是指一切政治制度的总称。而“律”、“令”和“刑”等概念可以包括在法的概念内。[①] 即是说，虽然中国的法家对一般性的法和特别法这样的分类并不感兴趣，但它仍有“规范层次”的思想。《管子》的《君臣》篇上说：“君依法而出令，有司奉命而行事，百姓顺上而成俗。著久而为常，犯俗离教者众共奸之，则为上者佚矣。”《韩非子》的《制分》篇则说得更清楚：

> 治国者莫不有法，然而有存有亡；亡者，其制刑赏不分也。治国者，其刑赏莫不有分。有持异以为分，不可谓分。至于察君之分，独分也，是以其民重法而畏禁，愿毋抵罪而不敢胥赏。故曰：不待刑赏而民从事矣。

即是说，作为“刑”“赏”这样的“特别法”必须以法(度)为标准并接受其指导。这样一来，君主统治下的民众就会尊重法度而不敢触犯禁令，国家也就相安无事了。如果法家的“法”能够作“制度总称”来理解的话，那么“法”为“律”“令”“刑”等类似于“特别法”的制定和运用提供指导也是应有之意。然而，在很多情形下，法家的法、律、令和刑的概念以及之间的相互关系是混乱不清的，不能无条件地把这些概念当作特别法的概念加以使用。而且，由于君主主义目标的存在，法家也不可能对创制一般性法律和制定特别法的主体进行严格区分，君王虽应“依法而出令”，但在理论上，除君主以外，任何创制法律、法令的行为在法

① 参见萧公权《中国政治思想史》(一)，辽宁教育出版社，1998 年，第 186 页。

家看来都是越权。

按照形式主义法治概念，上述三个原则是关于法律能否有效指引行为的标准问题。通过上面对中国法家的阐释，可以这样说，法家对法律所持的实证态度与形式主义法治概念的三个实证原则基本相合，能够对法治概念提供“最低限度”的支持。下面我们再看一看有关法治的政府体制和方法的五个原则，中国法家能够提供什么思想。

“司法独立必须予以保证”，“必须遵守自然正义”，“到法院打官司应当是容易的”，“法院应当享有审查权力以判断是否合乎法律”，“不允许执法机构利用自由裁量权歪曲法律”。要说明的是，在形式主义法治概念里，这些原则并不是由法律之外的价值构成的，或者说，它并不是法治所诉求的价值，而是一种保证“法律具有指引人们行为的能力”以及保证“由法律统治并服从法律”的手段和工具。根据西方的经验，只有司法机构免受行政干预和政治控制，这种法律制度才被判断为是健全的。事实上，仅有这样的判断还不能确保司法的正确性和公众的信心，从而也无法防止行政机构及它的许多代理机构以权力和出于利益的考虑干预司法机构。在这种情况下，法官必须成为公民最必要同时也是最可靠的保护者。这是上述五个密切相关的原则在形式主义法治概念里的大致意义。由此看来，形式主义法治概念所诉求这些原则并不只是法律问题，而直接与特定的政治体制相关。对此，在中国法家的思想里，我们找不到任何支持这些原则的证据。道理很简单，在法家的君主主义的政治架构里，不可能容许任何司法独立地存在。而且，在中国的传统政治实践中，由于各级国家组织中的法律职责仅仅被作为官吏职责的一个方面，一套独立的司法制度因此实际上也未能出现。但这不是说，法家的思想与作为“依法而治”的手段及途径的诸多原则是绝对不相容的。法家在理论上，对有关职权的划分问题给予了充分的注意。“分职”意味着对君主无端地干预司法进行某些限制。《管子》说：“生法者君也，守法者臣也”（《任法》）。其《君臣下》篇也说：

论材量能谋德而举之，上之道也。专意一心守职而不劳，下之事也。人君者下及官中之事则有司不任。为人臣者上共专于上则人主失威。……上之人明其道，下之人守其职，上下之分不同任而合为一体。……夫君人者有大过，臣人者有大罪。……君有过而不改谓之倒。臣当罪而不诛谓之乱。

相比而言，《韩非子》有关职权划分的理论更为细致，对“职权分明”的重要性给予了更多的强调：

明主使法择人，不自举也。使法量功，不自度也。……明主使其群臣不游意于法之外，不为惠于法之内，动无非法。

人主使人臣虽有智能不得背法而专制，虽有贤行不得逾功而先劳，虽有忠信不得释法而不禁。①

为了说明分职的重要性，《韩非子》还举了这样一个例子：韩昭侯喝醉酒睡着了，掌管君主帽子的侍从唯恐君主受凉，就把衣

① 出自《韩非子》之《有度》《南面》。《韩非子》的《用人》篇还说，“治国之臣，效功于国以履位，见能于官以授职，尽力于权衡以任事”，“明君使事不相干故莫讼，使士不兼官故技长，使人不同功故莫争”。

服盖在他身上。韩昭侯醒后很高兴，问身边的侍从说："谁给我盖的衣服？"身边的侍从回答说："是掌管帽子的侍从。"于是，韩昭侯就同时惩罚了掌管衣服的侍从和掌管帽子的侍从。《韩非子》评论说：君主惩处掌管衣服的侍从，是认为他没有尽到他的职责；君主惩处掌管帽子的侍从，是认为他超越了自己的职责范围。韩昭侯并不是不怕着凉，而是认为侵犯他人职权的危害比自己可能着凉更严重。① 从字面看起来，法家的分职理论是为了君主的更大集权，而事实上，一旦君臣的职权被明确以后，便意味着君上大权受到了某种制约，正如自由一旦有法律介入以后便意味着自身受限制一样。法家一再强调君王任免官吏必须依据法律，官吏在任职期间也必须依法行事。"君臣上下皆从法"的要求，不管其动机和目的如何，事实上是在委婉地告白君主不能恣意妄为，其行为必须自觉地受法律的约束。否则，就像《韩非子》告诫的那样，治国者莫不有法，然而有存有亡，就看君主本人了。的确，法家没有产生专业法院的要求和思想，也没有形成能够惩罚非法君主的司法机构这样的设想，但法家规定的君权范围是明确的——"恐惧社会共同体的批评和放逐"。这种马克斯·韦伯式的"心理强制"，似乎对控制君主滥权确实起到了某种作用。

在理论上，法家是不容许司法官具有自由裁量权的，更不允许歪曲法律。相反，司法官被赋予了严格的法律责任：他一方面被禁止创造法律；另一方面，又被禁止拒绝适用法律。

① 参见《韩非子》的《二柄》："昔者韩昭侯醉而寝，典冠者见君之寒也，故加衣于君之上。觉寝而说，问左右曰：'谁加衣者？'左右对曰：'典冠。'君因兼罪典衣与典冠。其罪典衣，以为失其事也；其罪典冠，以为越其职也。非不恶寒也，以为侵官之害甚于寒。"

《商君书》说：

> 诸官吏及民有问法令之所谓也，于主法令之吏，皆各以其故所欲问之法令，明告之，各为尺六寸之符，明书年、月、日、时，所问法令之名，以告吏民。主法令之吏不告及之罪，而法令之所谓也，皆以吏民之所问法令之罪，各罪主法令之吏。(《定分》)

这是对拒绝适用法令的禁止。又如，《申子》"君主所以尊者，令；令不行，无君也"；《管子·重令》所云："凡君国之重器，莫重于令。令重则君尊，君尊则国安。"这是从法令角度体现了君主的权威，禁止司法官擅行解释法律。《管子》认为：影响司法官严格执行法律的最大障碍是"私利"。为了追求自己的利益而牺牲法律，是造成"司法"腐败的主要原因。一般的司法官追求私利还不会伤及法律的根本，如果是君主这个最高的司法官把自己的利益凌驾于国家的利益之上，就会使国家的法律制度陷于混乱。[①] 对此，萧公权先生提醒说："吾人又当注意，'凡私之所起，必生于主'[②]，臣民之私皆乘主之私而后得遂。故法治之最后关键在君主本人之守法。管子深知此理，不惮反复明言。"[③]

---

① 《管子》说，害法之甚莫过于私。"私者乱天下者也"(《心术下》)，"为人上者释法而行私，则为人臣者援私以为公"(《君臣上》)，"离法而听贵臣，此所谓贵而威之也。富人用金玉事主而来焉，主离法而听之，此所谓富而禄之也；贱人以服约卑敬悲色告诉其主，主因离法而听之，此所谓贱而事之也；近者以逼近亲爱有求其主，主因离法而听之，此所谓近而亲之也；美者以巧言令色请其主，主因离法而听之，此所谓美而淫之也。……此五者不禁于身，是以群臣百姓人挟其私而幸其主。彼幸而得之则主日侵，彼幸而不得则怨日产"(《任法》)。

② 参见《管子》的《七臣七主》篇。

③ 萧公权：《中国政治思想史》(一)，第191页。

正因为如此，法家才要求司法官在整个司法过程中必须做到“无私”，“无私”者“无畏”，无私、无畏方能做到“守正不阿”。具体说来，就是要“尽力于权衡以任事”(《韩非子·用人》)。“官不敢枉法，吏不敢为私，货赂不行，是境内之事尽如衡石也”(《韩非子·八说》)。衡石，标准物也。人们不能作出不公正的偏私，也不能随便改变它。这样，“境内之事”便自然有序了。对这一点，汉代的《淮南子》作了清楚的解释：

> 衡之于左右无私轻重，故可以为平；绳之于内外无私曲直，故可以为正。人主之用法无私好憎，故可以为命。夫衡轻重不差蚊首，扶拨枉桡，不失针锋，直施矫邪，不私辟险，奸不能枉，谗不能乱，德无所立，怨无所藏。(《主术训》)

即是说，如果司法官能像衡石这种标准物一样守正不阿，不枉法为私，那么，行贿舞弊的行为便无由发生，一切事情便都能按正道办理，就像人们对待衡石这种标准物一样没有也不可能有任意索求的余地。

诚言，法家受君主主义眼界的限制，它并不要求——至少没有明确提出——建立一个包括审判、听证、证据规则、正当程序在内的公正的司法制度架构，或者说，中国法家并不大关心“自然正义”，这也是事实。然而，法家对拥有法律资源方面的公平性仍给予了相当大的关注。《慎子》说：“法家，所以齐天下之动，至公大定之制也。故智者不得越法而肆谋，辩者不得越法而肆议，士不得背法而有名，臣不得背法而有功”(《逸文》)。《商君书·刑赏》声称：“圣人之为国也，一赏、一刑、一教；一赏则兵无敌，一刑则令行，一教则下听上。”“一”在中国文化中并不只是一个“数”的概念，还包含“无等差”的意思。“一刑”即“刑无等级”：“自卿相将军以至大夫庶人有不从王令，犯国禁，乱上制者，罪死不赦。”《韩非子》将这一思想作了进一步的发挥：“法不阿贵，绳不挠曲，法之所加，智者弗能辞，勇者弗敢争，刑过不避大臣，赏善不遗匹夫”(《有度》)。“刑过”与“赏善”作为禁止性与给予性的法律资源被法家同时赋予了平等性。在君主主义政治结构中，如果臣民之间能像法家所提出的平等地共享和拥有法律资源，那么“到法院打官司”也就变得相对容易了。

我相信，在此把司法上的“守正不阿”的中国法家式的表述“转译”为“法官只能依据法律判案”的西方语式的“司法公正”是不会有太大问题的。法家在司法上所持的理想主义与普世主义的法治概念追求的司法目标并无太大的差别。不同之处在于，中国法家无法提供达到“司法公正”理想的新型制度架构，君主主义目标下的“守正不阿”的司法理想就如同儒家“圣王仁君”的政治理想一样，是无法从现实制度中得到支持的。相反，普世主义所提出的“司法独立”的要求则是保证司法公正性的重要基石，这是无庸多论的。问题的焦点在于，中国法家“守正不阿”的司法理想、分职理论以及“君臣上下皆从法”的司法主张能否与“司法独立”的法治原则相融通？回答应该是肯定的。首先，法家并不排斥司法的公正性；其次，法家所追求的“守正不阿”的司法理想是由它提出的“依法任官”、分职理论和“君臣守法”主张所予以保证的，尽管理论上的“保证措施”与事实上能否起到保证作用是两回事；再次，在法家的分职理论中明确主张，专职专任，不兼官兼事，“明君使事不相干故莫讼，使士不兼官故技长，使人不同功故莫争”(《韩非子·用人》)。由法家“专职专任，不兼官兼事”的理论主张到法治概念中的“司法独立”原则，在逻辑上应是渐次递进的问题，而非理论范式上的悬隔。或者说，法家的这种主张虽然在本意上是服务于君主主义目标的，但经过对其重新阐释应该可以成为现代中国建立新型司法制度的“支援意识”，而不是一种传统上的障碍。

要说明的是，虽然普世主义主要是从法律规则和秩序——“法律内部的意义结构”——阐释法治概念，但它仍为法治概念从“法律外部的社会意义结构”中保留了“最低限度”的道德准则。如，拉兹所言，“一个大体上遵循法治的法律制度，至少在此种意义上把人当人来对待：它通过影响人们行动的环境以指导他们的行为。故而它以此为前提：他们是理性的自治动物，并通过影响他们的想法来引导他们的行为和习惯”，也即是说，“如果法律尊重人的尊严，那么，遵守法治就是必要的”①。法治虽然不是把“实现人权”作为其成立的内在标准，但它应与“适度”的人权保持联系，这是符合形式主义法治概念的。问题是，“人应受尊重”这一价值诉求，中国法家能够在何种意义上提供怎样的支持？承认“人应受到尊重”是必须把人预设为独立于文化和社会的非社会性“生物物种成员”(*Qua* members of a biological species)，还是把人作为“社会存有物”(*Qua* social beings)来看待？实际上，赞同“人应当受到尊重”的观点，并不必然需要把人作为“非社会性动物”的预设。“人应受尊重”是人权的内容，而不是人权的基础，不能把内容和基础混为一谈。一个自由主义者可能基于“个人是社会的目的”这样的判断而赞同它；一个社会主义者可能基于“没有个人利益就不可能有真正的社会利益”的信念而主张尊重个人。以此为依据，我们可以对法家的思想作一简单的分析。法家对人本身的问题谈及得很少，它所感兴

① Joseph Laz , *The Authority of Law* , p222, p221.

趣的是“人性观”。法家主张“人性贵因”和“贵因恶逆”。[①] “贵因”就是“因人之情”:“天道因则大,化则细。因也者,因人之情也”(《慎子·因循》)。正是因为人性“贵因”,所以“因人之情”就是一切法律问题的出发点:“凡治天下,必因人情。人情者有好恶,故赏罚可用,赏罚可用则禁令可立,而治道具矣”(《韩非子·八经》),“设民所欲以求其功,故为爵禄以劝之;设民所恶以禁其奸,故为刑罚以威之”(《韩非子·难一》)。

> 在这里,我们可以看到韩非与荀子在思想上的一个重要区别。荀子以人性恶作为出发点,把礼法制度看作险恶的人性的对立物,就是说,人性所导致的目的同实施礼法制度所要达到的目的正好相反。礼法制度的实施意味着险恶人性的化除;险恶人性在任何意义上的满足都意味着对礼法制度的不同程度的削弱。因此,荀子的性恶论反映了封建礼法制度同人性人情之间的深刻矛盾。韩非则以好利恶害而无善无恶的人性为出发点,认为法律制度同这种人性是一致的。就是说,正是因为这种好利避害的人性存在,才使法律制度的实施既成为必要,又成为可能。因此,法律制度对于这种人性主要是“因”而不是“化”,是顺而不是逆。[②]

主张法律制度对人性的尊重与主张法律尊重人虽有区别,但又有密切的联系。只要法家承认人都有好利恶害的人性取向,那么,一个因人之性情而不是化除人性的法律制度就必须承

---

① 《管子》的《心术上》篇说:“故道贵因”,“无为之道,因也。因也者,无益无损也”,“因也者,舍己而以物为法者也”。

② 谷方:《韩非与中国文化》,贵州人民出版社,1996 年,第 310 页。

认人具有“一定的合理的自身利益”并加以保护。在这一基础上，法家就可能赞同普世主义的论点；法家也可能在“力本论”的架构下给予支持。[①] 很显然，在角逐物质力量的过程中，“民”是最基本的角色，它既是生产中“劳动力”的主要承担者，又是战争中的“战斗力”的最基本元素。为了追求“富国强兵”的目标，法家可能把“民”首先作为“劳动力”和“战斗力”的主体而认真对待。漠视“民”的利益要求既可能失掉一场战争，也可能输掉整个国家。即是说，“人应当受到尊重”可以基于不同的理由，并不是非要把自由主义理论作为唯一的标准。法家亦可以从“力本论”出发赞同普世主义的主张。[②]

综括而言：普世主义的法治概念能够解释中国法家的思想，法家也能够在以下的问题上说明普世主义的法治概念：中国法家撇开法律的“私人领域”，而集中在“公共领域”展开讨论；它除却法律的道德因素，而注重法律的工具性和实效性；与此相联系，它不是从“道德律令”里去发现法律的合法性，而是告诉我们法律依赖于权力，权力是法律合法性的真实来源；它主张统治者应依靠法律治理国家，而不是依靠超验的或经验的抽象道德法则进行统治；法律不但要实施赏罚，而且也要界分权力，因而国

① 《韩非子》的“力本论”有一个完整的体系：其一，“进化论”的力本论，“上古竞于道德，中世逐于智谋，当今争于气力”。其二，“经验论”的力本论：“故国多力，而天下莫之能侵也”（《饬令》），“力多则人朝，力寡则朝于人。故明君务力”（《显学》）。其三，“价值论”的力本论，即为了达到君位固、国富强的目标而尚力。“能越力于地者富，能起力于敌者强……好力者其爵贵；爵贵，则上尊。上尊，则必王”（《心度》）。

② 《韩非子》说：“夫耕之用力也劳，而民为之者，曰：‘可得以富’也。战之为事也危，而民为之者，曰：‘可得以贵’也”（《五蠹》）。《管子》则提出了“顺民”之说：“政之所兴在顺民心，政之所废在逆民心。民恶忧劳，我佚乐之。民恶贫贱，我富贵之。民恶危坠，我安存之。民恶绝灭，我生育之”（《牧民》）。

家权力应是清晰的而不是模糊的，是可预期的，而不是恣意的；法律通过赏罚的规则以指引人们的行为从而形成秩序，人民必须服从法律的秩序，而这种“服从”既有“畏惧真实”，也有“自悦真实”；能够指引行为的法律既要遵循一定的“自然法则”，也要遵行一些客观准则；法律资源的享有应具有一定的平等性，而且执行法律的人要做到“司法公正”；一个尊重人性的法律制度也应在不同的意义上对人本身给予尊重；一个依法而治的国家所追求的目标不是人人为善，而首先是国家自身的强大和富足。

中国法家能够为我们提供一个“最低限度”的法治概念。

三 民主、宪政与法治概念之区分

普世主义可以解释中国法家的一些思想，中国法家也能够为对方提供一定的支持。这只是问题的一个方面，因为它是以预设形式主义的法治概念能够成立为前提条件的。问题是，对许多人来讲，他们也许原本就不赞同这样一个法治概念。一个法律“发展中”的国家能够接受一种什么样的法治是一回事，法治到底是什么是另外一回事。现代意义上的法治概念来自西方，这是无须争议的事实。既然如此，这就提出了另一个问题：哪一种法治概念更符合西方社会经验？

拉兹上述的那个忠告在此非常有意义：“如果法治是良法之治，那么解释它的性质就是提出一套完整的社会哲学。但是如果是那样的话，那么法治这一术语也就失去了任何用途。仅仅为了去发现信奉法治就是相信良善应当获胜，是不必求助于法治的。”一个涵盖了西方所有的主要价值元素的法治概念实际上不能解释任何问题。法治概念与其他概念之间应有一个清晰的界域。

我们若从西方的社会经验出发，就会发现，西方社会在大的方面主要是由这样几大块“叠合”而成的：超验性的宗教（基督教）、个人主义（自由主义）哲学、市场经济、（以“人民意志”为代表的）民主政治、（以宪法为代表的）宪政体制、（依靠法律治理国家的）法治。除却细节，这样来表述西方不会有大错。在西方，宗教提供了一种超验之神，由此便形成了“自然法”观念，①并与个人主义哲学一起构成了自由、人权的理论基础；市场经济除了对人本身的影响，它还为社会和个人创造了巨大的物质财富；民主政治保证完善的责任政治制度；宪政确立了分权制衡的组织结构，确保政府服从宪法和法律；法治则建立起一套行之有效的规则体系和完备的司法程序，有了这些规则和程序，依靠法律治理国家成为可能。

正是这些相互叠合的元素构成了一个复合型的西方社会。詹姆斯·W.西瑟（Jameas W.Ceaser）在分析宪政、民主、共和等概念时认为，西方学者在描述西方占统治地位的政府形式时，常常用一些复合词来表述，如宪政民主、自由民主、共和宪政、民主共和等。这是因为单用上述任何一个概念去表征西方的政治结构都是不确切的。即是说，西方的政治结构既不单是宪政的，也不单是民主或共和的，而是宪政与民主、共和相重叠的复合政治结构。② 同样的道理，更难以用一个概念对西方如此复杂的社会构造予以表达。最可行的做法是用不同的语词表达不同的问题。譬如，用“宪政”这个词表述西方的“分权体制”，用“民主”指

① 参见昂格尔著，吴玉章、周汉华译《现代社会中的法律》第二章。

② 参见詹姆斯·W.西瑟著，竺乾威译《自由民主与政治学》，上海人民出版社，1998年，第6页。

谓西方由“代议制”所建构的责任政治，用“法治”指称由一套健全的规范体系和完善的司法程序构成的法律制度。若把宪政、民主的内容统合于法治概念之下，那就不但会使研究的问题变得模糊和含混，而且这些概念也会失去分析功能而变得无意义。虽然法治概念与民主、宪政概念之间有密切关系，但不能因此相互取代。

“民主”在非严格意义上被理解为“建立在‘一人一票’原则基础之上的简单的多数决定规则(majority rule)”。① 在不考虑民主价值偏好的情况下，民主还可以用“普选权”的指标表示：

> 普选权如果能够反映或补充民主的性质，那么，它便确立了一个可接受的民主标准。……其主要的因素是对选举人真正和有效的代表、是对他们做真正和有效的负责；甚至——在可能的情况下——公民的参与亦是某种判准。②

民主概念的核心要素是“代表”、“责任”和“公民参与”。“代表”说明民主通常是以“代议制”为其表现形式。“责任”表达的是：代表必须对选民负责，它要求人民的代表既对人民的需要作出反映，又要关注他们的共同愿望；既要求对他们的福利负责，又要对他们的信任负责。“公民参与”主要是指公民在政治生活中的参与，它是民主制度的原动力和启动者，没有参与就没有民主。民主在很大程度上就是创设公民参与架构的一种制度。民

---

① 埃尔斯特、斯莱格斯德编，潘勤、谢鹏程译：《宪政与民主——理性与社会变迁研究》，生活·读书·新知三联书店，1997年，第2页。

② 路易斯·亨金著，邓正来译：《宪政·民主·对外事务》，生活·读书·新知三联书店，1996年，第19页。

主还可以从三个方面来解释:在意识形态上,人民被假定为政府一切权力的最终来源,是宪法和法律合法性的基础。在制度层面上,民主是指一套创设的制度,如投票制、代表制等。在价值层面上,民主被表述为“对民负责”,所以民主又被称为责任政治。

宪政主要是通过设计某些制度以限制政府权力的行使。根据古典宪政主义者的解释,它大体包括了以下几层意思:其一,是指已成立的政府要受宪法的制约,而且政府只能根据宪法的条款进行统治并受制于其限制。其二,宪法规范下的政府在本质上是自由式国家的最小政府。这一含义是与西方有关政府的这样一种假定联系在一起的:自由民同意受其统治,仅仅是为了保障其生命权、自由权、财产权和其他权利。个人为了保有这些权利,甚至可以据此对抗政府中的人民代表。其三,宪政包含着权利先于宪法、先于社会和政府而存在的价值预设。政府的目的是保障人们原则上在任何形式的政府之前就享有的权利。在达成一个社会的同时,个人同意放弃他的某些自由和财产,并将这些自由和财产授予其代表以便实行统治。但是人民又保有终极权力,使个人能够继续享有对抗人民代表的权利。其四,宪政是建构“有限政府”的一套制度设计。古典宪政主义认为,使政府受到实质性限制的必要条件是建立分散政府权力的合理结构,即立法权、行政权、司法权分立并有适当的制衡(Check and Balance)。综括起来讲,宪政意味着一种有限政府,即政府只享有人民同意授予它的权力并只为了人民同意的目的;它意味着权力的分立以避免权力过分集中和专制的危险;它还意指广泛私人领域的存在和每个个人权利的保留;宪政也许还要求一个诸如司法机构的独立机关行使司法权,以保证政府不偏离宪法规定,尤其是保证权力不会集中以及个人权利不受侵犯。①

从西方学者提供的民主和宪政概念中我们发现,法治与民主、宪政既有明确的界域也有密切的关系,更有明显的区别。民主提供给我们的是人民构成政府权力的来源、人民在法律上主导权力这样一些价值。其基础是"多数人统治比少数人统治好"这样的价值预设。由此可以进一步推论出:符合正义的社会必须是由多数人统治。民主的价值是为大众提供参与的框架并有一套固定的程序作为保证。宪政概念提供的价值主要是防御性的:它通过限制政府权力及其运作以保证个人自由的私人空间。其目标是通过防御性的制度设计来实现个人自由。法治主要是由规则体系和司法程序体系构成的,它提供给我们的主要是工具性的价值。换言之,法治概念在西方复合型的社会结构中加以运用,肯定会与民主、宪政概念发生联系。首先,民主概念中的"人民"这个要素能为法治概念中的立法权限问题提供说明;法治概念能为民主概念中的"参与"和"程序"问题提供帮助。然而,这并不意味着法治概念必须包含"人民"的内容。在与宪政概念的关系上,宪政概念的价值指向首先为法治概念与"自由"问题建立起某种联系。其次,宪政概念中的"分权"要求为法治概念提供了部分的司法内容;法治概念也能够对宪政概念中政府权力的运作及其程序问题提供解决方法。然而,这也并非说明必须要把宪政概念自身的元素纳入法治概念之内。在西方的学理中,法治概念与宪政概念之间始终存在模糊性,这也说明两个概念之间的不寻常关系。即便如此,两个概念也不能彼此取而代之。

民主、宪政、法治概念只能解释西方社会和国家的一方面的

① 参见路易斯·亨金《宪政·民主·对外事务》,第9～11页。

问题,决不可能用其中一个概念解释所有问题。必须在概念之间有了清晰的界域以后,才能用其对问题进行解释。从这个意义上讲,我们赞同形式主义法治概念。

从功利性考虑,我们并不期望用当下中国学者所使用的法治概念来解决“法治发展中”国家所面临的诸如人权、自由、限权政府、选举及参与制度等问题。很显然,这诸多问题并不是中国学者认知的法治概念所能解决的,因为许多问题并不能归属于法治概念之下。在这些目标或价值里,人权和自由实际上是社会哲学的问题,它的落实需要一种社会哲学作为底子;迫使政府及其代理机构服从宪法和法律显然是宪政问题,它依赖于宪政制度的建立和健全;选举和参与是民主问题,它需要发展民主制度加以解决。就中国而言,它所面临的问题是多方面的,不同的问题有不同的解决方法和途径,决不能用“法治”概念笼而统之。从法治方面讲,能够做到由法家提供的“最低限度”的法治概念所要求的,就是一个了不起的进步。正如《管子》所言,以法治国,则举措而已。真正做到“依法而治”也就是法治了。

权力与技术

——对劳动教养问题的一个宪法学分析

一

劳动教养的宪法根据

问题的分析研究可有许多侧面和角度。中国的劳动教养本身就是一个“场”,它复合了当代中国的多种因素。由此,它就为我们分析中国的某些问题提供了一个角度、一种方法:透过它,我们可以对中国当代史的价值作出一些判断,并在权力和技术的层面上对当代中国的宪制理念作出另一种诠释;它也能对中国法律制度的结构、功能和价值作出不同的说明。它本身或许就是当代中国的一个隐喻,隐秘着人、社会、生活、权力、权利等问题解释的密码。这里,我们首先把它看作一种“非正式”的制度,即一种没有清晰边界的、不断延展的制度。“非正式”还包括这样一层意思:从起源到流变,它本身就是一个由多种成分构成的复合体,无论从哪种单一的因素出发都无法对它作出精确的解释。因为它强调对某些“特定的人”的意义,所以它被看作一种完成人的自我转换以成就某种理想的特定的工具和制度。它似乎被设想为不但能对人的行为而且也能对人的思想发生效力,因而它又是一种规则体系。因为它不是为了赞赏人的某种品行,而是为了遏制某种品行而设计的,且那些"特定的人"不管主观上愿意与否都必须接受强加于他们的这种"遏制",所以它又具有某种惩戒性。它或许还是一种"黑色"的符号和象征,表示了被适用于这一制度的"那些人"的病态、丢脸、羞愧和耻辱。它是无声的宣告,一个人因为某种品行必须为自己的名誉、尊严付出代价。"这个人被劳教过",本身就预设了他即将为此所付出的代价。

当然,这并不是说,劳动教养本身就是中国宪制化制度的一个具体组成部分,而是说,它与社会主义中国所进行的宪制化有某种关联。发现这种关联并对其作出解释,是本文的主要任务。要说明的是,本文并不是对中国劳动教养制度的整个演变过程所作的一个描述,而是截取了它生成阶段所牵连的众多问题进行分析,借此以描述社会主义中国的宪制化过程的特质、目标和价值。职是之故,本文的分析着重于社会主义中国的第一个"劳动教养法"。

1957 年 8 月 1 日,全国人民代表大会常务委员会第 78 次会议批准了国务院的《关于劳动教养问题的决定》,8 月 3 日,以国务院总理周恩来的名义公布。主要内容如下:

> 根据中华人民共和国宪法第一百条的规定,为了把游手好闲、违反法纪、不务正业的有劳动能力的人,改造成自食其力的新人;为了进一步维护公共秩序,有利于社会主义建设,对于劳动教养问题,作如下决定:

一、对于下列几种人应当加以收容实行劳动教养：

(1)不务正业，有流氓行为或者有不追究刑事责任的盗窃、诈骗等行为，违反治安管理、屡教不改的；

(2)罪行轻微，不追究刑事责任的反革命分子、反社会主义的反动分子，受到机关、团体、企业、学校等单位的开除处分，无生活出路的；

(3、4 种略)。

二、劳动教养，是对于被劳动教养的人实行强制性教育改造的一种措施，也是对他们安置就业的一种办法。

对于被劳动教养的人，应当按照其劳动成果发给适当的工资；并且可以酌量扣出其一部分工资，作为其家属赡养费或者本人安家立业的储备金。

被劳动教养的人，在劳动教养期间，必须遵守劳动教养机关规定的纪律，违反纪律的，应当受到行政处分，违法犯罪的，应当依法处理。

在教育管理方面，应当采用劳动生产和政治教育相结合的方法，并且规定他们必须遵守的纪律和制度，帮助他们建立爱国守法和劳动光荣的观念，学习劳动生产的技术，养成爱好劳动的习惯，使他们成为参加社会主义建设的自食其力的劳动者。

(三、四、五略)。

这个法律或法规，涉及几个非常重要的东西：一，法规援用社会主义中国的第一部宪法作为它的合法性。事实上，在社会主义中国的历史上，颁行一个行政法规或某个法律很少直接援用宪法，而它在这里援用宪法的具体条文，颇令人寻味。这表示立法(规)者是在坚守社会主义中国所开始的宪制化趋向,还是在背离这个趋向?二,由援用宪法所带来的问题是,本法规所规定的劳动教养对象的第二种:反革命分子、反社会主义的反动分子,到底是宪法性的概念,还是该法规创造的概念?三,该法规自我证明的合法性根据是1954年社会主义中国的第一部宪法的第一百条,那么,为什么该法规要援用宪法的第一百条而不援用第十九条作为自己的合法性呢?

若要对此作出一个合理的解释,首先必须弄清楚该法规所隐含的对劳动教养性质的某种判断。

劳动教养性质之辩:为什么适用宪法第一百条而不适用第十九条

虽然,国务院《关于劳动教养问题的决定》给了劳动教养一个定义式的说明,但从法律学上讲,这不是对其性质所作的法律解释,由此便引起了有关性质问题的争论。1986年,《中国法制报》发表了题名"劳动教养是一种治安管理处罚"的文章,从题名我们便知道作者直率的见解和观点。对此,《人民公安报》又刊载题名"劳动教养不同于治安管理处罚"的文章,提出了另一种观点:劳动教养既不同于刑事处罚,也不同于治安管理处罚,而是独立于二者之外的一种行政措施。之后,《人民公安报》发表《浅谈劳动教养性质》一文,进一步强调劳动教养不是处罚,而是对被劳动教养的人实行强制性教育改造的一种行政措施。在这些讨论中,《谈谈劳动教养的性质及其发展趋向》一文颇为引人注意。文章认为,劳动教养具有"交叠性",其性质相互交叠、重合,无论用哪一种单一的解释都无法为其正确地定性。具体讲,劳动教养具有三方面的性质：一是带有行政处罚性；二是兼具刑事处罚性；三是含有保安处分性。①

作为一个专门研究与刊载劳动教养问题的杂志，《犯罪与改造研究》对之也给予极大的关注，不连续地刊载了有关这个问题讨论的文章。总括起来看，这些文章在肯定劳动教养处罚性质的前提下，就劳动教养的处罚性质问题进行了讨论，当时主要存有五种意见，即行政处罚；最高或最重处罚；治安行政处罚；治安管理处罚；集行政处罚、刑事处罚与保安处分于一体的处罚。与此同时，多数文章又同时承认劳动教养有强制性教育改造的属性。在起草的《劳动教养法（第七稿）》中，其性质被表述为“劳动教养是对被劳动教养的人实施强制性教育改造的治安行政处罚”。② 具体可以表述为：“劳动教养是一种治安行政处罚，它的方式就是强制性教育改造。”“劳动教养就是对被劳动教养人员实行的强制性教育改造，是一种治安行政处罚，是我国特有的一种治安制度。”劳动教养的实质就是强制性教育改造。③ 中国的司法行政权威机关也用类似的“社论”形式对之作出了官方解释：“劳动教养作为中国特有的一项法律制度，是对被劳动教养人员实行强制性教育改造的行政措施。”④虽然官方已作了裁

---

① 参见研兵《关于我国劳动教养性质问题的研究动态》，载《犯罪与改造研究》，1988 年第 1 期。

② 司法部研究所劳动教养性质课题组：《论劳动教养的性质》，载《犯罪与改造研究》，1990 年第 1 期。

③ 李均仁：《关于劳动教养的几个理论问题》，载《犯罪与改造研究》，1990 年第 1 期。

④ 司法部劳教局：《不断完善和发展有中国特色的劳动教养制度》，载《当代司法》，1997 年第 9 期。

判，但已进了劳动教养理论“场”的“人员”似乎并不在乎这个结论。①

应注意的是，除“安置就业的一种办法”的用语被省略了以外，中国司法行政机关的解释与1957年国务院《关于劳动教养问题的决定》的定义式说明所表达的精神基本是一致的。为什么要把这个重要的表述省略掉呢？既然是一种“安排就业的办法”，那么，“安排”的方式在理论上当然包括“强制安排”，但在理论上把“安排就业”解释为一种“处罚”则是很难圆通的。

对法律的解释大体上有两类：一种是“应然解释”，即阐释者根据某种理论对某种法律的实践作出自己的学理性判断，如上述学者们的观点。这种解释的优点是，它能根据某个法律实践的实际运作状况，对其过程及其方向作出恰当的描述。其缺点也正是它的优点不及之处：它无法阐释立法者的真正意图。另一种能克服此类缺点的解释，即“立法意图的解释”。此类解释不太在意学理，也不太关注此种法律变迁的过程及其方向，也不着意描述法律运作的实际，而刻意追究的是立法者立法背后的东西。本文采用的是后者，因为劳动教养的立法意图解释是揭示劳动教养问题与中国“宪制化”关联的一种重要方式。由此，我们就不难发现，1957年国务院《关于劳动教养问题的决定》对劳动教养性质问题的处理，采取的是“模糊性”立场。它只言说宪法的根据，而不从法律意义上定性，这可以为以后的“劳教”实践和运作留下充分的弹性和空间。但这个法律或法规的立法意

① 1998年，《犯罪与改造研究》杂志的第8期登载了苏利题为“关于劳教立法若干基本问题的思考”的文章。文中苏利认为，不应把劳动教养的性质要么归之于行政处罚，要么归之于治安行政处罚；或者归属于刑罚、行政处罚的两者其一。从整体上看，劳动教养是一种非刑罚处罚措施，它是独立于刑罚和治安管理处罚之外的一种独立的法律处分。

图又是非常实际的，它首先是为因应当时社会主义中国的问题而提出的一个“办法”，企望通过“必要的强制”，既能达到“改造人”的目的，又能为某些人提供“就业”，以缓解社会主义中国初期所面对的就业压力。目标的双重期待是该法律或法规的主要特色，同时，也因为双重目标的急切性，立法者刻意淡隐“惩戒”的性质和色彩，以服务于社会目标，这是非常易于理解的。

从法律学的角度讲，“惩罚”与“强制性教育改造”隐含的内容是不同的，前者是“报应性”和“补偿性”的。“惩罚”即受罚人在法律上领得的一种“对等”的“待遇”——“加害于人者必受其害”，并以此来彰显法律的公平和正义。公平、正义观念或多或少是与人类对“复仇”“报应”的诉求有关联的。反过来说，对受罚人的“惩罚”也就是对受害的他人或社会在法律上的一种“心理补偿”。惩罚的直接目的并不是为了受罚人的“改过自新”，因为“改过自新”并不需要通过“惩罚”的手段和途径来实现，虽然立法者常常作这样的宣告。知识考古学已经证明，“惩戒”不但不会使受惩戒人改过自新，而且还会引起更大的“不服从感”，甚至产生一种“颠覆心理”。说得直白一点，从惩罚中得益的，不是受惩罚人本身，而是他人或社会。而“强制性教育改造”则与之不同，它是“为己性”的，被“强制性教育改造”的人之所以被“强制”，首先是因为他背离了某种“公认”的价值体系，而成了基督教中的“迷途羔羊”，为了让他找到“回家”的路，迫使他回头，最终成为社会共同体根据某种已确立的权威准则能够接受的成员。“强制性教育改造”既是一个“为己”的制度，也是一种思想体系：它来自卢梭主义的理念，是“强迫自由”的中国式表达。在本质上，它是卢梭主义的一种关怀方式，是为了被“强制性教育改造”人自身的价值，为了他的“新生”——一个合乎权威目标体系的人生之路的思想。它体现了对某种价值体系坚决维护的决心和信心，体现了立法者的一种理想以及对人的一种特有的关怀。这也是立法者在寻找被“强制性教育改造”之人时，刻意淡化“惩罚”特性的主要原因。

“惩罚”与“强制性教育改造”的不同也包含了“适用对象”上的原则区别：对那些无可救药的、“罪孽深重”的决死不认知权威价值体系的人，立法者是不抱什么希望的，他们被剔除于“强制性教育改造”之列。相反，经过立法者的仔细打量，“强制性教育改造”只适用那些脸上还挂着一丝善意微笑的，虽对权威价值体系存疑义但经过教育仍有可能回归的人。这也可以解释为什么国务院《关于劳动教养问题的决定》不援用宪法第十九条而援用第一百条。

1954 年宪法的第十九条规定：

> 中华人民共和国保卫人民民主制度，镇压一切叛国的和反革命的活动，惩办一切卖国贼和反革命分子。
>
> 国家依照法律在一定时期内剥夺封建地主和官僚资本家的政治权利同时给以生活出路，使他们在劳动中改造成自食其力的公民。

第一百条规定：

> 中华人民共和国公民必须遵守宪法和法律，遵守劳动纪律，遵守公共秩序，尊重社会公德。

第十九条规定的内容看起来与劳动教养立法有着更直接的关联，但仔细辨察，这个链条在关键处是断裂的。第十九条是这样一种宣告：为了维护某种已确立的价值体系，对那些抵抗这些价值的敌人实行打击本身就是宪法的一部分。换句话说，第十九条是为了实施某种打击而作宪法性的授权，是一个关于党和国家权力的条款。而那些被“强制性劳动教育改造”的人显然没有被立法者划归“敌人”的阵营，党和国家对他们仍抱着某种希望、某种特定的关怀。职是之故，作为一种“为己”的制度，劳动教养的设计和实施也就无须宪法的授权。然而，问题是，除了第十九条，似乎1954年宪法再没有为劳动教养留下可依赖的东西。既然第十九条不能援用，剩下的也只有第一百条了。这是一个国民义务的条款，而不是一个有关党和国家权力的授权条款。在这里，立法者为了寻找劳动教养的宪法性依据，已把国民义务转换成党和国家的权力了。问题不是能否从国民义务的宪法性规范中派生出国家权力，而是作为一种“为己”的教育改造制度，劳动教养根本就不需要宪法的授权和提供根据。为什么立法者非要找一个宪法的依据呢？这里边是否还有其他原因？

一个新概念：“反社会主义的反动分子”

立法者之所以要把宪法第一百条作为劳动教养立法的依据，除了初期社会主义中国的立法者已具有的宪制意识，还因为他们必须以宪法为武器对劳动教养立法的反对者作出反击，而从1957年8月3日《为什么要实行劳动教养》的《人民日报》社论中便可听到出拳的铿锵声音：

> 在我们国家里，社会主义事业蓬勃地发展，人民群众的劳动热情空前高涨，社会主义新的道德风尚，得到高度的发扬，社会秩序出现了历史从来没有过的安定局面。这证明了社会主义制度的极大优越性。但是，我们还没有把所有

的坏人改造好，没来得及把旧社会遗留下来的污毒都扫除尽净。在国内，除了那些残留的，数量比过去少得多的应该依法判刑的反革命分子和其他犯罪分子以外，还有一些坏人……对上述几类坏分子，必须实行劳动教养，才有可能予以改造，才能维护国家的法纪，才能巩固社会主义的秩序。这是显而易见的道理。

但是，右派分子为了破坏社会主义的法制，却极力反对我们的政府对于这些坏分子的取缔……

我们决不要以为前面所说的那些流氓、阿飞、盗窃、诈骗分子、反革命分子、反社会主义的反动分子及其他各种坏分子，仅仅在社会上有，其实在我们的机关、团体和企业、学校内部也有；他们不仅在城市里有，在农村同样也有。这是旧社会遗留下来的消极因素，我们还不可能在短期内把这些人改造好。这些人虽然是极少数，但是他们给国家和人民带来的破坏作用，却是值得严重注意的。

对这些不劳动，不工作，到处起破坏作用的人，人民政府如果放任不管，不加以适当处理，这种恶劣倾向就会蔓延发展，这种坏分子还可能增多起来，社会秩序就会无法维持。社会主义的道德风尚就会被他们败坏，我们的社会主义建设事业就会受到严重的影响。而且，他们又往往变成反革命分子利用的对象。

事实证明，对于这些坏分子，一般地用说服教育的办法是无效的；采用简单的惩罚办法也不行；在机关、团体、企业内部也决不能继续留用；让他们另行就业又没有人愿意收留他们。因此，对于这些人，就需要有一个既能改造他们，又能保障其生活出路的妥善办法。根据人民政府长期的研究和考虑，把他们收容起来，实行劳动教养，就是最适当的

> 也是最好的办法。
>
> 这个办法用通俗的语言来说,就是国家把这些坏分子收容起来,加以安排,给他们适当的劳动条件。例如由国家举办一些农场和工厂,组织他们生产,甚至强迫他们生产,用这种办法使他们有饭吃。这样说来,劳动教养既是通过他们自己的劳动来养活自己;同时也是通过劳动来改造他们自己。这正表现我们社会主义国家对这些人的生活、劳动、前途的关怀和负责精神。国家对他们的处理和安排,也正是为了保障绝大多数劳动人民的自由幸福生活和社会主义秩序不受破坏……
>
> 劳动教养的决定,经过全国人民代表大会常务委员会批准,就具有立法性质。这是我国社会主义改造和法制建设中的一大创举,是贯彻宪法第一百条的一个具体措施。右派分子攻击我们实行劳动教养违反宪法,这是最露骨的一种恶意攻击。劳动教养办法具有改造社会的重要意义,和长远的目的,它不仅适用于目前,而且适用于整个过渡期间。就是在社会主义建设成功以后,如果还有这种坏人存在,劳动教养的办法仍然有它的实际意义。因为坏人只有通过劳动才能够彻底加以改造。①

这段不短的文字,已经把劳动教养的性质、功用、为什么要援用宪法说得清清楚楚、明明白白。它所指涉的劳动教养对象和使用的文风包含了那个时代所有的重要信息。其中,“反革命分子”“反社会主义的反动分子”“坏分子”“右派分子”这些概念

---

① 上述资料取自薛晓蔚《劳动教养制度研究》,中国文联出版社,2000 年。

以及它们之间的联系，社论是毋须言说的，因为它们早已为社会主义中国的国民内化于自己的观念中了，虽然对这些概念本身仍然相当地模糊。注意到这些概念之间的区别，对我们进一步解释劳动教养与社会主义中国宪制化的关联方式是非常重要的。

在1954年宪法中，只有反革命分子的概念，而没有上述其他用语，而且，国务院《关于劳动教养问题的决定》也没有使用“右派分子”这样的字眼。只有在这篇权威的社论中，反革命分子、反社会主义的反动分子、右派分子才一块出现了。也就是说，反社会主义的反动分子并不是来源于宪法，而是《关于劳动教养问题的决定》自己创造的一个概念。当然，一个法律的合法性并不意味着其概念非有宪法来源不可，但这种情况出现在初期的社会主义中国，它便有另一种意思。它让许多中国知识分子想到那个令人沮丧的1957年。也就是说，在宪法运行了三年以后，中国发生了新的变化，中国的政治精英不但对反革命分子存有一份警觉，而且还发现了一个新东西正在吞噬社会主义中国的健康机体，这个新的病菌被命名为“反社会主义的反动分子”。

反社会主义的反动分子与右派分子除在反动的程度上有所不同之外，基本上是一个概念，这可从1957年7月毛主席写下的这段重要文字中辨别出来：

> 资产阶级右派就是前面说的反共反人民反社会主义的资产阶级反动派，这是科学的合乎实际情况的说明。……这种人不但有言论，而且有行动，他们是有罪的，“言者无罪”对他们不适用。他们不但是言者，而且是行者。是不是

要办罪呢？现在看来，可以不必。因为人民的国家很巩固，他们中许多又是一些头面人物。可以宽大为怀，不予办罪。一般称呼“右派分子”也就可以了，不必称为反动派。①

在《一九五七年夏季的形势》一文中，毛主席又运用“敌我矛盾”两分的方法，进一步对右派分子和反动分子这两个概念进行了论辩：

在我国社会主义革命时期，反共反人民反社会主义的资产阶级右派和人民的矛盾是敌我矛盾，是对抗性的不可调和的你死我活的矛盾。

向工人阶级和共产党举行猖狂进攻的资产阶级右派是反动派、反革命派。不这样叫，而叫右派，一是为了便于争取中间派；二是为了便于分化右派，使一部分右派分子有可能转变过来。

最后不能转变的那一部分资产阶级右派分子是死硬派，只要他们不当特务，不再进行破坏活动，也给他们一点事做，也不剥夺他们的公民权。②

也就是说，右派分子这个名称是根据对权威价值体系和意识形态的立场与态度来确定的，丈量的工具则是由党和国家的

---

① 《文汇报的资产阶级方向应当批判》，载《毛泽东选集》第五卷，第438页。

② 《毛泽东选集》第五卷，456页。在该文中毛主席还进一步解释说：“这里所说的资产阶级右派，包括混入共产党内和青年团内的一些同党外团外右派分子政治面貌完全相同的人，他们背叛无产阶级革命事业，向党猖狂进攻，因此必须充分揭露，并把他们开除出去，借以纯洁党团组织。”（第457页）

权威确立起来的、并极具弹性的一种尺子。[①]

既然右派分子已经按照尺寸做出来了，就会派上用场，就会有一个处理他们的办法：

> 对右派是不是一棍子打死？打他几棍子是很有必要的。你不打他几棍子他就装死。对这种人，你不攻一下，不追一下？攻是必要的。但是我们的目的是攻得他回头。我们用各种方法切实攻，使他们完全孤立，那就有可能争取他们，不说全部，总是可以争取一些人变过来。他们是知识分子，有些是大知识分子，争取过来是有用的。争取过来，让他们多少做一点事。而且这一回他们帮了大忙，当了反面教员，从反面教育了人民。我们并不准备把他们抛到黄浦江里头去，还是用治病救人这样的态度。也许有一些人是不愿意过来的。像孙大雨这种人，如果他顽固得很，不愿意改，也就算了。我们现在有许多事情要办，如果天天攻，攻他五十年，那怎么得了呀！[②]

这意味着已经为劳动教养准备好了对象。

劳动教养的设计和实施，也许并不是针对资产阶级右派分

---

① 毛主席在《事情正在起变化》一文中写道："除了沙漠，凡有人群的地方，都有左、中、右，一万年以后还会是这样。为什么不合情况？划分了，使群众有一个观察人们的方向，便于争取中间，孤立右派。"并确立了一个极具弹性而不容易掌握的标准："在我们的国家里，鉴别资产阶级及资产阶级知识分子在政治上的真假善恶，有几个标准。主要是看人们是否真正要社会主义和真正接受共产党的领导。"（《毛泽东选集》第五卷，第428页）

② 毛泽东：《打退资产阶级右派的进攻》，载《毛泽东选集》第五卷，第455页。

子的，但它确实是回击资产阶级右派分子猖狂进攻的锐利武器。锐利的武器通常都伴随着它的敌人而诞生。其实，这个武器早在1957年国务院《关于高等学校1957年暑期毕业生分配工作的几项原则规定》中就已初露端倪：

> 在这次整风运动中发现高等学校（包括中等技术学校、中等专业学校）本届毕业生中有极少数思想行为严重反对社会主义的分子和其他坏分子。对于这种分子，一般地国家仍应该给以生活的出路和继续改造的机会。……对本届毕业生，各校都应该根据他们的日常表现，特别要根据这次整风运动最后的表现给他们作出政治审查结论。今后每届毕业生，都应该作出政治审查结论。其中思想行为严重反对社会主义的分子和其他坏分子，除了有反革命罪行和违法乱纪行为的应该依法判处劳动改造或者劳动教养的以外，其他都应该给以工作考查。

1958年1月29日，国务院第96次全体会议通过了中共中央和国务院《关于在国家公职人员和高等学校学生中的右派分子处理原则的规定》，该规定提出了处理右派分子的六条办法，最重要的一条就是劳动教养。

据统计，1957年被定为右派分子的有552877人，而有多少右派分子被劳动教养则未有统计数字。据说，全国55万右派分子中一半以上失去了公职，相当多数被劳动教养或监督改造。既然劳动教养是安置那些被开除公职无生活出路的人，那么也应该有27万以上的人被劳动教养。[1]

二

从现在的角度讲，右派分子就是知识分子，绝大多数是被误解了的人，可以叫作被误解了的知识分子，是党和国家在保卫既定的价值体系和意识形态中一个小小的疏忽。被误解是容易解决的，现在不就被正解了吗？劳动教养制度之于知识分子不只是一种强制性的方式而已，而且关涉了中国宪制化中的知识分子改造，以及如何处理知识与权力之间的关系等问题。在这里，劳动教养只是一个象征符号，它可以向我们预示出社会主义中国宪制化的特质及其基本走势。

知识分子：一个难以定位的人群

从根本上说来，知识分子更多的是一个文化概念而非政治概念，中西对之自然有不同的理解和用法。西方学者的解释是：

> "知识分子"一词在20世纪初刚被创造出来的时候，是为了重申并复兴知识分子在启蒙时代的社会核心地位，重申并复兴知识分子在启蒙时代的与知识的生产和传播相关的总体性关怀。"知识分子"一词用来指称一个由不同的职业人士所构建的集合体，其中包括小说家、诗人、艺术家、新闻记者、科学家和其他一些公众人物，这些公众人物通过影

---

① 李维汉：《回忆与研究》(下)，第839页，转引自朱正《1957年的夏季：从百家争鸣到两家争鸣》。本文材料取之薛晓蔚《劳动教养制度研究》，第32页。

响国民思想、塑造这种领袖的行为来直接干预政治过程，并将此看作他们的道德责任和共同权利。①

据中国的研究者考析，在英文中表达知识分子的概念有两个，一个是Intelligentsia，另一个是Intellectual。它们的历史意义是不同的，前者来自东欧，有特殊的历史含义。波兰的社会学家吉拉(Gella)认为，Intelligentsia来自波兰，是指受过相当教育并具有强烈社会意识及批判态度的人，他们在社会中是拥有特殊地位的一个阶层。后者来自法国，法文中的Intellectuals是指一群在科学或学术上杰出的作家、教授及艺术家，他们批判政治，是当时社会意识的中心者。这种传统源于法国大革命后的一批受过教育的人们。他们反抗当时社会既有的标准，鼓吹实证哲学，具有浓厚的革命气息。他们长年逗留在咖啡店中高谈阔论，带有波西米亚圣徒式(Messianic Bohemians)的精神，以天下为己任。就传统来看，Intellectual没有东欧传统中具有的社会阶层的含义，但总体来看，西方传统所界定的知识分子有一个共同的特点：他们对社会具有强烈的意识，对政治采取批判的态度，是一个不满现状的人群。②

在西方，知识分子的概念往往蕴含了以下两个要素，舍其此，知识分子的概念便无法满足：第一，一个知识分子不只是一个读书多的人。一个知识分子的心灵必须有独立精神和原创能力。他必须为追求观念而追求观念。即是说，知识分子是为追

① 齐格蒙·鲍曼著、洪涛译：《立法者与阐释者——论现代性、后现代性与知识分子》，上海人民出版社，2000年，第1页。

② 参见陈国祥《访叶启政教授——从文化观点谈知识分子》，载《知识分子与中国》，(台湾)时报文化出版事业有限公司，1983年第4版，第24～26页。

求观念而生活的。第二,知识分子必须是他所在的社会的批评者,也是现有价值的反对者。批评他所在的社会而且反对现有的价值,乃苏格拉底式的任务。反过来讲,一个人不对流行的意见、现有的风俗习惯和大家在无意之间认定的价值产生怀疑并且提出批评,那么这个人即使读书很多,也不过是一个活书柜而已。一个人云亦云的读书人,至少在心灵方面没有活。①

毫无疑问,知识分子这个概念是来自西方。在中国的文化中,知识分子是不存在的,而士大夫作为一个中国化的概念与之接近,但在知识特质、行为模式以及目标和理想方面仍有极大的差异。中国的士大夫一向是以儒家思想为知识的核心,伦理道德是思想的轴心,关心的问题偏于人与人、人与国家社会的关系。因此,中国的士大夫讲究的是行为规范和人格风范,所谓"士不可以不弘毅"即一个典型的风范表征。他们要求的是以内化的道德力量来约束自己,塑造自己的人格。一个读书人要求的是中庸、不偏不倚的生命态度。虽然传统的士大夫以天下为己任,但缺乏主动性。当处顺境时,表现的是儒家的积极哲学思想;处逆境时,则转以佛道为走向,以退隐、悠闲田园诗人故作潇洒的过日子。所以,中国的知识分子的传统风范一直保持着两极形态。另外,中国传统知识分子并不是来自单一的社会阶层。固然魏晋以来有世族门第的阶级情形,然而,科举制度下知识分子来自各个阶层,虽有特殊地位,似乎却未能形成一个明显的社会阶层,有的仅是以儒家思想为指标和生命理想的认同倾向,这种倾向在科举制度下显得更加明显、更加具体了。总括起来说,在单一的中心思想体系下,中国传统知识分子虽关心社会、注意政治,但他们所持的态度却是保守的、矜持的。当他们对时局有

---

① 参见殷海光《知识分子的责任》,载《知识分子与中国》,第121~122页。

所不满时，缺乏主动的正面表现，往往会使用含蓄、间接的方式来疏解不满的情绪。[①]

在社会主义中国的权威文本里，知识分子这个概念已经没有了西方的那种含义，也不具传统士大夫的意味。它主要指涉那些对一种既定的价值体系认同和效忠的特定人群。有时被用在泛指有文化的阶层，主要与工人、农民以及士兵相对应[②]；有时又被称为文艺工作者，是指从事某类特定职业的有文化的人[③]。这些人又可以根据认同和效忠的程度被划分为三类：即革命的知识分子、可以争取的知识分子和反动的知识分子——右派分子。而后者最接近西方的知识分子概念，这在文化史上是一个极为有趣的现象。当然，这并不意味着这类知识分子本身对社会的既定价值体系持有疑义或者采取一种批判的态度，在更大程度上，是因为他们对认同和效忠方式持有疑义。换句话说，知识分子概念在社会主义中国已发生了政治性转换，而这种转换本身又隐含着一种复杂的政治诉求。

权力结构中的三方关系

社会主义中国已经确立起了政治精英、知识分子和人民群众的三方关系。在这种关系结构中，政治精英是党和国家的领导者，由最早觉悟并通过直接参与和领导中国革命取得胜利的知识分子及人民群众最忠实的代言人所构成。他们是最坚定的

---

① 参见陈国祥《访叶启政教授——从文化观点谈知识分子》，载《知识分子与中国》，第26～27页。

② 参见毛泽东《大量吸收知识分子》，载《毛泽东选集》第二卷。

③ 参见毛泽东《在延安文艺座谈会上的讲话》，载《毛泽东选集》第三卷。

爱国主义者，而且又适时地接受了马克思列宁主义，这便可以通过其先进的意识形态和救国的坚定信念，极大地唤醒中国的本土意识——这又很具象征性地解释了何以照耀中国的红星是乡村的，而非城市的。[①] 也就是说，革命的领导者紧紧抓住人民群众和知识分子的法宝有两个：一个是马克思列宁主义，即追求一个比西方社会更为文明更为先进的没有等级、共同富裕、平等的社会的信念和理念；二是革命的领导者自身所表现出来的强烈的民族主义。把西方列强赶出中国，拯救中国于危难之中，追求一个繁荣富强国家的梦想，使中国的人民群众和绝大多数知识分子从这些革命的领导者——民族主义者——身上看到了一个强大中国的未来。追求富强，是一百年来中国知识分子知识探索中最重要的动力之源。富强的召唤是许多中国知识分子参与、支持或认同中国共产主义革命的主要原因。马克思列宁主义最终在中国取得了胜利，并诞生了中国本土的马克思列宁主义——毛泽东思想，而国家富强的任务则急需完成。

从客观方面讲，中国革命和建设的领导者由于远离传统中国的权力核心，与旧有的权力结构缺乏基本的联系，因而其依靠的主要力量只能是人民大众并从现存的权力结构中尽可能地吸纳知识分子。“人民当家作主，人人都能过上好日子”的这种集体记忆，深深扎根于现代中国每一位人民大众的心里，对现代中国人具有持久的吸引力。人民大众无疑是中国革命和建设可依赖的主要资源，对中国革命和建设的领导者而言，人民大众不但

---

① 参见杜维明著，钱文忠、盛勤译《道·学·政——论儒家知识分子》第九章《反传统、整体观、耐心谨慎：关于当代中国学术思想追求的个人反思》，上海人民出版社，2000年。

在客观上是革命和建设的主力军，而且他们也发现了人民大众身上所蕴藏的巨大的精神力量。人民大众的激情、积极性、能动性是中国革命和建设的火车头。有了这个火车头，就可能由精神变物质，实现革命和建设的巨大飞跃。

与人民大众相比，知识分子的情况就要复杂多了。中国革命和建设的领导者要领导人民大众取得革命和建设的胜利，必须依靠知识分子。知识分子的功用主要表现在两方面，一是为了保持党的目标和信念在党的干部和群众中不发生偏离——偏离往往表现为官僚主义，需要知识分子的监督和批评，如延安时期的批评运动、20 世纪 50 年代后期的百花运动等。① 二是在军事、科学技术、教育、艺术、医疗卫生等方面知识分子的作用是不言而喻的。对此，毛主席写了许多有关这方面的文章。而这只是硬币的正面，硬币的另一面则是，知识分子大多是从旧有的权力结构中分离出来的，与党和人民大众在众多问题上都保持着一定的距离。这使得党对知识分子态度变得复杂起来：既需要他们，又对其政治上的可靠性存有疑虑。

而对于大多数知识分子来讲，问题也并不轻松。有一点可以确定，他们中的多数是接受了这个新的政治权威，对党和国家的政治理念和意识形态也是赞成或者至少是默许的。而且，在许多情况下，他们也是人民民主主义理想的维护者和信守者。②

---

① 有关知识分子这方面的作用及其代价，请参阅 R.麦克法夸尔、费正清编，谢亮生等译《剑桥中华人民共和国史——革命的中国的兴起：1949—1965 年》第五章《党与知识分子》，中国社会科学出版社，1998 年。

② 对此问题的详细分析，可参见上引杜维明《道・学・政》的第九章；也可参见 R.麦克法夸尔、费正清编，谢亮生等译的《剑桥中华人民共和国史——革命的中国的兴起：1949—1965 年》的第五章。

然而，他们毕竟又是生活在中国的两个传统之下的知识分子，这又决定了知识分子理智上的复杂性。在这两个传统中，一个是儒家传统，一个是五四传统。

社会主义中国的知识分子首先是儒家传统的不自觉的继承者。按照这个传统，读书人应该为国家服务，同时，在政府偏离原则的时候能直言敢谏，就像海瑞那样。在批评政府错误行为方面，西方知识分子更多地认为是他们的权利，而中国知识分子则认为是他们的责任。中国知识分子把自己看成道德裁判者。他们带头做应该做的事，而不是随遇而安，因此可以不计较个人的得失，甚至坐牢杀头也在所不惜。他们没有得到法律和制度上的认可，但是，他们可以用传统的道德来大声抗议苛政。他们起来争辩、抗议和批评，以求改正错误和改革政治。同时，在支撑国家政策和施加政治压力方面，也存在使用书面文字的长期传统。正如西方学者的研究所表明的：

> 像他们的先辈那样，中华人民共和国的大多数知识分子都忠于这个制度，但也总是有一小部分人反对那些使这个政权不能达到它的目的的官方弊端。可是，他们又不能跟先辈们完全一样，因为当他们发现国家的领导者强迫他们损害他们自己的原则时，他们又不能退回书斋，或隐居山上去过体面的学者或艺术家的生活。在中华人民共和国，他们必须参加到这个制度中来。①

社会主义中国的知识分子也是五四传统的继承人。不管对

① R.麦克法夸尔、费正清编，谢亮生等译：《剑桥中华人民共和国史——革命的中国的兴起：1949—1965年》，第229页。

知识分子如何定义，他们作为受五四新文化淘洗过的后代，有其前辈遗传的基因：他们或多或少都坚持学术独立、思想自由的理想和信念。尽管他们之间的立场和处世哲学有很大差异，但在保持文化知识上的相对独立性方面，他们有着近乎一致的看法，即便在后来成为党的主要文化官员的周扬身上也能发现中国知识分子的基本根性。“尽管他们（五四知识分子——引者注）对国家失望，他们却并非异化了的知识分子，他们并不因为无根基或厌世而置身于公共事务之外。相反地，他们尽力把自己同他们的社会和人民连结在一起。因此，知识上独来独往而政治上有使命感的‘五四’传统，和清议派的先例一样，给 1949 年以后的知识分子提供了榜样。”①

中国知识分子的这种特性也让党和国家的政治精英们加重了疑虑，同时也为处理知识分子问题埋下了伏笔。

劳动教养：“改造”的一种极端方式

党和国家需要知识分子为社会主义中国献出自己的知识和才华，因为国家富强的承诺必须向人民兑付，因而也就急需知识分子在这方面发挥作用。② 然而，由于知识分子曾经与传统权力结构的联系以及他们本身的特性，其政治的可靠性始终是一

① R.麦克法夸尔、费正清编，谢亮生等译：《剑桥中华人民共和国史——革命的中国的兴起：1949—1965 年》，第 231 页。

② 毛主席说：“我国的艰巨的社会主义建设事业，需要尽可能多的知识分子为它服务。凡是真正愿意为社会主义事业服务的知识分子，我们都应当给予信任，从根本上改善同他们的关系，帮助他们解决各种必须解决的问题，使他们得以积极地发挥他们的才能。”（《关于正确处理人民内部矛盾的问题》，载《毛泽东选集》第五卷，第 384 页）

个问题。作为党和国家最高领导者的毛主席对知识分子身上问题的诊断可谓是一针见血：

> 我党有大批的知识分子新党员(青年团员就更多)，其中有一部分确实具有相当严重的修正主义思想。他们否认报纸的党性和阶级性，他们混同无产阶级新闻事业与资产阶级新闻事业的原则区别，他们混同反映社会主义国家集体经济的新闻事业与反映资本主义国家无政府状态和集团竞争的经济的新闻事业。他们欣赏资产阶级自由主义，反对党的领导。他们赞成民主，反对集中。他们反对为了实现计划经济所必需的对于文化教育事业(包括新闻事业在内的)必要的但不是过分集中的领导、计划和控制。他们跟社会上的右翼知识分子互相呼应，联成一起，亲如弟兄。①

所以，在知识分子的“使用”与“可靠性”之间，党和国家的领导者深感焦虑。当务之急，最好的办法也就只有“边改造、边使用”了。于是知识分子的改造就成了一件重要的任务。而改造的方式大致有以下三种：

第一，到工厂和农村去，以改造其生活方式乃至改造其“世界观”为目的，以达到党和人民大众需要的政治立场、觉悟以及艺术的审美“情趣”和标准。毛主席就说过：“智慧都是从群众那里来的。我历来讲，知识分子是最无知识的。……大局问题，不是知识分子决定的，最后是劳动者决定的，而且是劳动者中最先进的部分，就是无产阶级决定的。”②显然，这里的“知识”指的不是物理学和高等数学，否则毛主席就不需要写《大量吸收知识分

---

① 毛泽东：《事情正在起变化》，载《毛泽东选集》第五卷，第 424 页。

② 毛泽东：《打退资产阶级右派的进攻》，载《毛泽东选集》第五卷，第 452 页。

子》这样的文章了。毛主席还现身说法以证明这种改造方式的效果：

> 我是个学生出身的人，在学校养成了一种学生的习惯，在一大群肩不能挑手不能提的学生面前做一点劳动的事，比如自己挑行李吧，也觉得不像样子。那时，我觉得世界上干净的人只有知识分子，工人农民总是比较脏的。知识分子的衣服，别人的我可以穿，以为是干净的；工人农民的衣服，我就不愿意穿，以为是脏的。革命了，同工人农民和革命军的战士在一起了，我逐渐熟悉他们，他们也逐渐熟悉了我。这时，只是在这时，我才根本地改变了资产阶级学校所教给我的那种资产阶级的和小资产阶级的感情。这时，拿未曾改造的知识分子和工人农民比较，就觉得知识分子不干净了，最干净的还是工人农民，尽管他们手是黑的，脚上有牛屎，还是比资产阶级和小资产阶级知识分子都干净。①

这里的“干净”和“脏”不是一个卫生标准，而是一个道德尺度。在中国文化中，若说这个人不干净，往往是指他的品行有问题。“牛屎”是一个象征符号，这是希望知识分子能够从有“牛屎”的人身上习得一种质朴的、优秀的品德。这也是知识分子进入劳动阶级队伍的入门课程和必修课目。

第二，“和风细雨”的“批评与自我批评”。

这种方式的改造往往是伴随“整风”运动而进行的。在 20 世纪 40 年代，中国革命遭受日本侵略和国民党事实上的围剿的双重威胁，党为了塑造一个有纪律的干部和知识分子的核心，使

---

① 毛泽东：《在延安文艺座谈会上的讲话》，载《毛泽东选集》第三卷，第 808 页。

之献身于党的正义事业，便发起了一场运动。这个端正思想的运动，即“整风”运动（“整顿工作作风”运动的简称），就以改造思想闻名于世了。这种开始于延安而后周期性地适用整个社会主义建设时期的运动，是人类历史上的新试验。西方学者却对之作了负面的评价。①

第三，劳动改造与劳动教养。

这是比较严厉的改造方式，前者适用于反动的知识分子，如胡风，后者适用于右派知识分子。从适用对象的区别，可以看出其严厉程度的不同。对此，我们可以听一听曾身受两种方式改造的当事人的看法：

> 1958 年至 1962 年，本书的作者根据这个《决定》（即本文上引的 1957 年国务院《关于劳动教养问题的决定》——引者注）被劳动教养；后来，1970 年到 1973 年又被劳动教养。两者都亲身经历过，可以做一点简单的说明。这篇社

---

① 他们认为，这种方式一般分三个阶段进行。第一阶段是在党的组织内分成若干小组，使其成员先学习和讨论指定的讲话和文章。因为没有沉默不语的自由，每个成员都必须就这些文件发表意见。接着便是小组每个成员作检查的第二阶段。每个人原来的思想和态度要受到别人认真的和长时间的批评。无休止地叙述一个人的失误，不断地给他人帮助教育以及越来越紧张的气氛，产生了深刻的情绪危机，最终打垮了那个人的内在意志。这个人只有向党的权威缴械投降，才能从这些压力下获释和“赎罪”。此后是第三阶段，这时个人要交一篇小组长认可的自我批评，按通常情况，最初的坦白交代不会被通过。需要做几次自我批评，一次比一次更加摧残个人的性格。光背诵共产主义的教条或官方的路线是不够的；个人还要举出令人信服的证据，表明他过去的思想行为一无是处，他向党的意志投降是不折不扣的。党不需要消极的默认，而是要个人积极地皈依它的信念。其结果是，当个人的交代被通过以后，他就从有罪的意识中获得解放，并得到新生。他认为自己已是一个“新人”，至少暂时地是如此，准备热情地执行党的一切命令。（见 R.麦克法夸尔、费正清编，谢亮生等译《剑桥中华人民共和国史——革命的中国的兴起：1949—1965 年》，第 234 页）

论(即本文上引的人民日报社论——引者注)在讲这二者区别的时候,是这样说的:"劳动教养管理机关必须制定一套带有强制性的行政制度和纪律,不能允许被劳动教养的人破坏这些制度和纪律。例如不准他随便离开农场和工厂而自由行动,不准破坏公共秩序,不准破坏生产,否则就要受到处分,情节严重的还要受到法律的制裁。"这些,与劳动改造其实没有多大差异,反正都是在剥夺了人身自由(即社论说的"不准他们随便离开农场和工厂而自由行动")的情况下,在警戒线之内,在枪兵的看管之下劳动。在这一点上,委实说不出二者有多少区别。社论在紧接着这一段文字之后来了一个"但是",这个"但是"才是说出二者区别的所在(反过来正好证明"但是"之前是并无区别的)。"但是"什么呢?社论说:这些被劳动教养的人,"在劳动生产中,对他们同样实行按劳动成果给工资报酬的原则,具体说就是多劳多得,少劳少得,不劳不得"。这里,确实显出了二者的区别。

这里就来看一看这区别的具体情况。劳改犯是没有工资报酬的。每个月只发一点零花钱,以供购买手纸、肥皂、烟卷等等之用。我当劳改犯的时候,开始时每个劳改犯每月零花钱是一元二角,后来提高为二元。可是,囚粮、囚服概不计价,真正实行了吃饭不要钱的制度。而且,夏天的蚊帐,冬天的棉被,谁要是缺了什么,也都免费发给。而劳动教养呢,在劳动了一两个月之后,就根据实际表现出来的劳动力强弱评定工资等级,分甲乙丙丁四等,那时,甲等每月是28元,每等递减四元。像我这种低能的人只评得个等外,每月工资14元。扣除伙食费10元,所余也就无几。就是评上甲等乙等的,如果他要登记购买一套棉被之类,也就颇感拮据了。就经济状况来看二者的区别，有人说笑话：劳动教养是按劳分配，劳动改造是按需分配。①

劳动教养是一种严厉的改造方式。党和政府试图通过这种锻造，使那些犯了严重过错的知识分子即便不能成为一个可以信赖的知识者，也可以成为一个具有健康体魄和健全心智的对社会有用的人。反过来讲，被劳动教养的知识分子是党和政府对其政治上失望的表示，是一个超出了党和政府为之设定的"效用"边界而应该交付的成本。

三

效用与风险：一条不确定的界线

劳动教养预设了社会主义中国初期在宪制化的过程中，需要协调的党与知识分子关系。

从几次大的知识分子改造运动中，我们不难发现一种类似的现象：一般先是因为党的有些干部存在某些问题——通常是官僚主义和教条主义，而后要求知识分子通过发表批评意见而起到监督作用，或者是知识分子主动地对某些不良现象提出批评而得到默许。然而，言论上的批评帮助与"自由主义倾向"之间无法确立一条清晰的界线。延安时期的丁玲、王实味、萧军、罗烽以及艾青等党员知识分子先是响应号召开展批评，而后又因为这种批评被认为超越了界线而受到严厉处分，而他们自己又互相诋毁，结果丁玲从原来的位置上被撤换了下来，王实味的

① 朱正：《1957年的夏季：从百家争鸣到两家争鸣》，转引自薛晓蔚《劳动教养制度研究》，第145—146页。

同事们被送去农村劳动改造，而王实味本人最惨，被处死了。现已平反的“胡风反革命集团”的胡风被投入监狱，于是绝食、要求举行记者招待会、要求有法定辩护人参加的审判，直到他神经崩溃为止。现在看来，胡风之所以被认定为反革命分子而招致这种惩罚，只是因为他曾要求给作家和知识分子一定程度的自治。1957 年，那些被送去劳动教养的多数“右派”也只是在要求说话的时候，说了几句真话而已。①

对社会主义中国来讲，或许，知识分子的思想革新是必要的，为了让他们发挥作用给予一定的创作和言论自由是必要的，为了其他同样重要的价值对这些自由加以一定限制也是必要的。然而，最重要的是，在知识分子的自由与限制之间应有一个能够遵循的明晰的规则。宪制的真实含义就是规则的确定性。人都有免于恐惧的欲望，只有有了确定性，人才能预见自己行事的结果，才会为有价值的东西作打算。宪制之所以重要，就在于人绝望时，能够从一种确定性中看到一束光亮、一丝希望，就像绝望中的胡风要求有一个法定辩护人参加的审判那样。

劳动教养：谁是宪制化中的主角

1957 年的《劳动教养法》，诉说了宪制化中中西知识分子所在的位所以及扮演的角色的极大差异。西方知识分子作为文艺复兴的后裔，他们是理性时代的开创者，也是社会舆论和价值的代表者。他们在运用知识的过程中，发现了理性在塑造和改变社会中的巨大能量，“力”来源于思想，来源于理性。“知识就是力量”并不只是西方知识分子寻找自己位所而持的凭据，而且也

① 有关这方面的资料请参阅 R.麦克法夸尔、费正清编，谢亮生等译《剑桥中华人民共和国史——革命的中国的兴起：1949—1965 年》，第五章和第十章的记述。

是被真实地当作真理的发现。作为理性主义者的西方知识分子,他们相信理性不但能改变社会,而且也会改变人的本身,就像一个文明的社会必定是一个理性的社会一样,一个文明而有教养的人也必定是一个理性的人。因而,他们信赖科学,推崇教育,一个科学和教育昌明的国度也必将沐浴着理性普照的光辉。理性既是能量之本,也是价值之本,由一套客观的规则组成。这套规则之于法的领域就是"自然法",之于经济领域就是"放任主义"(后来表现为市场主义),之于社会则是"开放的民主主义",之于国家制度就是"立宪主义"或"法治主义"。在西方,正是理性主义的魔力使得知识分子成了现代化的主要担当者和社会价值的看护者。当这些"牧羊人"认为国家和政府的政治精英正在偏离理性轨道的时候,他们始终把纠偏航道看作自己的权利。也就是说,西方的知识分子作为哲学家(Les philosophes)的后裔,他们不只是仰望苍穹的沉思者,而且是直接参与塑造国家和社会的主角。他们是以真正"立法者"的面目去设计宪制规则的人。①

与之相比,社会主义中国所因应的问题是西方社会非常陌生的。同时,也由于中国革命的性质以及中国社会的目标不同,担当中国宪制化重任的只能是党及人民大众——工人、农民,这就决定了宪制化中的主角是党和国家的政治精英及其依靠和信赖的工农大众,而不是知识分子。由于知识分子政治上的可靠性一直是个问题,复加他们的思维方式、生活方式以及传统上的渊源不同于工农大众,这就使得"改造"成了中国知识分子最为凸显的问题,而他们在宪制化中也只能是通过改造而成为一个追随者和加入者的角色。

---

① 有关对西方知识分子"立法者"角色的论述,最为精彩的当是齐格蒙·鲍曼著、洪涛译《立法者与阐释者——论现代性、后现代性与知识分子》,请参阅。

劳动教养：是宪制化的顺应，还是背离

劳动教养是否与社会主义中国的宪制化趋向相背离，问题的焦点是怎样理解宪制。恰当地说，劳动教养蕴含了社会主义中国对宪制的不同理解，表征了中国不同的宪制范式。

西方的宪制主要是与人——法律意义上的个体密切相关，在很大程度上是为每一个鲜活而抽象的人的最重要的东西——人格尊严、自由和权利——不被丢失、不被染指而设计的，而不是为具体某些人或某类人设计的。宪制还包括为了那些价值而设立的制度和规则。按照西方古典立宪主义的解释，宪制主要有以下几层意思：第一，是指即将成立的政府要受宪法的制约，而且政府只能根据宪法的条款进行统治并受制于其限制。第二，宪制规范下的政府在本质上是自由式国家的最小的政府。第三，宪制包含着权利先于宪法、先于社会和政府而存在的价值预设。第四，宪制是建构"有限政府"的一套制度设计。综括起来讲，宪制意味着一种有限政府，意味着权力的分立，以避免权力集中和专制的危险；它还意指广泛私人领域的存在和每个个人权利的保留；宪制也许还要求一个诸如司法机构的独立机关行使司法权，以保证政府不偏离宪法规定，尤其是保证权力不会集中以及个人权利不受侵犯。① 也就是说，西方的宪制概念是以法律意义的人（抽象意义的人）为基点，并以人权为核心的一种防御性的制度架构。它是西方人本主义和自由主义在政治、法律上的延伸。

社会主义中国的性质以及所因应的问题都与西方不同，因而它不可能采取与西方立宪主义一样的立场。在西方，国家富强问题与立宪主义毫无关联，但作为一个贫弱的中国来讲，这是

---

① 参见路易斯·亨金《宪政·民主·对外事务》，第9～11页。

任何中国式的立宪主义者都无法回避的问题，也是自鸦片战争以来几代中国人孜孜以求的梦想。从国家富强的目标出发，“国家优先、个人在后”便是社会主义中国宪制的主要理念。1954年社会主义中国的第一部宪法对此作了清晰的表达：“中华人民共和国的人民民主制度，也就是新民主主义制度，保证我国能够通过和平的道路消灭剥削和贫困，建成繁荣幸福的社会主义社会。”在关于这个宪法的草案的讲话中，作为社会主义宪制化之路设计者的毛主席进一步阐述了这个理念：“我们现在要团结全国人民，要团结一切可以团结和应当团结的力量，为建设一个伟大的社会主义国家而奋斗。这个宪法就是为这个目的写的。”① 宪制从西方的个人人本主义转换为中国的国家主义是非常自然的事情，而有关知识分子的效用与改造的许多问题都可从这一理念中找到求解的思路和线索。

1954年宪法的第二条规定：“中华人民共和国的一切权力属于人民。”在一个人民的国家，西方宪制中作为其出发点的“个人”——即一个自主的抽象的主体，转换为一个符合中国社会主义性质的概念——“人民”是合情合理的。个人概念在法律意义上是没有指向的，是一个普遍的、包含任何人在内的主体。而人民是一个带有强烈指向性的概念，即包含着人与人之间的差异性。它言指了还有人民之外的另一部分人的存在：

> 人民这个概念在不同的国家和各个国家的不同历史时期，有着不同的内容。拿我国的情况来说，在抗日战争时期，一切抗日的阶级、阶层和社会集团都属于人民的范围，日本帝国主义、汉奸、亲日派都是人民的敌人。在解放战争时期，美帝国主义和它的走狗即官僚资产阶级、地主阶级以

① 毛泽东：《关于中华人民共和国草案》，载《毛泽东选集》第五卷，第131页。

> 及代表这些阶级的国民党反动派，都是人民的敌人；一切反对这些敌人的阶级、阶层和社会集团，都属于人民的范围。在现阶段，在建设社会主义的时期，一切赞成、拥护和参加社会主义建设事业的阶级、阶层和社会集团，都属于人民的范围；一切反抗社会主义革命和敌视、破坏社会主义建设的社会势力和社会集团，都是人民的敌人。①

这意味着人民的敌人只配适用人民宪制下的专政。当作为反革命分子的胡风要求一个宪制下的法定辩护人参加的公开审判时，他不知道他是没有这个权利的。从这个意义上说，对作为人民的异己分子的右派实行劳动教养与社会主义中国宪制化的过程是一致的。

中国的宪制化包含在中国的宪制概念里，中国宪制化以后的过程及其走向取决于中国的国家和社会提出什么样的问题。

---

① 毛泽东：《关于正确处理人民内部矛盾的问题》，载《毛泽东选集》第五卷，第364页。

宪法概念的起源及其流变

宪法概念的演变经过了三个大的阶段:英国的政治实践首先将 constitution 这个古老词语固化为一个确定的政治概念;美国的政治试验使它成为一个地地道道的法律性概念;而那些社会契约论的信奉者们则通过运用"社会契约"方法,重构了这个概念的含义,使其成为一个优越于其他政治类型的一种立宪体制的代名词。而汉语的宪法一词能成为现代中国政治、法律话语表达与实践的关键词,肯定与 constitution 一词有关。从某种意义上讲,正是后者激活了宪法这个古老的汉语词语,使它与现代性的政治法律话语发生关联。问题是,为什么中国人非要用宪法这个古典词语去对译西方的 constitution? 两者的对等关系是如何被设定的? 在这个关系的建构中到底发生了什么? 本文试图从词源学的意义上探讨这些问题。

一 宪法(constitution)含义的最初表达

constitution 源于拉丁文 constitutio,后者则是源于动词 constituere,con 是"一起"(together),stituere 是"设置"(set)。作动词时,它指的是用许多部件或成分组织建构某种事物;作名词时，则是指事物构造的方式、结构和气质。它与古希腊politeia一词的意义密切相关，有着明显的词源关系。中国现行的宪法学教科书在讲到宪法概念在西方的起源时，通常都认为存在“古希腊宪法”这样的概念。其根据是亚里士多德的《政治学》一书，认为亚里士多德曾将古希腊各城邦的法律分为宪法和普通法律，并进一步认为《政治学》就是以对希腊各城邦宪法的研究为基础而写就的。古希腊的宪法被定义为有关城邦组织和权限的法律，主要包括有关公民资格、公民义务的法律和城邦议事机构、行政机构和法庭的组织、权限、责任的法律。[①] 事实上，亚里士多德书写《政治学》一书时用的是希腊文，若把他用以描述有关城邦问题的概念还原为拉丁文，应该是 politeia，而不是拉丁文的 constitutio。根据西方权威学者的观点，politeia 在希腊文中所指的是一种“城邦的生活方式”，更准确的译法应该是“完美的城邦”。这个词的大体意思是说，一个人要获得幸福的一个基本条件是要有一个好社会，而这个社会必然是公民社会或政治社会；在这个社会中存在一个好的政府——由所有公民选举产生；这个政府不仅对政治事务进行管理，而且也为所有公民的幸福提供条件。或者说，politeia 所指的是公民社会赖以存在的一套制度，而公民在其中生活，并维护这些制度。若没有这些制度，便没有公民社会，也就没有公民的生活。politiea 与公民身份密切相关，它所指的是有别于东方专制主义的希腊世界的那种公民社会的制度和生活。[②] 吴寿彭先生在翻译《政治学》

---

① 为了表示对同行的尊重，在此并不打算一一列出某某主编的宪法学教科书。尤其在当下学风并不很健康的情况下，我们更是力图避免这样做。若读者对上述问题感兴趣，这类教科书是不难查找的。

② [美]列奥·施特劳斯：《自然权利与历史》，彭刚译，北京三联书店，2003 年，第137～139 页。

时，有时将其译为“政体”，有时也在政体的意义上译为“宪法”。“宪法”这个译名是容易引起误解的。若就中国古典的宪法语义或者就亚里士多德所理解的那种politiea（在中文中这个词更多的时候被译为“政治”），那么，“宪法”这个译名是没有问题的，但对一个现代的中国读者来说，它总是会让人与一种类似于法律的规则或文本发生联想。[①]

拉丁文constitutio继承了希腊语politiea的含义，用来表示事物的结构以及组织方式。在希腊和罗马的意义上，事物的结构就是较低的部分服从高贵的部分，就像politiea一词所指示的那样，一个好的城邦就是公民服务于其中，而由公民组成的政府也能为公民的幸福提供条件。对人而言，constitutio就是肉体服从灵魂。然而，从公元二世纪开始，constitutio从一个希腊的自然主义概念逐渐转变为一个技术性概念，主要用来表达罗马皇帝的立法行为，譬如，公元212年皇帝卡拉卡拉颁布的《安敦尼努敕令》[②]。再有，查士丁尼《法学总论》一书的序言4

① 参见吴寿彭所译的[希腊]亚里士多德《政治学》，商务印书馆，1965年。《政治学》第一次在英语世界出版是1598年，在这个最早的英译本里有这样一段文字：“policy（政策）是一组命令或表述，就像来自于城邦的其他部门一样，是来自于最具权威的部门——为了统治和管理国家，这个部门具有最强的权力和最高的权威。在希腊语中，这种统治机构被称为policie，在英语世界被称为国家（commonwealth）。”对这段话的评论是这样总结的：“policy（政策）是城市中管理者的命令或处置权，特别是在（英）联邦政府中享有最高权力的主体。”这是当时从法文本翻译为英文的《政治学》及其评论。直到1776年，《政治学》才第一次直接由希腊文翻译为英文。而politiea一词在这个英译本中被译作“统治形式”，并将亚里士多德对politiea的定义译为：politiea就像驾驶船舶，是“对于一个城市——包括其他所有的部门——的安排和规制，特别是对拥有最高权力的部门”。直到19世纪，politiea才被译为constitution，意思是：“对一个国家统治权力特别是对最高的权力的安排。”（参见《constitution的意义演变》，骆峰译，载宪政知识网）

② 这是一个重要的敕令，它将罗马公民权授予了帝国境内的全体自由民。

次使用 constitutio，而这部著作本身就是由查士丁尼皇帝钦定并赋予其法律效力的法律。[①] 到罗马帝国后期，则出现了 constitutio 与 constitution 相互混用的现象。

中世纪以降，西方古典文明在“蛮族”的铁蹄下被辗碎了，教会成了这一文明碎片的唯一保管者，教士们则成为能够使用拉丁文书写的唯一文化阶层，因而拉丁文的 constitution 概念也就被教会承续了下来。中世纪的教会主要用这个概念表示教会的法律和规章，如 1317 年的克莱蒙特判令集。

在中世纪，世俗政权也通常在教会的意义上使用这个词语，如 1164 年英王亨利二世颁布的《克莱伦登法规集》。该法规集是教会的法令汇编，调整英国国内俗人与教会之间的权利义务关系。同时，英国也常常将该词用于纯粹的世俗行政规则意义上，特指王家的法令。中世纪，这个概念有时也用于上级封建主规定与其附庸的关系以及城市、城市行会等相互关系的法律中，如 1037 年神圣罗马帝国皇帝康德拉二世颁布的《封地法令》，其目的是确认和保护伦巴德各封建主对所属封地的权力。应注意的是，这类法令所调整的关系一般具有“契约关系”的性质。在中世纪，封建关系中的封建主们自认为他们继承了日耳曼人的传统，彼此都视对方为平等的主体。实际上，这种封建关系是因土地分封而形成的庇护与忠诚的关系，是一种根据传统习惯所确定的契约关系，因而双方不经对方同意就不能任意解释和变更。这种关系也适用于城市或城市的行业组织，他们往往向国王或大封建主支付一定数额的金钱换得一张取得自治权的“特许状”，而这个法律文件则具有契约性质，不经双方同意也不能

---

① 参见[罗马]查士丁尼《法学总论——法学阶梯》，张企泰译，商务印书馆，1989 年。

变更。[①] 然而,在中世纪,并不是所有具有契约性质关系的法律规则都用 constitutio 或 constitution 来表达。譬如,被中外宪法学者看作英国宪政奠基石的 1215 年《大宪章》(Magna Carta),就不是用的该词语。Carta 是 Charter 的英文的古语形式,表示该文本的契约性质。也就是说,《大宪章》可能是英国宪政主义的起源,但决不是一个现代意义上的宪法。**宪法(constitution)不等于契约;"契约理论"是解释立宪体制下宪法现象的方法,但它不是宪法概念本身。**一个现代性的宪法概念只能到 constitution 自身的演变过程中去寻找。

二 宪法(constitution)现代意义的生成过程

宪法(constitution)一词的现代意义生成过程有两条线索:一条是作为一个政治术语用以表达政府体制的总体安排这层意思的演变过程,另一条是作为一个法律术语用以表达根本性法律的含义的确定过程。前者主要是由英国实践的,后者更多的是由美国(包括北美殖民地时期)提供的。就概念的历史渊源讲,前者与古希腊 politiea 一词相关,后者与拉丁文 constitutio 有着联系。

在 16 世纪以前,英语世界里的 constitution 一词主要是一个医学概念,用以表达灵魂与肉体的构成方式。直到 18 世纪,被誉为美国"宪法之父"的麦迪逊在《联邦党人文集》第三十八篇中还把可以改善或毒害病人"状况"(constitution)的药方与对

① 有关中世纪西欧的这种关系的性质及其意义,可参阅[法]基佐《欧洲文明史——自罗马帝国败落到法国革命》,程洪逵、沅芷译,商务印书馆,1998 年。

美国宪法的建议作类比。[1] 16 世纪以后，随着英语在正式法律文献中的运用越来越普遍，英语世界开始在“组织实体”“政治实体”的意义上使用 constitution 这个术语。从此以后，该术语逐渐从一个医学用语演变成一个政治术语。这个演变过程的一个显著特征就是它经历了从自然现象到政治现象的类比。具体地说，就是将通常指涉肉体、有机体的一个词语运用到政治实体方面。17 世纪初，英语世界流行这样一种观点：所有的组织及其结构与人体相似，就像在生命特定时期人的身体的组织被认为是完美的一样，一个国家也有这样一个特定时期，其规模大小最适中。就像在医学中一样，对于政治，在应用一定的方法达到目的之前，很重要的一点就是了解政治组织的组织结构。据论者考辨，最早把 constitution 同政治组织实体联系起来的用法出现在 1592 年。它同英格兰教会的一个分离主义者布朗的言论联系在一起。布朗在他的抨击中，把英格兰教会称作“反基督教式的组织结构”，提出了“真实的教会组织形式”这一问题，并反复申明。此后，在围绕分离与反分离的言论中，用 constitution 指称教会的组织结构这层含义被反复表述。

而将 constitution 的含义使用在政治实体上，并且与身体性情的类比开始淡去以至被人遗忘的过程，始于 1610 年国王詹姆士一世强行征税而在议会引发的激烈争论。有人警告国王：在未经议会同意的情况下，对人民的征税会导致“政治架构和英联邦宪法的彻底破坏”。也有人表达了类似的观点：国王征税的决定是“违背英格兰王国的自然架构和宪法的，这将颠覆国家的根本法则，同时引发一种新的国家和统治形式的产生”。自此

---

① 参见[美]汉密尔顿、麦迪逊、杰伊《联邦党人文集》第三十八篇，程逢如、在汉、舒逊译，商务印书馆，1985 年。

以后，宪法的这层含义一直保持到18世纪，直到美国联邦宪法诞生以及随后不久所出现的马布里诉麦迪逊案，它才被美国宪法的概念所取代。[①]

在另一条线索上，从罗马时代开始，constitution作为一个法律术语的使用也是源远流长。早在1640年，英国就出现了“根本宪法”(fundamental constitution)这样的表述，其意思是说，通过根本宪法，英格兰在国王和臣民之间保持衡平。1649年，在对查尔斯一世的重罪进行审判时，他被指控企图推翻王国的“根本宪法”(fundamental constitution)，尽管指控者并没有指出具体的“根本宪法”是什么。

从法律术语的意义上使用宪法一词更多的要归功于北美殖民地的实践。独立战争以前，在殖民地的许多地区，作为复数形式的“宪法”(constitutions)一词被用以指称法规和规则是屡见不鲜的。而且，作为高级法意义上的“根本法”的含义也出现在殖民地。据论者考析，约翰·洛克曾草拟过“卡罗莱纳根本宪法”(fundamental constitution of calolina)，共有120条。在宪法的结尾部分，他说：“这些根本宪法，120条以及里面的每一个部分，必将成为卡罗莱纳神圣和亘古不变的原则和规则。”几年之后，威廉·潘恩为宾夕法尼亚草拟了24条根本宪法。[②] 当然，在这个时期的北美，作为单数形式的宪法术语更多的是在英国的意义上用以表达政府的统治形式。从独立战争到1787年，摆脱了殖民统治而获独立的各州纷纷制定了自己的宪法。1776年独立战争爆发不久，康涅狄克和罗得岛就改写了殖民地宪章，删除了效忠英国王室的条款，保留了其他部分，并把宪章

① 参见《constitution的意义演变》。

② 参见《constitution的意义演变》。

(charter)改称为宪法(constitution)。迟至1780年的马萨诸塞,北美十三个州纷纷制定了自己的宪法,并都以constitution命名,因而也就使该词的后一种含义固定化了。直到1787年美利坚合众国宪法的诞生,以及连同1803年马歇尔的那个判例,才使得宪法这个术语成为一个庄严的概念,成为立宪体制的根本性、正当性的要素和规则。后经美国人的努力,他们把这个宪法概念带到了全世界。

三　社会契约论:西方用以重构宪法历史的一种方法

宪法无论在英国还是美国,其语义的生成都与"社会契约"毫无关联。当西方的思想家们把社会契约理论作为论证公民国家的起源及其合理性的正当根据时,宪法作为一种政府的构造形式或政府的根本规则也随之被看作社会契约的模本,这也是为什么原不被称作"宪法"的英国《大宪章》自然成为宪法典范的原因。然而,"社会契约论"只是其信奉者解释立宪体制的一种方法,它并不是宪法概念的原有之意。本文在这一部分通过对社会契约理论自身的构造及其方式的描述,解释宪法这一概念是如何被"宪政化"的。

社会契约论是由霍布斯、洛克、卢梭等人提出的一种解释国家起源和政府组织方式的学说。作为有关国家理论的一种学说,它曾风靡西方,只是后来随着西方其他国家理论的兴起而渐渐失去了威力。但这个学说仍然是西方乃至中国学者解释西方立宪体制及其宪法理论与实践的主流范式和方法。这个学说的大致意思是说,在公民社会出现以前曾存在过一个"自然状态",生活在"自然状态"下的人们为了某种谋算,他们彼此签订契约,从自然状态下逃脱出来而共同进入一个文明的社会或国家。该理论的核心是要说明,后来成为公民的人们在签订契约时,对哪些东西必须放弃以及哪些东西将保留在未来国家中已经达成了协议。由于这些契约论者的主旨不同,因而在回答"放弃"什么和"保留"什么时,其观点并不一致。霍布斯认为,契约人把一切交给了主权者,其着重点是回答国家主权者的权力来源问题;洛克则认为,契约人在国家中保留了自由和财产权之类的东西,这些东西被称作"不可让渡的权利"。按照洛克的见解,国家是契约的产物,因而国家及其政府的统治必须征得另一部分契约人的同意,而且这种统治须依据契约进行,若政府方违背了契约,那么其他的契约人就得强迫它遵守,若还不行,这些契约人只好拿起武器推翻它以重订契约。这被看作"人民反抗权"的理论来源,洛克的契约论也因此被认为是比较激进的那种。

社会契约论要勾画的不是一个像柏拉图那样有关理想国家的方案,而是一种对已经存在的国家形态的论证。洛克的学说是为立宪体制辩护的,他所提供的并不是一个"好国家"的方案,而是认识立宪体制的合理性及其构造的一种方法。这也是契约论与宪法概念关联的一种方式。

用契约论描述立宪体制的本质和构造可能是一种比较好的方法,但契约论的这种优越性不等于它作为一种理论自身构造的优越性。它经常为人诟病的就是其理论本身的构造。在契约理论中,"自然状态"这个概念是关键。它常被人们诟病,因为它从未存在于人类的历史中。也就是说,"自然状态"不是历史的,而是哲学的,是论者为了论证公民国家存在的理论合理性而拟制的一个概念。若没有这样一个概念的存在,公民国家就无法在理论上被推导出来。人类可能有过"无政府状态",有过"野蛮时期",这是契约论者深知的,但它对论证公民国家的起源和合理性没有任何帮助。“自然状态”是一种观念而不是一种设想事物的方式：它是我们在某种东西中努力寻找的对象。这些东西构成了人的最深层，并且不依赖于某某类型的文明所带来的历史因素。当洛克在他的《政府论》下篇中想把“自然状态”变成一种“历史状态”，并以美洲野蛮人作为例证，假设他们处于自然状态时，这显然是极其荒谬的。对一个中国读者而言，想想西方有关“伊甸园”的观念，可能会更好地理解“自然状态”这个概念。“自然状态”在哲学上应该这样被定义：它“是当人不仅被收回了社会带给他的东西，而且是被收回了某某类型的社会——即历史的偶然性带给他的东西时，在他身上继续存在的事物”①。正如施特劳斯在论证卢梭时指出的那样：

> 以自然状态的名义保留了一块针对社会的地盘，意味着拥有了一块针对社会的保留地，而不必——或者是被迫、或者是有能力——去表明那种为之作出保留的生活方式或事业和追求。在人道的层面上返于自然状态的想法，乃是要求从社会中获取自由（而不是为着某种东西的自由）的在观念上的根据。②

“自然状态”这个概念的缺陷在于：公民国家可能有时比“自然状态”更糟，它没有告诉当公民国家比自然状态更糟时人们怎么办；也没有告诉当人们不愿意生活在公民国家而要返回自然状态时的“返回之路”。它所提供的只是“要求从社会中获取自

---

① ［法］弗朗索瓦·夏特莱：《理性史——与埃米尔·诺埃尔的谈话》，冀可平、钱翰译，北京大学出版社，2000年，第108页。

② 参见《自然权利与历史》，第300页。

由的在观念上的根据”而已。

社会契约论另一个难以解决的问题是：生活在自然状态下的人们是如何签订契约的？事实上，一个集体契约的达成是与人数多少有关的。像中国这样有着13亿人口的政治共同体，如果假定我们都是在自然状态下通过签订一个集体契约而达成的，那是非常荒谬的事。即便我们把一个自然状态下的人群设想为10万人，要签订这样一个契约也是不可能的。“社会契约”并不是一个说明事实的概念，它与“自然状态”一样只是一种观念，是对公民国家的存在事实的观念化：既然公民都生活于同一个政治共同体而不逃离，这就假定了他们是认同这个共同体的，因而这个共同体便可以被预设为一个相互“同意”的结果，而这样一个基于相互同意而成的共同体只能是“社会契约”的产物。社会契约不是产生公民国家的原因，而是论证公民国家合理性与合法性的一种观念。除此之外，契约论者要完成这个作为契约形式之一种的社会契约还需从以下三个方面进行论证：第一，进行交易的各方在地位上是平等的；第二，契约是建立在相互意见一致的合意基础之上，契约的各方均有行为能力；第三，契约是契约人在立约时认为对双方均更为有利的一种交易。要说明的是，这种对“双方有利”只是在交易前双方的理性预期，而不一定是交易的实际后果。这是契约发生的前提条件。[①] 无论霍布斯、洛克还是卢梭，他们为了理论的自恰对三个问题的论证都作了极大的努力，但留下的难题并不少：要论证清楚自然状态下的人的地位是平等的，而且每个人都无智障具有签约的行为能力，并不是一件轻松的事情。另外，如果用基于“双方有利”这样一

① 参见苏力《从契约理论到社会契约理论——一种国家学说的知识考古学》，载《中国社会科学》1996年第3期。

种“合理预期”来解释宪法就是社会契约，显然并不符合宪法的历史或经验，因为制宪权本身并不是根据社会契约产生的。事实是，谁取得了决定性的力量，制宪权就是谁的。**制宪是强者与强者的博弈，而不是强者对弱者的怜悯。**而社会契约论无法改变这个规则。

更为重要的是，社会契约论者所论的是公民国家的起源和合理性问题，而不是一个宪法概念问题。事实上，社会契约论者也从没有直接把宪法看作社会契约。社会契约论与宪法之间有三个不同层面的逻辑关系：第一，它是一种对公民国家的逻辑解释；第二，公民国家已形成的立宪体制反过来又成为解释社会契约理论的最佳范本；第三，第二种情况带来了一个新的结果，就是它把在英语世界并不属于 constitution（宪法）的事物当作宪法最典型的表达。然而，宪法（constitution）并不起源于社会契约，它是后来被那些社会契约论的信奉者们“社会契约”化了的，或者说，“宪法是社会契约”是西方那些信奉“社会契约论”的立宪主义者对宪法的一种解释方法。只是，这种解释方法不但改变了“宪法”概念的原意，而且也重构了西方宪法的历史。这个宪法的历史可以被称为西方的“宪政历史”——因为社会契约论，宪法的历史被宪政化了。

四　汉语“宪法”释义

在汉语世界里，“宪法”一词的出现要比希腊和罗马早得多。汉语宪法二字有两种意思要加以注意：一是古汉语中的语义，二是现代汉语的表达。关于汉语中的“宪”字，以下的话经常为中国宪法教科书所引用：“率作兴事，慎乃宪”（《尚书·益稷》）；“先王克谨天戒,臣人克有常宪"(《尚书·胤征》);"监于先王成宪,其永无愆"(《尚书·说命下》);"先王之书,所以出国家、布施百姓者,宪也……是故古之圣王,发宪出令,设以为赏罚以劝贤沮暴"(《墨子·非命上》);"君乃出令,布宪于国。五乡之师,五属大夫,皆受宪于太史……首宪既布,然后可以行宪"(《管子·立政》);"作宪垂法,为无穷之规"(《汉书·萧望之传》)。孔颖达在《尚书正义》中对"宪"也有类似的解释:"宪,法也,言圣王法天以立教于下。"这些还只是对"宪"字的解释。"宪"与"法"连用,用以表达的句子在下列典籍中可以找到:"有一体之治,故能出号令,明宪法矣"(《管子·七法》);"《周礼》:悬法示人曰宪法"(《集韵·去愿》);"赏善罚奸,国之宪法也"(《国语·晋语九》);等等。

遗憾的是,征引者对这些典籍并没有给出一个令人满意的解释:为什么近人非要用中国古典的"宪法"一词去对译西语中的 constitution? 中国的"宪法"与 constitution 的对等关系是如何被设定的? 在这种对等关系的建构中到底发生了什么?

从引证的上述典籍中可以看出,把中国古典的"宪法"解释为一种王权体制下的制度或是特指君王的典章或法律,是没有大错的。问题是,近人为什么要用这个古老的词语指译英文的 constitution? 难道他们真的不知道这两者的根本不同吗? 对这个问题的解释还得从古汉语的"宪"字谈起。《康熙字典》对"宪"字的解释是:"悬法示人曰憲,从害省,从心从目,观于法象,使人晓然知不善之害,接于目怵于心,凛乎不可犯也。"如是再申引其义,其后就有了"表示"与"博文多能"之意。表者,使对之省察,当畏之。博多者,如文武之政,布在方策,中心藏之。如或见之,曰:"宪章文武"之言,使人有所取法。

从语言学上讲,汉语的"宪法"一词有其能指(signifier)与所指(versus signified)两个面向:其能指是固定的,而所指可以叠加或取舍。能指与所指的关系是任意建构起来的。[①] 详言之，从以上的引证中我们可以得知，古汉语中的“宪”与“宪法”在能指的面向上有两层含义，而后一种含义更是被汉语的解释者所忽略：其一，“宪”与“宪法”指的是“根本性”，譬如，已形成的王权体制，以及这个体制或体制的最高者确立的规则。这些规则之所以是根本性的，是因为在制定者看来它涉及国家的秩序与和谐。“根本性”又可以引申出“权威性”和“至上性”这样的概念，这是人们必须敬畏与尊崇的根据。其二，当《中庸》用“祖述尧舜，宪章文武”来表达这种根本性时，其中也隐含了我们现代人使用的“正当性”概念。中国古典文化与西方文化的一个重要差异就是，中国人对人类事务的正当性判断并不是从一个超验的实体（譬如，上帝）那里领受的。中国的正当性来源是经验的、历史的。[②] 如《孟子》曰：“殷鉴不远，在夏后之世。”同样，像尧、舜、文、武、周公这样的圣贤，不只是些过往的伟大历史人物，而且也是后世借以模仿的典范。他们不但为中华文化提供了“德性”之源，而且也为后世的中国提供了有关人类事务（政治）的正当性标准。在中国古典文化里，“根本性”从来都不是一种纯粹的实证主义语境，而始终隐涉了一种“德性”的判断。当“宪”被理解为一种“接于目怵于心，凛乎不可犯”的事物时，已隐涉了这样一种判断：因为“宪”是由像尧舜、文武这样的伟大帝王确立或规制的，它本身就是正当性之源，人们没有理由不敬畏与尊随。中国的“宪”与“宪法”的根本性，并不是来自西方意义上的“规范等

---

① 譬如，汉语中的“枣”“花生”“栗子”这些词，其能指就是其固定不变的物质意象，而中国民间有些地方意喻表达的“早生贵子”的所指却是人为建构的。

② 有关中西“正当性”来源问题，可参阅〔美〕郝大维、安乐哲《通过孔子而思》，何金俐译，北京大学出版社，2005 年。

级"中的"最高规范",而是由确立者或制定者的正当性决定的。也就是说,问题不在于这种体制或典章本身的品质如何,重要的是它是圣王的制度和典章。同样,夏桀与商纣的制度与典章之所以不能被称作"宪"与"宪法",还主要不是因为它缺乏规范意义上的效力,而是因为它的制定者本身出了问题。《孟子》论证诛杀纣王的正当性也正是从此着眼的:"贼仁者谓之贼,贼义者谓之残,残贼之人谓之一夫。闻诛一夫纣矣,未闻弑君也。""宪"与"宪法"本身也含摄了使用该词语的人所体验到的那种充满敬意的主观感受。这与英国人使用 constitution 一词表达与其他"蛮夷"国家不同的规范和治理政府的制度与规则时的那种"自豪感"是类似的。这或许可以说明用"宪法"对译 constitution 的部分合理性。

当汉语"宪法"一词的能指被固定以后,其所指在不同的语境下是可以任意叠加和取舍的。即是说,宪法究竟是用以表达中国古典体制或典章,还是指涉西方现代性的制度和规则,是可以选择的。问题的关键在于:当近人用"宪法"一词翻译 constitution 时,它强调的不是这种制度或规则与中国古典"宪法"的相似性,而是它们相似的"正当性"和"根本性"。不管西方那种被我们称作"宪法"的东西的所指如何变化,不变的是它的正当性和根本性。正是后者使中国在现代意义上运用"宪法"这个概念表达西方的制度和规则时,始终潜含了"中国性"的理解。

中国通用的现行宪法教科书一般都把在现代意义上首次使用"宪法"一词的人归于郑观应。[①] 遗憾的是,这些教科书都没有告诉我们他们是如何确证的。事实上,如论者所言,汉语的"宪法"二字是近代日本用来翻译西方概念的一个语汇,而这个

① 张千帆:《宪法学导论——原理与应用》,法律出版社,2004 年,第 59 页。

翻译后又传入中国为中国人所沿用。论者把它称为“回归的书写形式外来词”，即“源自古汉语的日本‘汉字’词语”。[①] 日文中的“宪法”二字既有古汉语中的正当性、根本性的含义，又有近代日本人添加的新意——它暗含了“立宪制度”这一要素，而不是仅就正当性、根本性还是“一般性”这一层意思而言的。也就是说，日文中的“法”并不是泛指一切根本性的制度或规范，而是特指立宪体制下的根本性制度或规章。它不适用于指称中国古代的那种王权体制以及与之相关的典章。换言之，日本人用“宪法”去对译西文的 constitution 时，保留的是这一古汉语词语的能指，改变的是它的所指。这也反映了日本人对东西方文化的某种把握。

当现代的中国宪法学者从法律规则的意义上把宪法表达为根本大法时，他们又深感这个定义不适用于英国宪法。宪法的定义与英国的“宪法现象”始终存在某种紧张关系。这种紧张更大程度上是因为他们对汉语“宪法”和英国意义上的 constitution 的双重误读有关。无论是古汉语的“宪法”一词，还是英文中早期的 constitution，其意思并不主要指向某种类似于法律的规则，更不是用来表达一个类似于法律的文本。这也是近代日本人在做上述翻译时已注意到了的事实。如上所述，在很长的一段时间里，英国人用 constitution 表达的东西与中国古典宪法语词的表达相类似：有时用来表达重要的法律规则，有时用来表达组织结构，而规则并不是其主要的表达，更不是唯一的表达。而与汉语“宪法”所指不同的是，这种政制之所以被表达

① 参见刘禾《跨语际实践——文学，民族文化与被译介的现代性》，“附录 D”，宋维杰等译，北京三联书店，2002 年，第 409 页。

为 constitution，是因为它有与其他“蛮族”国家不同的“构造”①，这种构造之所以是优越的、根本性的、不能轻易变更的，是因为它本身符合古典主义的政治原理：在人类管理的事务中，任何权力的腐败，实际上都是人的变质。当人的高贵部分的欲望（灵魂）不能控制较低部分（肉体）的欲望时，变质就发生了。② 一个国家也同样有它的高贵部分的欲望和较低部分的欲望，为了权力不至于变质，一个控制较低欲望的“构造”就是必需的，而这个控制权力变质的立宪体制也就是一种优越的“构造”。当用汉语的“宪法”表达英国这种立宪体制时，“英国宪法”自然是根本性的，也是符合英国人的 constitution 的应有之意的，当然也就不存在“成文”与“不成文”、“刚性”与“柔性”的“宪法”之说。然而，当汉语“宪法”一词既指涉英国的 constitution，也表达美国的 constitution 或 constitution law 时，语义的混乱就发生了。毫无疑问，英国和美国虽然都用 constitution 表达事物，但其指涉的对象是有分别的。在国家的层面上，constitution 通常被美国用来表达那个 1787 年制定的文本，也就是通常被称作“联邦宪法”的东西。虽然这个文献从未宣示它是“根本大法”，但事实上既为美国（国家）提供了正当性，也确立了根本性。这种正当性和根本性，一方面来自它确立了现在美国仍沿用的基本制度；另一方面也来自美国人的某种假定：它被假定为人民的“约定”，是带有“社会契约”性质的文书。但是，为什么人民的“约定”就具有正当性？是因为“约定”中的人民是像中国的尧舜、文武、周公

---

① 如上述，英文中的 constitution 的意义演变一词本来就有构造、体质等含义。当它用在事物的时候，是指事物的构造方式；当用在人的时候，是指人的“灵魂”与“肉体”的关系，西方的古典主义相信灵魂与肉体是人的主要构成方式，它决定人的气质。

② 参见《自然权利与历史》第四章《古典自然权利论》。

这样的圣王具有的伟大德性，还是人民本身就代表了真理？美国人对此并没有说明。

19世纪初，一个叫约翰·马歇尔的法官又为constitution概念增添了另一种意义，把它变成了一种实实在在的法律。在他看来，任何一个社会都可能制定出不义的法律，如果法官按照这样的法律判案就可能产生新的不义。于是，美国的法官们就争得了一项权力，即他们在审判案件时，有权先审判法律。因此，constitution也就具有两种含义：一方面它是控制政治生活的“根本大法”，另一方面又因为可以在司法过程中加以适用而成为实实在在的法律。这个概念对后世影响甚大。虽然现代国家未必都是通过司法过程而把宪法变成一种实在的法律，但从法律的意义上理解这种“根本性”是美国作出的贡献。问题也恰恰出在这里。本来，现代的汉语“宪法”一词既指涉英国的那种constitution，也用来表达美国的constitution，而这种“双重表述”是平行的、对等的。然而，在宪法话语的历史实践中，美国的constitution则成为一种标本，汉语中的“宪法”也就成了表达美国式“根本性法律”的专有词汇，与之相联系，美国的那种“宪法”也随之被解释为判断宪法概念的一种尺度：与之不同的被称作“不成文宪法”“柔性宪法”。实际上，被称作“英国宪法”的那个对象本身就是与美国不同的。汉语“宪法”的现代定义与英国“宪法现象”之间存在的那种紧张关系，部分也由此而生。这也说明，不管西方的立宪体制或规则如何被定义，中国人都无法割断它与中国古典宪法语词之间的某种黏连。

宪法的中国性

——对五四宪法发生过程的一种解释

我们得承认,当下中国学者阐释的宪法原理更多是西方的而不是中国的。在很大程度上,我们的宪法哲学实际上只是对西方政治哲学的一种诠释,我们所扮演的只是一个跟随者的角色。当然,这并不是说西方的宪制原理不需要中国的解释。理解西方,特别是真正理解西方宪制的真正知识,是中国宪制化的一个逻辑上的前提。毕竟,中国的宪制化是中国人的,也是中国性的,也许它自身就存在一个如何完成西方宪政哲学的本土化覆述的问题,需要西方宪制被中国重新定义的一系列的事件。1949 年以后的中国五四宪法就是一个西方宪政哲学被中国重新定义的重要事件。对它进行解释,可以从中读出宪法概念的中国定义,以及是怎样被定义的问题。

本文解释的线头是社会主义中国"行宪"的时间;关键词是起草、讨论、提意见;线索是宪法起草委员会、起草小组、宪法小组。

本文的解释先从"制定"这个语词开始。

一 什么是宪法的“制定”

按一般的解释，五四宪法是由全国人民代表大会制定的。若再加上一个原则的话，那就是在中国共产党领导下，这个原则在一般语境下是不能被省略的，在特定语境下又是可以省略的，这主要取决于发话者内心对事物的确证程度。无论表达上的缺省与否，都不影响这个规则的真实存在，这个原则对中国国家事务的重要性是确信无疑、不言而喻的。

全国人大是宪法的制定者这个判断有两个权威依据：

一个是刘少奇的《关于中华人民共和国宪法草案的报告》：“制定中华人民共和国宪法，在我国国家生活中，是一件具有重大历史意义的事情。我国的第一届全国人民代表大会第一次会议的首要任务，就是制定我国的宪法。”①

另一个是毛泽东主席的话：“中华人民共和国第一届全国人民代表大会第一次会议负有重大的任务。这次会议的任务是：制定宪法……”②

但问题是，两位领导人这样表达的法理性依据是什么？在五四宪法以前的社会主义中国，宪法性文件只有一个《共同纲领》，而在这个宪法性文件中并没有明确规定全国人大的制宪权。其相关条文也只有第十二条：

> 中华人民共和国的国家政权属于人民。人民行使国家政权的机关为各级人民代表大会和各级人民政府。各级人

---

① 《人民日报》1954年9月16日第1版，也见《刘少奇选集》下卷，人民出版社，1985年。

② 《毛泽东文集》第6卷，人民出版社，1999年，第349页。

民代表大会由人民用普选方法产生之。各级人民代表大会选举各级人民政府。各级人民代表大会闭会期间,各级人民政府为行使各级政权的机关。

国家最高政权机关为全国人民代表大会。全国人民代表大会闭会期间,中央人民政府为行使国家政权的最高机关。

根据这一条文,我们还是无法知道两位领导人是如何从中推定出全国人大的制宪权的。根据中国政治实践的通行做法,也可以有两种可能性的解释:由党中央确认了全国人大的制宪权,再由两位领导者担当明确表达的角色;或者,两位领导人的意见得到了党中央的认可。这种认可在通常意义上对党中央来讲是不成问题的,剩下的也只是一个“制定”的概念问题了。

按照当时党中央的部署,宪法的制定与第一届全国人民代表大会的召开同时进行,两个都是党中央同时要达成的目标。即是说,由全国人大制定宪法事实上是不可能的。这里的关键问题,也许就在于对“制定”一词作如何的理解和运用了。制定在法理意义上包含了“起草”和“通过”两个要素。如果制定的概念表达的是一个动态的连续性过程,那么,起草和通过就是两个必备的环节;如果制定表达的是一个行动的概念,那么,起草和通过分别都表达了制定的语义。易言之,在此语境下,把全国人大的权力表达为宪法的通过更为恰当。然而,作为一个重要的法理性概念,制定应该包含了起草这个关键性的环节。在通常意义上,起草比通过更能表达制定的本质。以美国联邦宪法为例,它的起草者是制宪会议,决定其是否通过的是美国的各州。美国人及其宪法学者对此有一个基本的共识:宪法的制定者就是起草人即制宪会议的成员，而不是宪法通过的各州。[①] 运用这个例证的本义并非以美国的尺寸来度量中国宪法的身材，而只是说明起草对制定概念的重要性。

事实上，中国五四宪法的制定，起草和通过构成了两个不同的环节。只有分析了起草的过程，才能对宪法的制定问题有一个清晰的判断。同时应加注意的是，中国宪法的制定概念自始至终都包含了一个更为根本的要素：党的领导。

1.决定。1952 年 11 月间，党中央作出决定，立即着手准备召开全国人民代表大会，制定宪法。12 月 1 日，党中央下发了《关于召开党的全国代表会议的通知》，通知认为召开全国人民代表大会和制定宪法的条件已经具备，准备制宪。这是经毛泽东审定、由中共中央发出的准备制定宪法的第一个中央文件。

2.委托、提议和建议。12 月 24 日，第一届全国政治协商会议常务委员会举行第四十三次会议，中共中央委托周恩来向全会提议：由全国政协向中央人民政府建议开始进行宪法的草案的准备工作。毫无疑问，会议接受了这个提议。“委托”、“提议”和“建议”是中国化民主的重要环节和步骤，缺失了任何一个环节，中国的民主都是残缺的。没有委托，就无法体现党的领导；提议是党对民主党派精英们的中国式尊重，精英们当然不能漠视这种尊重；接受提议并建议是民主党派精英对这种尊重的某种回报。这既体现了党的领导，又发扬了民主，党的领导本身就是民主的重要部分。所以，由中共中央直接向中央人民政府提出准备制宪的建议是不合适的。1953 年 1 月 1 日，党中央机关

---

① 有关美国联邦宪法的制定过程研究的权威文本是由马克斯·法仑德（Max Farrand）著、董成美先生译的《美国宪法的制订》（中国人民大学出版社，1987 年 11 月版），请参阅。

报《人民日报》在通常的元旦社论里，热情洋溢地发表了一个并不普通的社论，把制定宪法列为1953年的三项伟大任务之一，并向全国公布。①

3.决议。1953年的1月13日，中央人民政府委员会举行第二十次会议，会议接受了全国政协的建议，正式作出了关于制定宪法的决议。更为重要的是，这次会议决定成立以毛泽东为主席的中华人民共和国宪法起草委员会。也就是说，毛泽东同志不仅是党的主席和中央人民政府委员会主席，而且又增加了一个头衔：宪法起草委员会主席。事实而论，单凭毛泽东同志在党内党外的威望和他的才学，担当制定中国宪法的重任非他莫可。傅作义就说："我愿意提到，在召集人会议上，大家一致同意写上一条：中华人民共和国主席是国家元首。可是被毛主席抹去了。但是这并不能抹去亿万人民的衷心爱戴。愈谦逊愈伟大，愈伟大愈谦逊。"②

4.起草者。宪法起草委员会与美国的制宪会议相比，所担当的角色完全不同，它事实上并不是一个宪法起草的机构，而是一个领导起草工作的机构。在很大程度上，"讨论"是它的主要职权。这一点在社会主义中国的制宪史上是非常重要的。真正担当起草工作的是以毛泽东为主席的核心起草小组。1953年12月24日，作为宪法起草委员会主席的毛泽东把宪法起草委员会的工作交给了宪法起草委员会，他则带领核心起草小组成员陈伯达、胡乔木和田家英南下杭州，领导并亲自起草《中华人民共和国宪法》。

① 按照党的中央的部署，准备于1953年制定宪法，后发生了"高饶事件"以及其他原因这个任务在1953年并没有完成。

② 傅作义在中央人民政府委员会第三十次会议的发言稿，1954年6月14日。

在宪法起草的“四人小组”中，四人都是党内举足轻重的人物。毛泽东本人自不必说，他无论是才学还是威望、地位，在中国的制宪史上无有出其右者。而陈和胡则是党内的著名笔杆子，掌管一个几亿人口大国的意识形态。田则是党的政治局秘书，其地位、能力和忠诚都是毋庸言说的。毛泽东是各方面的领袖，其他的则是党内著名的秀才，他们有一个共同的特点：都能写出漂亮的文章，当然也能写出漂亮的宪法。只是有一点小小的麻烦：他们都不是搞宪法学出身，写宪法并不像写社论那样驾轻就熟，只好边学边写。为此，毛泽东主席还专门为党中央政治局委员和在京的中央委员开了一个宪法书单，这些书也是他自己已阅读了的，并对书目作了画龙点睛的评论，从中可以赏读出领袖的宪法学素养和水平。① 据曾参与宪法制定工作的人士回忆，田家英没学过法学，但脑子聪慧。他能一夜把苏联的民法教材看完，并能指出该教材的优劣之处，还能提出许多令人吃惊的意见。②

可以稍加注意的是，在宪法起草委员会中，不少的民主党派精英具有深厚的法学素养，但他们并不是宪法起草的成员。从

---

① 这些书单和评论是：“（一）一九三六年苏联宪法及斯大林报告（有单行本）；（二）一九一八年苏俄宪法（见政府办公厅编《宪法选举法资料汇编》一）；（三）罗马尼亚、波兰、德国、捷克等国宪法（见人民出版社《人民民主国家宪法汇编》，该书所辑各国宪法大同小异，罗、波取其较新，德、捷取其较详并有特异之点，其余有时间亦可多看）；（四）一九一三年天坛宪法草案，一九二三年曹锟宪法，一九四六年蒋介石宪法（见《宪法选举法资料汇编》三，可代表内阁制、联省自治制、总统独裁制三型）；（五）法国一九四六年宪法（见《宪法选举法资料汇编》四，可代表较进步较完整的资产阶级内阁制宪法）。”（见毛泽东给刘少奇并中央各同志的信，手稿，1954 年 1 月 15 日）

② 参见董成美《制定我国 1954 年宪法若干历史情况的回忆——建国以来法学界重大事件研究（三十）》，载《法学》，2000 年第 5 期。

各方面考量，宪法的起草权牢牢掌握在党的手里对保证宪法的社会主义性质是不可缺少的。

关于这部宪法的起草经过，毛泽东主席在 1954 年 6 月作了这样的回顾：

> 宪法的起草，前后差不多七个月。最初第一个稿子是在去年十一、十二月间，那是陈伯达同志一个人写的。第二稿，是在西湖两个月，那是一个小组起草的。第三稿是在北京，就是中共中央提出的宪法草案初稿，到现在又修改了许多。每一稿本身都有许多修改。在西湖那一稿，就有七八次稿子。前后总算起来，恐怕有一二十个稿子了。[①]

在宪法即将完成的 1954 年的 8 月 4 日，党中央接到中共中央华南局的一个电报，说广东省人民代表大会有代表提出议案，请全国人民代表大会授予毛泽东主席最高荣誉勋章。在宪法草案全民大讨论的日子里，有人提议把这部宪法命名为“毛泽东宪法”。这样一个反映全国人民真实愿望的提议被毛泽东主席拒绝了。毛泽东主席可以谦逊地不要这个称号，但宪法的领袖化是事实。

由此，大致可以作出这样一个判断：五四宪法是在党的领导下，也主要是由党和党的领导者制定的。

① 毛泽东在中华人民共和国宪法起草委员会第七次会议上的讲话，1954 年 6 月 11 日。

二　机构与程序

毛泽东主席和党中央对制定这部宪法倾注了极大的心血，无论是从机构的设置还是程序性的安排，都作了精心的设计，这可以从根本上保证宪法的纯洁性。

1.宪法起草委员会。如上述所言，这个委员会是在1953年的1月13日中央人民政府委员会第二十次会议上决定成立的。委员会由两部分人构成：一部分是党的主要领导人，如毛泽东、刘少奇、周恩来、陈云、董必武、邓小平等；另一部分则是由民主党派的精英构成，如宋庆龄、李济深、何香凝、沈钧儒、马寅初、马叙伦、陈叔通、张澜、黄炎培、程潜等。委员会负责领导宪法的起草工作，这既体现了党领导的权威性，也显示了该机构的广泛代表性。

2.宪法起草委员会办公室。1954年3月23日中华人民共和国宪法起草委员会第一次会议召开了。这个委员会第一次会议的召开，已经是起草小组完成的宪法"四读稿"了，而且这以前，宪法的"三读稿"和"四读稿"已分别两次由党中央政治局扩大会议进行了充分研究和修改。这个会议的召开实际上是通过讨论进一步确认党认可的宪法草案。为了加强对宪法起草小组已经制定出的并经党中央政治局扩大会议认可的宪法草案（初稿）的讨论修改工作，在此次会议上决定成立宪法起草委员会办公室，并决定李维汉为宪法起草委员会秘书长，齐燕铭、田家英、屈武、胡愈之、孙起孟、许广平、辛志超为副秘书长，由他们负责成立宪法起草委员会办公室。①

3.宪法小组。1954年3月中旬，刘少奇第二次主持召开中

---

① 中华人民共和国宪法起草委员会第一次会议记录，1954年3月23日。

央政治局扩大会议，讨论起草小组所提交的"四读稿"，准备由政治局修改确认后提交起草委员会。会议决定成立宪法小组，由陈伯达、胡乔木、董必武、彭真、邓小平、李维汉、张际春、田家英八人组成，负责初稿的最后修改。

也就是说，宪法先是由毛泽东的起草小组起草，然后送交党的中央政治局，由党的宪法小组具体负责润色并得到政治局确认，等到送交由民主党派精英加入的起草委员会时，剩下的也只是一些细枝末叶的问题了。其具体程序正如毛泽东主席事先计划的那样：

> (一)争取在一月三十一日完成宪法草案初稿，并随将此项初稿送中央各同志阅看。(二)准备在二月上半月将初稿复议一次，请邓小平、李维汉两同志参加。然后提交政治局(及在京各中央委员)讨论作初步通过。(三)三月初提交宪法起草委员会讨论，在三月份内讨论完毕并初步通过。(四)四月内再由宪法小组审议修正，再提政治局讨论，再交宪法起草委员会通过。(五)五月一日由宪法起草委员会将宪法草案公布，交全国人民讨论四个月，以便九月间根据人民意见作必要修正后提交全国人民代表大会作最后通过。①

此计划所讲的"中央各同志"的真实意思应是"主要同志"，"各同志"都"阅看"是不可能的。这里的"阅看"一词更多的是"相互通气"的意思，这符合党的政治惯例。计划中的"复议一次"，并没有言明"复议"的参加者：也许是起草小组的成员，也可

① 毛泽东给刘少奇并中央各同志的信，手稿，1954 年 1 月 15 日。

能是小组成员和“主要同志”共同参加。与这些“复议”的参加者相比，政治局要做的是“初步通过”；与政治局相比，起草委员会因有民主党派的精英参加，其“初步通过”的分量是不同的。考虑到起草委员会中的民主党派精英可能提出某些具体意见，所以党的宪法小组有必要再进行“审议修正”，接下来的程序当然先由党的政治局“讨论”，再由起草委员会“通过”；最后所剩下的问题纯粹是程序性的：以起草委员会的名义“公布”，人民“讨论”，全国人大“通过”。

这是一个周全而缜密的计划，它确保了领袖和党在宪法制定过程中始终居于领导和支配地位。

1954 年 3 月，毛泽东主席和他的起草小组回到北京，一个使命正等待他：召集宪法起草委员会会议，讨论宪法草案。

1954 年 6 月，毛泽东主席主持召开中央人民政府委员会第三十次会议①，一致通过了《中华人民共和国宪法草案》和《中华人民共和国宪法草案的决议》。表决前，民主党派的精英们纷纷发言，表达了他们该表达的意见：中国人民对宪法的诉求已有半个多世纪了，但中国从未得到真正民主的宪法。今天，因为有毛主席和中国共产党的英明正确领导，中国人民就要如愿以偿了。这将是中国自有历史以来第一部人民的宪法，是真正的名副其实的人民宪法。②

4.讨论。讨论是我国政治生活经常使用的词语。这个词语所包含的意思较为复杂，无法给它下一个确切的定义。但有一

① 这之前，宪法起草委员会已开了七次会议，并通过了宪法草案（修正稿）。这期间，全国政协、各省市党政机关、军队领导机关，以及各民主党派和各人民团体的地方组织，共 8000 余人对宪法草案进行了讨论，提出各种修改意见 5900 多条。

② 参见《新华月报》，1954 年第 7 期，第 10 页。

点可以肯定，有关中国政治所使用的讨论一词与古典时代表达公民生活的公民大会的讨论的语义是不同的。前者更多的是一个柔性概念，褪去了激烈交锋的强度，在多数情况下，意指的主要是一种相互表达意见的方式，而表达的意见既可能是表达者的真实意思，也可能相反。更重要的是，讨论这个词还包含了意见的决断者的在场。后者则是一个刚性概念，包含了讨价还价式的争辩，“民主意味着讨论”一语所表达的就是这种意思。

讨论既是中国宪法制定的过程，也是制定的仪式。它分两种：一种是积极分子的讨论；一种是民众的讨论，后者实际上是提意见的另一种说法。关于第一种，毛泽东主席曾这样说过：

> 这个草案，看样子是得人心的。宪法草案的初稿，在北京五百多人的讨论中，在各省市各方面积极分子的讨论中，也就是在全国有代表性的八千人的广泛讨论中，可以看出是比较好的，是得到大家同意和拥护的。①

也就是说参加讨论者是被仔细挑选了的人——积极分子，而且是各方面的积极分子。对宪法草案的态度与积极分子之间肯定存在某种关联，一个被称作消极分子的人已经包含了对这个草案可能抱的态度。在积极分子与代表性之间，其逻辑关系是：因为是积极分子，所以有代表性；若说，因为有代表性所以他们是积极分子，这在逻辑上是荒谬的。这也进一步解释了中国政治生活中所使用的讨论一词所具有的含义。

关于后者，据有关人士的统计，约有1亿5千万人参与，提出的意见有138万多条，这些人还不包括各省、市、县部分人大

① 毛泽东在中央人民政府委员会第三十次会议上的讲话，1954年6月14日。

596万多代表。[①] 对这些意见的处理方式，毛泽东主席作了这样的说明：

> 这些意见，可以分三部分。其中有一部分是不正确的。还有一部分虽然不见得很不正确，但是不适当，以不采用为好。既然不采用为什么又要搜集呢？搜集这些意见有什么好处呢？有好处，可以了解在这八千人的思想中对宪法有这样一些看法，可以有个比较。第三部分就是采用的。这当然是很好的，很需要的。[②]

这种分类方法所依据的标准与讨论概念是一致的。无论讨论所形成的意见是一致还是分歧，都需要最后的意见决断者——如毛泽东主席——的出场。

5.通过。1954年9月15日，中华人民共和国第一届全国人民代表大会第一次会议在毛泽东主席的“我们正在前进。我们正在做我们的前人从来没有做过的极其光荣伟大的事业”的口号声中开幕了。会议充满了欢乐的气氛。最后，出席会议的代表1197人，以1197票的赞成票通过了《中华人民共和国宪法》。也就是说，对这个宪法，人民的代表们100％地投了赞成票。这样的比率在世界宪法史上是绝无仅有的，这既反映了宪法确确实实赢得了广泛的人心，也反映了领袖和党高超的政治智慧与技艺。随着这个隆重仪式的结束，宪法也就正式诞生。

---

① 参见董成美《制定我国1954年宪法若干历史情况的回忆——建国以来法学界重大事件研究（三十）》，载《法学》2000年第5期。

② 毛泽东在中央人民政府委员会第三十次会议上的讲话，1954年6月14日。

三　为什么需要宪法

这部宪法生成于中国社会的过渡时期，官方和学界都有人把它看作具有过渡性质的宪法。[①] 毛泽东主席对此也作过类似的解释：宪法是过渡时期的宪法。我国的各种办法，大部分是过渡性质的。[②] 根据世界的立宪经验，制宪活动一般都是在社会基本定型，各种社会关系基本处于稳定的状态下进行的，特别是后发宪制化的国家更是如此。比如，近代的日本，它从开国到制宪大约就用了二十几年的时间。中国的情形是，社会正处于过渡时期，而且这之前已有了一个宪法性文件——《共同纲领》。为什么要匆忙制宪呢？其中一个合理的逻辑推断是《共同纲领》已经变得不合时宜。但似乎又不是这个逻辑，这可以从毛泽东主席对这个纲领的评价中看出来。他认为，《共同纲领》在过去几年的历史实践中证明是完全正确的。即是说，它的基本结构、基本内容是没有问题的。存在的只是如下几方面的具体问题：一是部分条款规定的目标已经实现，不需要继续存在；二是部分条款根据形势需要补充；三是部分条款需要加以简化或省略。[③] 显而易见，这些问题的解决并不是非要通过制宪，修改《共同纲领》更容易解决。如果《共同纲领》只是一个过渡性质的宪法性文件，那么为什么非要在一个过渡时期制定一个过渡性质的宪法不可呢？这是问题的关键。要解释这个问题，首先需要对《共同纲领》进行解释。

---

① 参见《刘少奇选集》下卷，人民出版社，1985 年 12 月，第 133 页。

② 毛泽东在中华人民共和国宪法起草委员会第一次会议上的讲话，1954 年 3 月 23 日。

③ 毛泽东在中华人民共和国宪法起草委员会第一次会议上的讲话，1954 年 3 月 23 日。

《共同纲领》既是党和民主党派合作的产物，又是这种合作的基础。《共同纲领》架构下的中央人民政府颇有联合政府的味道。因而，对《共同纲领》，大多数民主派精英是真诚欢迎的，这种真诚来源于对党与他们合作愿望的真诚的一种感知。政协是这种合作的平台，而全国政协既是平台，又是权力的主体。对他们来讲，这有两个优长之处：因为全国政协有代行最高权力之责，作为政治协商的一方，他们便有了说话的底气；而作为权力机构的一部分，他们又真实地分享了参加共和国管理的权力，而这种参与是广泛的，既有技术层面的，也有政策层面的。双方都从这种合作中获益。对作为一个刚刚执政既缺乏人才又缺乏经验的党来讲，这种合作能够吸引很大一部分具有管理经验和专业知识的人才集聚到党的周围，非常有效地为党领导一个庞大的国家提供知识和建议。团结精英共同治国的谋略是党的智慧的体现。事实上，这也是直到 1952 年党并不急欲制宪的原因。刘少奇曾代表党中央表达过对《共同纲领》所确立的政制的满意：

> 在目前过渡时期即以共同纲领为国家的根本大法，是可以过得去的。如果在目前要制订宪法，其绝大部分特别是对资产阶级和小资产阶级的关系也还是要重复共同纲领，现在基本上不会有什么改变，不过把条文的形式及共同纲领的名称加以改变而已。因此，我们考虑在目前过渡时期是否可以暂时不制订宪法，而以共同纲领代替宪法，共同纲领则可以在历次政协全体会议或全国人民代表大会加以修改补充，待中国目前的阶级关系有了基本的改变以后，即中国在基本上进入社会主义以后，再来制订宪法，而那时我

们在基本上就可以制订一个社会主义的宪法。[①]

但几个月的时间情况就变了。同年的11月便有了上述的党中央关于准备召开全国人大和制定宪法的决定。对此，民主党派的精英们感到不解。他们提出的疑问是：这样做的根据是什么？这样做有什么作用？这样做有没有可能或困难？这样做对有些党派是不是不利？于是，毛泽东主席代表党作了说明。

对提出的所谓"根据"和"作用"问题，毛泽东主席的解释是：就全国范围来说，大陆上的军事行动已经结束，土地改革已经基本完成，各界人民已经组织起来，因此，根据《共同纲领》的规定，召开全国人民代表大会及地方各级人民代表大会的条件已经成熟了。这是中国人民流血牺牲，为民主奋斗历数十年之久才得到的伟大胜利。召开人民代表大会，可以进一步发扬人民民主，加强国家建设。

对"可能性"和"困难"的问题，毛泽东主席解释说，困难是可以克服的，孙中山先生领导的辛亥革命，在南京临时政府成立的几天功夫，就由19个代表搞出了《临时约法》。

关于"不利"的问题，毛泽东主席说："人民代表大会制的政府，仍将是全国各民族、各民主阶级、各民主党派和各人民团体统一战线的政府，它是对全国人民都有利。"其政策是，"我们的重点是照顾多数，同时照顾少数。凡是对人民国家的事业忠诚的，做了工作的，有相当成绩的，对人民态度比较好的，各民族、各党派、各阶级的代表人物都有份"[②]。

除关于"不利"疑问的解释之外，其他的好像都不是真正的

---

① 刘少奇1952年10月20日给斯大林的信。

② 毛泽东在中央人民政府委员会第二十次会议上的讲话记录，1953年1月13日。

理由。特别是关于制宪根据问题的解释恰与刘少奇代表中央所表达的不制宪是同一个理由。这到底出了什么问题?

就逻辑上来分析,这可能与以下的事实有关:1952 年 10 月,刘少奇率领中共代表团参加苏共第十九次全国代表大会,他受毛泽东主席的委托,就中国向社会主义过渡的设想向斯大林征求意见。斯大林提出了三点意见:一是建议中共通过选举和制宪解决自身合法性问题:"如果你们不制订宪法,不进行选举,敌人可以用两种说法向工农群众进行宣传反对你们:一是说你们的政府不是人民选举的;二是说你们国家没有宪法。因政协不是人民经选举产生的,人家就可以说你们的政权是建立在刺刀上的,是自封的。此外,共同纲领也不是人民选举的代表大会通过的,而是由一党提出、其他党派同意的东西,人家也可以说你们国家没有法律。"二是所谓泄密问题。斯大林认为中国现在是各党派的联合政府,而"其他党派的人很多是和英美有关系的",所以,"我感到你们有些重要机密情况外国人都知道"。三是通过选举实现政制转换问题。"如果人民选举的结果,当选者共产党员占大多数,你们就可以组织一党的政府。其他党派在选举中落选了,但你们在组织政府时可给其他党派以恩惠,这样对你们更好。"①

这是一个共产主义大家庭的长者向他的兄弟党传授"老大哥"的民主经验。我们无法推断为什么斯大林提出这样的建议,但就这三点意见而言还是值得解释的。所谓的合法性问题对一个革命性的政党而言,其实并不是个问题。社会主义的苏联从不理睬西方国家对苏维埃政权合法性的批评,斯大林为什么又偏偏关心中国的合法性问题呢?实际上,中国共产党的合法性

① 刘少奇 1952 年 10 月 30 日给毛泽东并中央的信。

并不需要从斯大林的那种建议中获取，党领导它的人民从一个胜利走向另一个胜利以及为这个国家注入的活力和带来的勃勃气象本身就是合法性。所谓的“泄密问题”其实并不存在，在与党合作的民主党派精英中，尽管许多人与英美有着千丝万缕的联系，但他们对党和他们的祖国的忠诚是不成问题的。斯大林之所以急欲让中国尽快召开全国人大并制定宪法，或许真正想要的是中国政治体制实现苏联化，即向一党政府转换。这恰是他第三点建议的核心。而斯大林第三点建议的核心与毛泽东主席对民主党派精英提出的“不利”忧虑所作的解释的精神是一致的。

我们不敢断定斯大林的第三点建议就是党改变初衷而加快制宪步伐的原因，但肯定与这个建议有着某种关系。

这样一种突发式的通过制宪而实现政制转换的做法，引起了民主党派精英的极大忧虑。有人自然会提出全国人大召开以后政协怎么办的问题。对此，毛泽东主席为政协提出了五项任务：协商国际问题；商量候选人名单；提意见；协调各民族、各党派、各人民团体和社会民主人士领导人员之间的关系；学习马列主义。

对有人担心政协是否会变成说闲话的机关的问题，毛泽东主席表达了掌握各种意见的重要性：“只要不是恶意，讲闲话也可以，这样可以使我们知道社会上存在着这样的意见。”①

就这样，通过制定宪法，中国实现了斯大林愿意看到的政制转换，政协也按毛泽东主席的设计，有了它该有的价值。

---

① 《毛泽东文集》第6卷，第385～387页。

四　什么是宪法

1.五四宪法有个很长的序言。虽然说这部宪法参照了1918年苏俄宪法、1936年苏联宪法以及其他社会主义国家的宪法，但中国宪法的式样还是别具一格。首先是那个文字较长的序言。为什么要写那样一个序言，据有关人士回忆："社会主义类型的宪法，毛主席看了1918年苏俄宪法、1936年苏联宪法、东欧国家的宪法，把列宁写的《被剥削劳动人民权利宣言》放在前面，作为第一篇。毛主席从中受到启发，决定在宪法总纲的前面写一段序言。"[①]宣言和序言的性质是不一样的。把宣言放在宪法正文的前面滥觞于法国，它表明宪法对人权的重视。说到底，宪法是人法，它必须首先关注人。那样的序言、那样的表达以及那样表达的内容，地地道道是中国宪法的创造。序言因为它的中国性，也为以后的中国宪法所持守，成为中国宪法的一个显著标志。

2.宪法不只是规则，而且还是纲领。毛泽东主席领导和起草宪法时，为此进行了专门思考。毫无疑问，在把党的纲领用宪法的形式加以表达方面，毛泽东主席是成功的："一般地说，法律是在事实之后，但在事实之前也有纲领性的。一九一八年苏维埃宪法就有纲领性的。后头一九三六年斯大林说，宪法只能承认事实，而不能搞纲领。那个时候，乔木称赞斯大林，我就不赞成，我就赞成列宁。我们这个宪法有两部分，就是纲领性的。国家机构那些部分是事实，有些东西是将来的，比如三大改造之类。"[②]这是另一种式样，宪法规定党的纲领是后来中国各部宪

---

① 访问史敬棠谈话记录，1996年6月29日。

② 毛泽东在中共中央政治局扩大会议上的讲话记录，1959年3月1日。

法的通例。

3.宪法是这样被定义的。毛泽东主席曾说过:“一个团体要有一个章程,一个国家也要有一个章程,宪法就是一个总章程,是根本大法。用宪法这样一个根本大法的形式,把人民民主和社会主义原则固定下来,使全国人民有一条清楚的轨道,使全国人民有一条清楚的明确的和正确的道路可走,就可以提高全国人民的积极性。”①

“宪法就是一个总章程,是根本大法”的表述后来成为中国任何一部宪法学教科书的标准定义。宪法既然是用以确认“人民民主”和“社会主义原则”的,而不是主要用来表达规则的,那么任何一个宪法审查机构的设想都是多余的。宪法的纲领性、根本性、大法性不是来源于宪法规则的重要,而是因为它所确认和固定下来的内容——因制宪而转换完成的“人民民主”和“社会主义原则”——的重要性而成为最高法的。**尊重和遵守根本大法的基本保证,也就不是主要依靠一个违宪的预警机制,而是依靠领袖的崇高的美德和品质,依靠人民由宪法内容所激发出的激情、觉悟以及他们对党、国家、民族的热爱的心灵体验。**

五四宪法留给我们的不只是以后几部宪法的固定式样,而且是中国宪制化之道的长思。

① 毛泽东在中央人民政府委员会第三十次会议上的讲话,1954年6月14日。

被创造的公共仪式

——对七五宪法的一种阅读与解释

一　阅读的方法

宪法话语在社会主义中国的“跨代旅行”中所具有的语义、特质和意义尚未得到充分的阐释，特别是对 1975 年宪法（下简称“七五宪法”）的忽略更是如此。事实上，七五宪法已经被“我们”这些对历史享有优越感的现在人看作具有“重大缺陷”的文本，而且也因此成了各种现行宪法学教材有关“重大缺陷”的宪法示范的标准例子。本文在此所要解释的不是这个文本是否有“重大缺陷”，而是首先探讨这个“重大缺陷”被发现的方法。

如果说，一个历史的文本必须表达“现在”的欲念，不管这种欲念是真实存在的还是虚拟的，那么，七五宪法肯定是有“重大缺陷”的，因为它所表达的恰恰是“现在”急于要嘲讽和遗忘的东西。如果说，一个历史的文本要恰当地表述那个历史的话语和实践，而且“现在”的“我们”不仅仅把历史简单地看作过去，或者看作一个过程的完结、一段时间的末端，而把历史看作“现在”的在场，“他们”也并非“我们”异己的他者，那么，“我们”既无法也没有超越历史，而对这个“重大的缺陷”的发现也就不是不言而喻的。

“重大缺陷”的发现所依据的是这样一种方法:它基建于现实优越主义之上,依据的是今人必然优于古人,现在必然胜于过去的现代主义。这个方法由两个既相关联又有不同的方面构成:一种表现是,基于现在话语实践的优越性,映照历史的话语实践的低下性,而在这种映照的过程中,又预设了七五宪法文本是这种低下的话语实践的准确表达者这样一个逻辑。“重大缺陷”就是这个逻辑逐步展开的结果。在这种发现上,一边是现实优越的词汇,比如改革开放、发展经济、最高国家权力机关、在宪法范围内活动、社会主义民主法制;一边是卑下的历史词汇,比如自力更生、无产阶级专政下继续革命、革命委员会、党的一元化领导。两者价值的高低、质量的优劣对任何一个“现在”的“我们”来讲都是不言自明的:“重大缺陷”就是优越的现实词汇的反面。问题是,“现在”有权利要求历史用我们喜好的现在“词”去表达相同或类似的“物”吗?如果有,那又是谁给的这种权利?

另一种表现则是由宪法概念定义的。当七五宪法被定义为具有“重大缺陷”的文本时,这里还隐匿着一个优越性概念的判断。在“重大缺陷”的话语表达中,一个立宪主义的宪法概念——也许它与中国的主导性政治话语及其实践并无关联——被粗暴地插入七五宪法的文本中,限权政府、制约权力、尊重和保障人权是这个立宪主义宪法概念的重要质素,而使用一个带有如此质素的概念本身就意味着优越和高贵。这里的关键不是七五宪法在表达立宪主义宪法概念时有无“重大缺陷”,而是能否用这样一个概念来判断与这个概念毫无关联的一个文本是否有“重大缺陷”。这个道理似乎很简单:我们不能用驴的概念去量取牛的“重大缺陷”。譬如,我们不能说,牛的重大缺陷就是不可能与马交配出骡子来,因为除驴之外,任何动物(包括人在内)都做不到这一点，如果这被看作“缺陷”，那么缺陷的概念在哲学上便是无意义的。

回答七五宪法与立宪主义的宪法概念是否有关联以及关联的程度、距离并不是本文的主旨所在，本文的兴趣是对这个文本本身的阅读。这个文本提供了一个什么样的宪法概念，这个概念表达了一种什么样的价值诉求，这种价值是否“跨代旅行”，也即它与五四宪法、八二宪法所表达的宪法概念有无“代际”的共享性？

本文采用的阅读方法是“贴近阅读”（Close reading）。即是说，笔者首先把自己看作这个文本真诚而保守的读者，读者对文本不享有为所欲为的权利，相反，一个读者对文本应该坚守冷静、温和与克制的立场。[①]

考虑到七五宪法毕竟是一个带有某种规范性质的文本，这就决定了本文对某些问题的解释采取的是与事件、实践相结合的策略，不可能完全依赖解释学的路径。

为了避免不必要的误解，需要作一点说明：我把自己设定为一个文本的普通读者，与对这个文本有无“政治性缺陷”的判断无关。或者说，这种阅读的兴趣不是来自对文本的喜爱或憎恶，而完全是源于一种好奇心。

二　修辞与意义

按照正统和权威的解释，七五宪法是于 1975 年 1 月 17 日由第四届全国人大通过的。宪法共有 30 条，由序言、总纲和具

---

① 参见 Paul A.Cantor《施特劳斯与当代解释学》，程志敏译，载刘小枫、陈少明主编《经典与解释的张力》，上海三联书店，2003 年，第 125 页。

体制度三部分构成,这也是1954年宪法以及后来中国各部宪法固定的结构。

从篇幅来看,总纲是最重要的内容。虽然序言的篇幅居于中等地位,但它享有文本上的优先性。从宪法所表达的意义看,序言是党的意识形态的宣示,享有优先性;总纲所宣示的是党和国家的基本国策,居于中等意义;国家机构以及公民义务权利等所宣示的则是党和国家认可的具体制度,文本的意义居于最后。宪法文本结构实际上是由两类不同性质的元素构成的,一类属于原理,它们是由序言和总纲部分加以表达的。譬如,序言中的"社会主义社会是一个相当长的历史阶段。在这个历史阶段中,始终存在着阶级、阶级矛盾和阶级斗争,存在着社会主义同资本主义两条道路的斗争,存在着资本主义复辟的危险性,存在着帝国主义、社会帝国主义进行颠覆和侵略的威胁。这些矛盾,只能靠无产阶级专政下继续革命的理论和实践来解决";又如,总纲中第十一条:"国家机关和工作人员,必须认真学习马克思主义、列宁主义、毛泽东思想,坚持无产阶级政治挂帅,反对官僚主义,密切联系群众,全心全意为人民服务。各级干部都必须参加集体生产劳动。"另一类属于准则、规范,主要是由具体的制度部分加以表达的。如,宪法有关国家机构的第十八条的表述:

> 全国人民代表大会常务委员会是全国人民代表大会的常设机关。它的职权是:召集全国人民代表大会会议,解释法律,制定法令,派遣和召回驻外全权代表,接受外国使节,批准和废除同外国缔结的条约,以及全国人民代表大会授予的其它职权。全国人民代表大会常务委员会由委员长,副委员长若干人,委员若干人组成,由全国人民代表大会选举或者罢免。

也就是说，宪法主要不是一个规范性的法律文本，更像是一个政治章程。这也可以解释张春桥代表中共中央作的《关于修改宪法的报告》中引用的这段话的含义："伟大领袖毛泽东主席曾经指出：'一个团体要有一个章程，一个国家也要有一个章程，宪法就是一个总章程，是根本大法。'"[①]在这里，"总章程"一词所表达的是这个宪法的性质，而"根本大法"的用语主要凸显的是修辞效果，强调宪法在党看来的重要性，而主要不是强调它的法律意义的重要性，因为文本真正具有法律意义的内容在宪法中既没占很大的篇幅，也不居于文本的优先地位。宪法的此种性质既是五四宪法所传，也为后来中国各部宪法所承，具有"跨代际旅行"的共享性。

三　展示的思想

考虑到党在宪法上——无论是制定的程序还是宪法文本本身——的决定作用，在阅读宪法文本时，就不能忽略它与党的权威文本之间的内在关联。在这些党的权威文本中，最主要的有：党的九大、十大政治报告、四届全国人大的修宪报告、四届全国人大的政府工作报告。

在党的九大政治报告中有这样一段话：

> 中国共产党的一切成就，都是毛主席英明领导的结果，都是毛泽东思想的胜利。半个世纪以来，毛主席在领导中国各族人民完成新民主主义革命的伟大斗争中，在领导我

---

① 张春桥：《关于修改宪法的报告》，载《人民日报》1975年1月20日，第1版。

国的社会主义革命和社会主义建设的伟大斗争中，在当代国际共产主义运动反对帝国主义、反对现代修正主义、反对各国反动派的伟大斗争中，把马克思列宁主义的普遍真理和革命的具体实践相结合，在政治、军事、经济、文化和哲学等各个方面，继承、捍卫和发展了马克思列宁主义，把马克思列宁主义提高到一个崭新的阶段。毛泽东思想是在帝国主义走向全面崩溃、社会主义走向全世界胜利的时代的马克思列宁主义。我们党的全部历史，证明了一条真理：离开了毛主席的领导，离开了毛泽东思想，我们的党就受挫折，就失败；紧跟毛主席，照毛泽东思想办事，我们的党就前进，就胜利。我们要永远记住这个经验。在任何时候、任何情况下，谁反对毛主席、谁反对毛泽东思想，就全党共讨之，全国共诛之。

类似的表述还有九大通过的党的章程：

　　中国共产党以马克思主义、列宁主义、毛泽东思想作为指导思想的理论基础。毛泽东思想是在帝国主义走向全面崩溃、社会主义走向全世界胜利的时代的马克思列宁主义。

党的十大政治报告中类似的表述被修改为：

　　九大根据马克思主义、列宁主义、毛泽东思想关于无产阶级专政下继续革命的学说，总结了历史经验和无产阶级文化大革命的新鲜经验，批判了刘少奇修正主义路线，再次肯定了党在整个社会主义历史阶段的基本路线和政策。同志们记得，毛主席在一九六九年四月一日九大开幕的时候，发出了“团结起来，争取更大的胜利”的伟大号召。在同年四月二十八日九届一中全会上，毛主席又一次明确指出：“团结起来，为了一个目标，就是巩固无产阶级专政”。“就要保证在无产阶级领导之下，团结全国广大人民群众，去争取胜利。”毛主席并且预言：“过若干年，也许又要进行革命。”毛主席的讲话和大会通过的中央委员会的政治报告，为我们党规定了一条马克思列宁主义的路线。①

十大通过的党的章程对此表述相应地也被简约化了：

中国共产党是无产阶级的政党，是无产阶级的先锋队。中国共产党以马克思主义、列宁主义、毛泽东思想作为指导思想的理论基础。

党的权威文本对毛泽东思想所采取的不同修辞策略，反映了那个激荡的历史时期所包含的重大事件。党的权威文本既为毛泽东思想最终宪法化作了理论准备，也提供了权威依据。七五宪法为此提供的表述空间是宪法序言和宪法的第二条。序言

① 周恩来代表党中央所作的政治报告中还有这样一段话：“大家知道：九大政治报告是毛主席亲自主持起草的。九大以前，林彪伙同陈伯达起草了一个政治报告。他们反对无产阶级专政下的继续革命，认为九大以后的主要任务是发展生产。这是刘少奇、陈伯达塞进八大决议中的国内主要矛盾不是无产阶级同资产阶级的矛盾，而是‘先进的社会主义制度同落后的社会生产力之间的矛盾’这一修正主义谬论在新形势下的翻版。林彪、陈伯达的这个政治报告，理所当然地被中央否定了。对毛主席主持起草的政治报告，林彪暗地支持陈伯达公开反对，被挫败以后，才勉强地接受了中央的政治路线，在大会上读了中央的政治报告。”但按常理，毛主席这样慈祥的伟人不会亲自写出“在任何时候、任何情况下，谁反对毛主席、谁反对毛泽东思想，就全党共讨之，全国共诛之”这样的话。

第四自然段的表述是："我们必须坚持中国共产党在整个社会主义历史阶段的基本路线和政策，坚持无产阶级专政下的继续革命，使我们伟大的祖国永远沿着马克思主义、列宁主义、毛泽东思想指引的道路前进。"宪法第二条规定："中国共产党是全中国人民的领导核心。工人阶级经过自己的先锋队中国共产党实现对国家的领导。马克思主义、列宁主义、毛泽东思想是我国指导思想的理论基础。"毛泽东思想进入宪法是由七五宪法开创的，它为以后中国的宪法文本表达党的意识形态提供了范本。

相较而言，1954 年宪法既没有毛泽东思想的表达，也不见马克思主义、列宁主义这样的词语。两个文本间为何会出现如此的差异？

解释者的解释大致是这样的：毛泽东思想是在 1945 年党的七大被确立为党的指导思想的，但在中华人民共和国成立前后，党的出版物就不再使用毛泽东思想这个概念了。从 1948 年底始，经毛泽东本人提议，凡各类文件和著述中，有毛泽东思想提法的，都改为"马克思列宁主义的理论和中国革命实践之统一的思想"等。1953 年出版《毛泽东选集》第三卷时，还将作为附录的第一个《历史决议》中凡写有毛泽东思想的地方，都删改为上述那样的或与之类似的提法了。

《胡乔木回忆毛泽东》一书在讲到党的七大提出毛泽东思想和后来（包括党的八大）不提毛泽东思想时，对此有个解释：党的七大"为什么要提毛泽东思想？有这个需要。如果中国共产党不提毛泽东思想，很难在全党形成思想上的统一。提毛泽东思想这就是对着苏共的"，"为什么八大没有提毛泽东思想？也是因为苏联的关系。苏联始终拒绝承认毛泽东思想，在苏联报刊上绝口不提毛泽东思想。凡是中共文件中提了的，他们刊用的时候都给删掉。这成了一个禁区"。这可能是在中华人民共和国成立前后直至60年代前，不提毛泽东思想的一个重要缘由。

在这样的政治背景下，1954年宪法里是不可能有毛泽东思想作为国家指导思想的提法。

20世纪60年代初，由于中苏关系的变化，党重新使用毛泽东思想这个提法，并不断强调毛泽东思想在党和国家中的指导地位。①

这个解释或许有一定的根由，但它无法解释1954年宪法为什么连马克思主义、列宁主义这样的概念都不加以表达。一个可能的解释是，五四宪法所要表达的宪法概念与七五宪法所要表达的理念是不同的：1954年宪法文本凸显的是宪法的国家性，而不是党性；七五宪法强调的是党性，而不是国家性。就此而论，1982年的现行宪法在党性上是与七五宪法而不是五四宪法有着更为密切的关联。

为什么要把毛泽东思想在宪法中加以表达，在党的《关于修改宪法的报告》中有个与上述解释不同的简单说明：

> 修改草案从序言开始，记载了我国人民英勇奋斗的光辉历史。"中国共产党是全中国人民的领导核心"，"马克思主义、列宁主义、毛泽东思想是我国指导思想的理论基础"，就是我国人民从一百多年来的历史经验中得出的结论，现在写进了修改草案总纲。

"就是我国人民从一百多年来的历史经验中得出的结论"一语，显然不是对毛泽东思想为什么要写入宪法的解释，而只是一个简约的说明。但这一个简单的短语包含的意义却颇为复杂。

① 参见石仲泉《纠正一个不准确的说法》，《北京日报》，2004年4月26日。

如果说是从中国一百多年的经验中得出的结论，那么1954年宪法就应适时地加以表达，为什么非要等到1975年呢？可以肯定的是，“一百多年”包括了“文革”这个最近的历史时期和“文革”这个重要事件。而且，这个短语似乎又决意要把“文革”时期对毛泽东思想所作的夸张修辞加以排除。这种排除的原因主要不是来自这种修辞的错误，而是因为这种修辞与作为背叛者的个人有关。

事实上，在逻辑上能解释为什么要把毛泽东思想写入宪法的是九大通过的党章所作的表述：

> 中国共产党以马克思主义、列宁主义、毛泽东思想作为指导思想的理论基础。毛泽东思想是在帝国主义走向全面崩溃、社会主义走向全世界胜利的时代的马克思列宁主义。半个世纪以来，毛泽东同志在领导中国完成新民主主义革命的伟大斗争中，在领导中国的社会主义革命和社会主义建设的伟大斗争中，在当代国际共产主义运动反对帝国主义、反对现代修正主义、反对各国反动派的伟大斗争中，把马克思列宁主义的普遍真理和革命的具体实践相结合，继承、捍卫和发展了马克思列宁主义，把马克思列宁主义提高到一个崭新的阶段。

由于这个表述与特定的人有关，所以上述话语在十大通过的党章中被删除，只保留了“中国共产党以马克思主义、列宁主义、毛泽东思想作为指导思想的理论基础”这样的用语。党的十大报告对此采取了一种隐喻式的解释策略：

> 林彪这个资产阶级野心家、阴谋家、两面派在我们党内

> 不是经营了十几年，而是几十年，他有一个发展过程和暴露过程，我们对他也有一个认识过程。马克思、恩格斯在《共产党宣言》中说过："过去的一切运动都是少数人的或者为少数人谋利益的运动。无产阶级的运动是绝大多数的、为绝大多数人谋利益的独立的运动。"毛主席把"为中国和世界的大多数人谋利益"作为无产阶级革命事业接班人的主要条件之一，并且写进了我们的党章。……林彪是在中国新民主主义革命初期参加共产党的。那时他就对中国革命前途悲观失望。正在古田会议以后，毛主席写了《星星之火，可以燎原》这篇给林彪的长信，对他进行了严肃的耐心的教育。事实证明，他的资产阶级唯心论的世界观根本没有改造。在革命的重要关头，他总是犯右倾错误，又总是耍两面派，用假相欺骗党，欺骗人民。但是，随着中国革命的继续发展，特别是当中国革命的性质转变为社会主义革命，并且逐步深入，要彻底推翻资产阶级和一切剥削阶级，用无产阶级专政代替资产阶级专政，用社会主义战胜资本主义的时候，林彪这一类只为少数人谋利益的走资本主义道路的当权派，地位越高，野心越大，过高估计自己的力量，过低估计人民的力量，就再也隐藏不住，就要跳出来，同无产阶级较量了。当他适应国内外阶级敌人的需要，跟着苏修的指挥棒，妄图"说出自己决定性的话"的时候，也就宣告了他的总暴露、总破产。

而十大政治报告对"毛泽东思想是在帝国主义走向全面崩溃、社会主义走向全世界胜利的时代的马克思列宁主义"的表达并没有给予明确的结论。

自此以后，中国宪法把毛泽东思想与中国各个时期的政治情景相联系,采用一种符合时代要求的表述方式加以表达和展示。

1978 年宪法序言的第三自然段:

> 毛泽东主席是中华人民共和国的缔造者。我国革命和建设的一切胜利,都是在马克思主义、列宁主义、毛泽东思想的指引下取得的。永远高举和坚决捍卫毛主席的伟大旗帜,是我国各族人民团结战斗,把无产阶级革命事业进行到底的根本保证。

1978 年宪法的第二条:

> 中国共产党是中国人民的领导核心。工人阶级经过自己的先锋队中国共产党实现对国家的领导。中华人民共和国的指导思想是马克思主义、列宁主义、毛泽东思想。

经过修正后的现行宪法(2004 年修正)序言的第七自然段:

> 中国新民主主义革命的胜利和社会主义事业的成就,是中国共产党领导中国各族人民,在马克思列宁主义、毛泽东思想的指引下,坚持真理,修正错误,战胜许多艰难险阻而取得的。……中国各族人民将继续在中国共产党领导下,在马克思列宁主义、毛泽东思想、邓小平理论和"三个代表"重要思想指引下,坚持人民民主专政,坚持社会主义道路,坚持改革开放,不断完善社会主义各项制度,发展社会主义市场经济,发展社会主义民主,健全社会主义法制,自力更生,艰苦奋斗,逐步实现工业、农业、国防和科学技术的

现代化，推动物质文明、政治文明和精神文明协调发展，把我国建设成为富强、民主、文明的社会主义国家。

对这三个宪法文本细心阅读就会发现，宪法虽然都表达了毛泽东思想的重要性、指引性，但表述所在文本位置以及表述的方式是不同的。七五宪法与1978年宪法在序言和总纲两个部分中分别作了不同的分述，文本明示或暗示了毛泽东思想不仅是党坚守的意识形态，而且还是党领导国家必须奉行的基本国策。当然，1978年宪法的语言风格与毛泽东本人过世后继任者继任的复杂性有关，暗示了制宪者对毛泽东思想忠诚的意志和决心。现行宪法则只在序言部分加以表达，使得宪法的文本结构更加清晰，包含有制宪者把党的意识形态与党的基本国策加以区分的意图。除此而外，三个文本对此表述的不同语义更值得注意。七五宪法将其表达为"指导思想的理论基础"，1978年宪法则直接表述为"指导思想"，而现行宪法既不明示是"指导思想的理论基础"，也不明确表达为"指导思想"本身，而只是强调它的指引性。前两者无论表达的是"指导思想的理论基础"还是"指导思想"都是用"毛泽东思想"作结的，而现行宪法强调的指引性还包括了"邓小平理论"和"'三个代表'重要思想"，并以"'三个代表'重要思想"作结。毫无疑问，"指导思想的理论基础"与"指导思想"的语义是不同的，前者的指引性是间接的，而后者是直接的。但不能忽略的是，前者表述的意义空间更为广延，在语义上为现行宪法并列的"邓小平理论"、"'三个代表'重要思想"提供了逻辑上的可能性，而且，这也为后来宪法文本开放式的迭加提供了空间。这是七五宪法和现行宪法修辞技艺的优越之处。

四 文本的意义

七五宪法文本遇到的难题之一是如何表达事件以及与那些事件密切关联的意义。具有讽刺意味的是，党的九大政治报告人已成了党控诉的对象，控告别人为叛徒的人自己成了十足的背叛者。死亡既是这种背叛的代价，也是背叛的高度展示。事件往往规制了文本的意义。如何重新构造“正统性”是七五宪法的首要任务。同样，更具优越性的文本也不可能对正统性的维护漠不关心。这就是为什么党的十大政治报告和宪法既要除去有关毛泽东思想的夸张性修辞，同时又必须重申毛泽东思想正统性的原因。这些文本在表达领袖代表党的正统性方面并无二致，但往往被忽略的是文本在贯彻这种正统性时所表现出的不同的修辞策略。毫无疑问，如何表达国民经济问题，肯定是被重申的正统性——毛泽东思想的重要部分。然而，不同的表达策略却在此出现了。

先看看《关于修改宪法的报告》的表述：

> 一九五四年宪法提出的生产资料所有制方面的社会主义改造任务，已经基本完成。修改草案充分肯定了我国人民取得的这一伟大胜利，规定我国现阶段主要有两种所有制，即社会主义全民所有制和社会主义劳动群众集体所有制。修改草案对于非农业的个体劳动者，对于人民公社社员可以经营少量的自留地和家庭副业，也作了规定。这些规定，把坚持社会主义的原则性同必要的灵活性结合起来，同刘少奇、林彪包产到户、取消自留地之类的荒谬主张划清了界限。

> 修改草案重申了鼓足干劲、力争上游、多快好省地建设社会主义的总路线，规定了一系列方针政策以巩固和发展社会主义的经济基础。

与此相一致的表达则是宪法文本：

> 我们……要继续开展阶级斗争、生产斗争和科学试验三大革命运动，独立自主，自力更生，艰苦奋斗，勤俭建国，鼓足干劲，力争上游，多快好省地建设社会主义，备战、备荒、为人民。（宪法序言）
>
> 国家实行抓革命，促生产，促工作，促战备的方针，以农业为基础，以工业为主导，充分发挥中央和地方两个积极性，促进社会主义经济有计划、按比例地发展，在社会生产不断提高的基础上，逐步改进人民的物质生活和文化生活，巩固国家的独立和安全。（第十条）

也就是说，《关于修改宪法的报告》与宪法文本之间有着内在关联：无论表达的思想还是表达的方式都具有显而易见的一致性。（修宪）报告决定了（宪法）文本的意义和意义的限度：修改后的宪法对毛泽东思想在经济方面的正统性的解释和重申必须与党的修宪报告完全一致，宪法文本不可能在报告之外再添加任何东西，这符合党和全国人大的关系构成方式。

尽管如此，这并不能推论出党的修宪报告与党的其它文件必须具有完全的同构性。周恩来代表党中央所作的十大政治报告就是一个值得解释的文本。在经济方面，它除了像修宪报告以及宪法文本一样重申正统性，也有这样的表达：“我国在经济上还是一个穷国，还是一个发展中的国家。……党组织要重视经济政策问题，关心群众生活，做好调查研究，切实地完成和超额完成发展国民经济的国家计划，使我国社会主义经济有一个更大的发展。”这种言说方式在革命红色话语宰制的时代是具有别样意思的，说明它比修宪报告更务实地重视经济问题。在这方面，党的十大政治报告既有直说的显意。① 也有生成的隐意，只是这种隐意被正统性话语包裹着，容易被忽略。它是这样一种修辞技巧：在表达正统话语的同时附加解释性的语言，这看起来使正统性更加凸显和细节化，但其真正意图是为了限制正统性的意义或者添加新意。“解释”本身就是对文本意义的某种操纵。

四届全国人大的政府工作报告是这种“解释”的延伸，是对“解释”的解释，随着意义的递进和增加，原来的隐微表述就变为直白言说了：

> 遵照毛主席的指示，三届人大的政府工作报告曾经提出，从第三个五年计划开始，我国国民经济的发展，可以按两步来设想：第一步，用十五年时间，即在一九八〇年以前，建成一个独立的比较完整的工业体系和国民经济体系；第二步，在本世纪内，全面实现农业、工业、国防和科学技术的现代化，使我国国民经济走在世界的前列。我们要在一九七五年完成和超额完成第四个五年计划，这样就可以为在

① 报告说：“我们要贯彻执行鼓足干劲，力争上游，多快好省地建设社会主义的总路线，抓革命、促生产。要继续执行‘以农业为基础、工业为主导’的方针和一系列两条腿走路的政策，独立自主，自力更生，艰苦奋斗，勤俭建国。……工业学大庆，农业学大寨，就要坚持无产阶级政治挂帅，大搞群众运动，充分发挥广大群众的干劲、智慧和创造性。在这个基础上，加强计划，加强协作，健全合理的规章制度，更好地发挥中央和地方两个积极性。”

> 一九八〇年以实现上述的第一步设想打下更牢固的基础。从国内国际的形势看,今后的十年,是实现上述两步设想的关键的十年。在这个时期内,我们不仅要建成一个独立的比较完整的工业体系和国民经济体系,而且要向实现第二步设想的宏伟目标前进。

毫无疑问,“遵照毛主席的指示”一语是行文的关键,它暗示了这种直白言说的合法性和权威性。有了这种合法性和权威性,这些与修宪报告、宪法文本不同的思想和意义就具有了正统性和安全性。考虑到报告只是一个政府的工作报告,要使报告的新思想、新意义更具效力,就必须使它具有与党的政治报告相类似的地位。因此,政府工作报告的开头部分作这样的宣示是必要的:“根据中共中央的决定,我代表国务院,向第四届全国人民代表大会作政府工作报告。”这句话在逻辑上有两层意思:其一,直接明示报告人是经过中共中央同意批准的,其身份的合法性不成问题。虽说国务院总理代表本届政府作政府工作报告合情合理,法律上也无须说明,但在当时的中国政治语境里,这样的明示又是必要的。其二,它着重宣示的是报告内容的合法性,即明示政府工作报告是经过以毛主席为首的党中央审阅批准的,有着与党的文件相同的权威性。

这个工作报告的修辞技艺、叙事方式是当时中国政治话语的杰出模本。问题是,为什么这些由党的十大政治报告和四届全国人大的政府工作报告宣示的意义没有成为修宪报告、宪法文本主流话语呢?这些文本间的话语差异以及由此决定的语义分歧是如何造成的呢?文本与事件有关。考虑到这个时期的政治事件，譬如，党内的分歧、国务院的人事变动等等[①]，决定了七五宪法、修宪报告与党的其它文本的语义差异。与党的十大政治报告、政府工作报告相比，七五宪法关于国民经济问题的规定不只是一种修辞的正统性，而是一种有意图的矛盾性的坚持，或者说，它是中国政治文本的正统意义与解释性意义的一种构成方式。七五宪法（包括修宪报告）的意义与党的其它文本的意义由不同的读者分享着，这些读者从阅读的兴趣和立场来区分——按当时的标准——便可分为左的和右的，每一类读者都可以从这些文本中阅读出自己感兴趣的东西。从文本意义上讲，宪法是党的所有文件中的一种，分享着中国政治话语的权威性。

五 文本的关键词

在党的《关于修改宪法的报告》中有这样一段话：

> 草案规定："全国人民代表大会是在中国共产党领导下的最高国家权力机关"，又规定："中国共产党中央委员会主席统率全国武装力量"。由于不设国家主席，草案对一九五四年宪法关于国家机构的规定，作了相应的修改。这些规定，必将有利于加强党对国家机构的一元化领导，符合全国人民的愿望。

---

① 作为党的最高领导人毛泽东年事已高；以"江青反革命集团"为代表的党内极左思想的盛行；国务院总理周恩来因健康原因，党中央决定由邓小平出任国务院副总理主持国务院工作；等等，都是在这个时期发生的事件。

这段提纲挈领的话是党为什么要(制宪)修宪的点睛之笔:一是为了加强党的一元化领导,二是对这种一元化加强的结果的满意度的充分自信。不折不扣地贯彻党的这一重大决定是宪法的神圣职责,也是七五宪法的关键词。如何坚持党的领导始终是中国宪法贯穿的红线,而与其它几个宪法文本相比,七五宪法表达得最充分、最全面,具有一种极端修辞的效果。

七五宪法文本关于“加强党的一元化领导”的语义,大体上由三类话语加以阐释,并通过不同的言说方式,构造了一个坚持“党的一元化领导”的语义群。第一类话语是由党在宪法中直接宣示自己的意识形态构成的,主要集中于宪法的序言和总纲部分,如序言的第二自然段有关胜利喜悦的修辞:“二十多年来,我国各族人民在中国共产党领导下,乘胜前进,取得了社会主义革命和社会主义建设的伟大胜利,取得了无产阶级文化大革命的伟大胜利,巩固和加强了无产阶级专政。”既然胜利的喜悦是党和人民共享的,那么,合乎逻辑的结论就是必须继续坚持党的领导和党要求做的一切:“我们必须坚持中国共产党在整个社会主义历史阶段的基本路线和政策,坚持无产阶级专政下的继续革命,使我们伟大的祖国永远沿着马克思主义、列宁主义、毛泽东思想指引的道路前进。”语言铿锵有力,决心坚定不移。然而,在这坚定的信念背后,七五宪法文本也有着某种担切:一个被看作背叛领袖的背叛者不时出现的党如何能“使”党“永远”跟着它的领袖走,始终是个问题。担心是实实在在的,而逻辑则是清晰的。毋庸言说,“伟大的祖国”之所以伟大,那是因为有了一个伟大的党引领着它,祖国要更加伟大就须加倍地坚持党的领导。序言部分对坚持党的领导的叙述只是一种“开场白”式的表达,即主要是通过叙说胜利而宣示的,而到了总纲部分,叙述则改变为断语式的、结论式的了:“中国共产党是全中国人民的领导核

心。工人阶级经过自己的先锋队中国共产党实现对国家的领导。”(第二条第一款)

七五宪法对有关坚持党的领导的叙述有着清晰的逻辑和层次。接下来的问题自然会在文本的后面部分提出来:党如何实现对国家的领导?此类问题则是由第二类话语表达的,具有强烈的规范意义。[①] 毫无疑问,文本对“武装力量”是给予了特殊关注的:把“武装力量”放在总纲部分加以表达,而不是在“国家机构”的章节里。如此构造的文本结构暗示了这样一个原则的在场:军事力量的政党性。党对军事力量的绝对领导是保证党领导国家的前提和基础,因而关切“武装力量”的具体构成元素也是宪法同等重要的事情。“工农子弟”对党而言无疑是“武装力量”最可靠的人选。但为什么要把由“工农子弟”构成的“武装力量”定性为“全国各族人民的武装力量”这一点宪法并没有说明。

在中国的政治话语和实践中,有些语词是可以省略的,因为在特定的语境下这种省略并不影响对意义的判断。譬如,“全国人民代表大会是最高国家权力机关”这样的表述虽然省略了“党领导下”这样的修辞,但这并不影响对这个句子意思的正确判断:在中国,没有人因为这种表述的省略会愚蠢地认为全国人大独立于党的领导。那为什么文本还把全国人大的性质表述为“党领导下的最高国家权力机关”呢?从修辞学上讲,语词的省略与否虽然并不影响句子的理解,但其语义会有细微差异。在

① 这些条文是:“中国人民解放军和民兵是中国共产党领导的工农子弟兵,是各族人民的武装力量。”“中国共产党中央委员会主席统帅全国武装力量。”(第十五条)“全国人民代表大会是在中国共产党领导下的最高国家权力机关。”(第十六条)

上述句子中，添加剂的作用是使句子的重心位移到“党的领导”的重要性上，对全国人大的“最高性”的判断具有某种稀释的效果。通过这种稀释，七五宪法文本也就完成了“党的一元化领导”的表述。

如果说“武装力量”和全国人大是必须直接置于“党的一元化领导”之下的中枢，那么有关国家制度的其他方面也应为“一元化领导”提供论证，与之协调一致。宪法中的这类条款构成了坚持“党的一元化领导”的第三类话语。“革命委员会”是宪法在“党的一元化领导”语境下创设的新概念，它来自这样一种政治实践：1966 年 8 月，中国共产党第八届十一中全会通过的《关于无产阶级文化大革命的决定》（即《十六条》）中规定，文化革命小组、文化革命委员会和文化革命代表大会是“无产阶级文化大革命的权力机构”。革命委员会由群众团体、领导干部和人民解放军组合而成，集党、政、军大权于一身，合立法、行政和司法工作于一体，形成了纯粹的“一元化”领导体制。它是插入领袖与群众之间的一种实权组织，是领袖与群众之间沟通的桥梁，其功能是让领袖意志与群众意志合为一体，既能充分动员群众积极参与政治生活，又能让它维持在一定的秩序范围内。事实上，它虽便于领袖对群众的动员，但未必能控制这种被动员起来的秩序。宪法还在“一元化”的语境下肯定了人民公社“政社合一”的体制，取消了五四年宪法关于法院独立进行审判以及公开审判和被告人有权获得辩护的规定。这是合乎逻辑的一种创造：既然一切国家机关都必须坚持党的一元化领导，所谓“独立审判”就是一种矛盾的修辞；与此相应，公安机关取代检察机关也是可能的，由国务院统一领导地方各类国家机关也是可能的，被稀释了的人大简化程序缩减权力也是可能的，只要新体制的创造有利于党的"一元化领导"。①

由此观之,七五宪法并没有添加和创造新东西,它只不过把当时中国的政治实践如实地加以呈现罢了,是对中国政制的一种临摹式的书写方式。

六 人民的宪法

中国政制的话语实践主要由两部分构成,一是部分如何坚持党的领导,另一部分则是有关人民的话语。人民是中国政治的主力军,是党的事业的直接参与者和跟随者。七五宪法全文有四千余字,除宪法第三条规定的"中华人民共和国的一切权力属于人民"条款之外,直接表达人民的条目并不多,而人民一词在全文中则出现了73次,如我国各族人民、我国人民、人民革命战争、中国人民等。文本如此重复使用的人民一词指涉的是什么?它与党、领袖之间是一种什么关系?这些问题是值得解释的。

美国哥伦比亚大学的萨托利(Giovanni Sartori)教授在其《民主新论》中曾这样解释人民一词:字面上的含义,人民是指每一个人;人民意味着一个不确定的大部分人,一个庞大的许多人;人民意味着较低的阶层;人民是一个不可分割的整体,一个有机整体;人民是绝大多数原则所指的大多数人;人民是有限多数原则所指的大多数人。② 似乎七五宪法的人民概念并不适合

---

① 有关这方面的内容请参阅宪法第七、十六、十七、十八、二十、二十二、二十五条的规定。

② Giovanni Sartori, *The Theory of Democracy Revisited* (Chatham, N. J.: Chatham House Publishers, 1987), p.22. 中译本见[美] 乔·萨托利《民主新论》,冯克利、阎克文译,第22页。

上述定义中的任何一种。中国宪法中的人民是一个带有强烈政治指向性的概念，与中国的政治话语实践有密切关联，其语义是由领袖根据政治实践的需要不断地加以扩充或修正。在中国的政治语境里，人民通常是通过它的对立面——敌人来加以定义的，它包含着人的差异性，指涉着另一部分人——敌人这一他者——的在场。敌友的区分既是界定人民的前提，也是方法："谁是我们的敌人？谁是我们的朋友？这个问题是革命的首要问题。"[①]毛泽东主席的这个论断与德国政治哲学家卡尔·施米特(Carl Schmitt)的观点相似。施米特也说过，政治就是区分敌友，"所有政治活动和政治动机所能归结成的具体政治性划分便是朋友与敌人的划分"[②]。在施米特教授看来，政治的本质就在于区分敌友，否则政治就失去了生命力；对于毛泽东主席来说，人民如何定义决定于敌人是谁。这也是为施米特教授极为称道的定义方式："列宁和毛泽东这样的职业革命家认清了这一点，而许多职业法学家却对此一无所知。"[③]与此相联系，人民在性质上也就是一个历时性的概念，它受制于不同时间段里对敌人一词的判断。譬如，20 世纪 40 年代，在民族主义的语境下，人民实际上被定义为一切爱国的中国人，因为敌人是日本人以及与之合作的中国人；在 1946—1949 年和中华人民共和国早期，随着民族主义话语的退却，阶级的判断则成为主流，而先前可能属于抗日的人民范畴的某些人现在已被排斥在外了：

---

① 毛泽东：《中国社会各阶级的分析》，载《毛泽东选集》第一卷，第 1 页。

② [德]卡尔·施米特：《政治的概念》，刘宗坤等译，上海人民出版社，2003 年，第 138 页。

③ 刘小枫：《施米特论政治的正当性》，载舒炜编《施米特：政治的剩余价值》，上海人民出版社，2002 年，第 89 页。

> 人民是什么？在中国，在现阶段，是工人阶级，农民阶级，城市小资产阶级和民族资产阶级。这些阶级……向着帝国主义的走狗即地主阶级和官僚资产阶级以及代表这些阶级的国民党反对派及其帮凶们实行专政……①

1956—1957年，随着敌对阶级被宣布消灭以及新的“敌人”的出场，人民便有了新定义，而定义的方法则从“阶级立场”的尺度转变为意识形态的标准。毛泽东主席1957年的《关于正确处理人民内部矛盾的问题》对这种转变作了最充分的说明。他在指出前面两个时期人民这一范畴的含义之后说：

> 在现阶段，在建设社会主义的时期，一切赞成、拥护和参加社会主义建设事业的阶级、阶层和社会集团，都属于人民的范围；一切反抗社会主义革命和敌视、破坏社会主义建设的社会势力和社会集团，都是人民的敌人。②

到了20世纪60年代中期以后，意识形态的标准就成了人民定义的标准尺子。③ 这是一个极具弹性的丈量工具，是由判断者根据“一种内心的确信感”来掌控的。④ 在特定的政治语境下，这个标尺还可以与阶级标准结合起来使用，当某个阶级被判

---

① 毛泽东:《论人民民主专政》,《毛泽东选集》第四卷,第1475页。

② 毛泽东:《关于正确处理人民内部矛盾的问题》,《毛泽东选集》第五卷,第364页。

③ 有关这方面的论述,可参见[美]詹姆斯·R.汤森(James R.Townsend)、布兰特利·沃马克(Brantly Womack)《中国政治》,顾速、董方译,江苏人民出版社,2003年,第113～115页。

④ 关于“确信感”的运用和价值,可参见[德]英戈·穆勒《恐怖的法官——纳粹时期的司法》,王勇译,中国政法大学出版社,2000年,第207页。

断为最有作为的阶级的时候，这个阶级也就是最纯粹的人民。人民在宪法中可能被宣布为一切权力的来源和所有者，但它又需要代言人对之作出身份上的确认。因此，文本外的话语决定者与文本内的主权者的分离，也是七五宪法的突出特色。

值得注意的是，除了“人民”这个被定义了的词，文本还多次使用“我们”一词：

> 我们必须坚持中国共产党在整个社会主义历史阶段的基本路线和政策，坚持无产阶级专政下的继续革命，使我们伟大的祖国永远沿着马克思主义、列宁主义、毛泽东思想指引的道路前进；
>
> 我们要巩固工人阶级领导的以工农联盟为基础的各族人民的大团结，发展革命统一战线；在国际事务中，我们要坚持无产阶级国际主义；
>
> 我们要同社会主义国家、同一切被压迫人民和被压迫民族加强团结，互相支援……

在宪法文本中，我们指的是谁？是宪法的制定者，还是制定宪法的提议者，还是文本的普通读者？对此，要作出清晰的解释是困难的。在中国的政治话语和实践中，制宪的主体颇为复杂。宪法是在中国共产党领导下制定的，党无疑是制定宪法的重要担当者；在法律意义上，宪法是由全国人大通过的，因而作为国家性的全国人大也构成了制宪主体的一部分；中国共产党和全国人大是全中国人民的代表者和代言人，所以人民通过代言人也分享了制宪主体的某些特征。制定出的宪法最终是为人民准备且不适用于被排斥在宪法之外的敌人，因而，宪法文本的读者与宪法文本的作者在特定语境下又是重合的。宪法的制定者体现了党、国家和人民三者的高度统一,宪法文本则体现了制定者与读者的高度重合,而能准确表达这种复杂语义的无疑就是“我们”一词。“我们”是联结领袖、党、人民的一条金质纽带,能便捷地表达各种欲求。

在特定语境里,“我们”作为一个集合性语词与人民一词有着内在关联。“我们”的对立面是“他们”,“我们”如何定义也取决于“他们”这个他者的在场。通过“他们”与“敌人”的构建,“我们”与“人民”这两个词就建立了一种关系。在这种关系中,“我们”则构成了“人民”的一部分,而凡是要确认“人民”身份的须加入到“我们”中来。既然“我们”和“人民”都是有特定指称对象的词语,那么两者便具有了一种政治身份识别的价值,可以与“他们”“敌人”区分开来。由于“人民”在中国政治语境里通常指的是“大多数人”,因而“我们”一词就能把具有最高政治身份的政治权威与普通民众聚合在一起,构成一个统一体——一个拉近了彼此政治地位差别的统一体。

毕竟,“我们”与“人民”是两个词,两者既有重合的部分,也存有语义上的细微差别。“我们”虽然属于“人民”的一部分——重要的那部分,而“人民”却不一定等同于“我们”。实际上,“我们”通常指的是在话语上享有决定权的人民中的精英,是人民化的政治权威或领袖。说“我们”是人民,其实是精英以人民代言人的身份发言,表达的是政治精英的诉求。政治不单纯是普通民众的行动,也是政治精英与响应者共谋的结果。

“中华人民共和国的一切权力属于人民”的宣示,说明宪法是人民的;当把“人民”与“我们”这两个词结合起来对之加以阐释时,说明宪法既是人民的也是我们的。七五宪法是由词汇、语言以及政治象征性行为组合而成,其目的是唤起人们对某种政治实践的相互认同,体现了政治家的策略和谋略,是政治家推行某种政治实践必不可少的工具。因此,七五宪法不但是中国政治的仪式,而且也是被定义了的广大人民的一种公共生活的仪式。

七五宪法所构造的宪法语言以及它的表达方式,是对五四宪法的一种极端修正。当中国的政治话语及其实践进入了一个新的时期以后,它自然就会被新的宪法词汇、语言、文本所取代。然而,当剥去它的那些夸张的修辞之后就会发现,七五宪法创造的许多东西构成了中国宪法某种共同的特质。

这正是:"不论一代人如何彻底地向前一代人宣战,但是和前一代人作战容易,要与他们截然不同很难。"①

① [法]托克维尔:《旧制度与大革命》,冯棠译,桂裕芳、张芝联校,商务印书馆,1997年,第278页。

水:中国法思想的本喻

引言

就近代以来的中国法科学生而言,他们知道《说文解字》这部书可能大都因为该书对“法”字的那个解释,它连同汉文“法”的古体字“灋”一起为人们所熟知:“灋,刑也,平之如水,从水。”许慎告诉我们的是“法”与“水”的某种关联,但并未告诉我们这种关联的方式。本文的问题是:我们的先哲是怎样通过“水”这个物象去建构“法”的概念的?在这个建构过程中,“水”的意象又是怎样进入了“法”的思维?本文认为:中国的哲人可能是通过对“水”的观审而建立对“法”的思考,或者说,水这种物质通过哲人的观审而呈现出的意象成为他们对法之思的基础。水是构成法的概念最基本的“隐喻结构”,即“本喻”。

本文对“本喻”概念的使用,主要参照的是乔治·莱可夫(George Lakoff)和马克·约翰逊(Mark Johnson)两位学者提供的解说。他们在《我们靠隐喻生活》(Metaphors We Live By)一书中指出,在我们日常思维中对实在的知觉,是基于隐喻结构中的具体意象。使用隐喻和意象,我们既能够进行抽象思维,也能够进行形象思维。这些结构体现在我们的文字语言中。在抽象层面,“所谓理智概念,例如科学学说中的概念,常常——也许总是——依托于有着物理或文化根基的隐喻……一种科学学说的直观要求是,必须处理怎样使隐喻恰当地适合经验的问题”,因而,“一种文化的最基本的价值,将与此文化中的最基本概念的隐喻结构紧密关联”。①

以“时间”(time)这个概念为例。“时间”是需要隐喻模型的理智概念(intellectual concept),即是说,由于时间不是具体实在,我们需要某种物象或模型以便将其概念化。所以,我们思考时间的方式,是我们把思想基于其上的隐喻的必然结果。现代的人们“倾向于把时间理解为一种有限的资源或商品”,时间通常被现代人设想为这样一种东西:它“能够节省或花费;投资,预算,筹借,共享或吝啬;赢得或失掉”。比如,我们说,“时间就是金钱”,“甚至我们的行为也通常依照这种思路。用来将时间概念化的本喻的差异,是区分中国和西方思想体系的重要基础”。② 任何学问都需要依赖一套系统化的术语或词汇进行思考和表达,术语是用于思想理论化的抽象概念,学问和思想实际上就是这些术语和概念的组合,而借以表达某种学问和思想的语言又不可避免地以具体意象为基础。

在这里,本文与艾兰(Sarah Allan)教授的关切点是一致的:“不是比喻性语言的通常的意义,或者以具体意象再造抽象观念的用法,而是观念最初抽象化时的具体根基。换言之,‘本喻’是具体的模型,它内在于‘抽象’观念的概念化之中。抽象观念来源于类比推理的过程中,而不是用比喻类推来说明已经形成的

① 转引自[美]艾兰《水之道与德之端——中国早期哲学思想的本喻》,张海晏译,上海人民出版社,2002年,第11页。

② 参见[美]艾兰《水之道与德之端——中国早期哲学思想的本喻》,第11页。

观念。”[①]详言之,“本喻”不是文学修辞中的一般“比喻”。在本文中,它不是意指中国哲人把“水”作为“法”观念的文学比喻或修辞,而是说,“水”的具体意象为中国早期有关“法”的概念的建构提供了模本,它内化于中国“法”的思维和概念中。这种本喻是哲学家所说的“概念体系”(conceptual schemes)的一个面向,有的把它理解为“逻辑命题”(logical proposition)。“在哲学家称作‘概念体系’的命题系统的根基,存在着前逻辑的知觉样式……当我们试图把握另一文明的思想时,这点显得尤为清楚,所有思想都建立在类比化的基础之上。”[②]本文使用“本喻”概念旨在说明,“水”作为一种具体意象怎样构成了中国早期有关“法”的思维所依据的原型。

一 水与治

在中国的古代文献中,作为一种物质,“水”比英文的“water”一词有着更为广泛的意义。它除了具有 water 的含义之外,还意指河流、泉水、洪水、发洪水等。中国有关“大禹治水”的传说,与西方《圣经》中的有关“水”的叙事,其隐喻是不同的。圣经里的“水”,也许可以被视为“人的合法性”源出的一个事件;中国的“大禹治水”深植的是“圣人循道”或者“人生无常”的寓意。中国传统政治法律思想所诉求的“治”之目标与“大禹治

① [美]艾兰:《水之道与德之端——中国早期哲学思想的本喻》,第 14 页。

② [英]葛瑞汉(A. G. Graham):《有关中文的概念体系与语言相对主义》(Conceptual Schemes and Linguistic Relativism in Relation to Chinese),转引自[美]艾兰《水之道与德之端——中国早期哲学思想的本喻》,第 15 页。

水”的“治”字有着密切关联。[①] 据说，禹曾“决江疏河，通之四渎，致之于海，大小相引，高下相受，百川顺流，各归其所”（陆贾《新语·道基》）。“（禹）劳身焦思，居外十三年，过家门不敢入”（《史记·夏本纪》）。正是禹的勤勉与治水经验的合理运用，一个有序的世界得以诞生：“禹卒布土，以定九州”（《山海经·海内经》）；《淮南子·修务训》也说禹“平治水土，定千八百国”。“治”概念的最早物象就是来自大禹与“水”的关系结构的建立：“前禹时代”的“水”肆意横流便是“蛮荒”时代的隐喻，而由于禹的努力，水“循道而行”，天下的秩序得以建立，“水”之“治”则成了中华文明始基的本喻。近人康有为言：“洪水者，大地所共也。人类之生皆在洪水之后，故大地民众皆区萌于夏禹之时。”[②]为什么“夏禹治水”会成为中华文明始基的隐喻，而不是别的？这可能与“水”的“两面性”有关，也与中国古人对“水”的两面性的体认有关。一方面，水滋养万物是利他主义的一个象征；另一方面，也与“洪水”相关，“洪水” 即没有“循河道而流” 的水，是一种缺失了“规则”的泛滥。“中国古代，地下阴间即是水的世界

---

① 关于“水” 的西方喻意，可参阅《圣经·创世记》，“神说：‘我与你们并你们这里的各样活物所立的永约是有记号的。我把虹放在云彩中，这就可作我与地立约的记号了。我使云彩盖地的时候，必有虹现在云彩中，我便记念我与你们和各样有血肉的活物所立的约，水就再不泛滥毁坏一切有血肉的物了”’。在中国的早期文献中，洪水最重要的特征被描述为没有任何流通的渠道或者被看作不因循渠道而流的一种物象。《孟子·滕文公下》说：“天下之生久矣，一治一乱。当尧之时，水逆行，泛滥于中国；蛇龙居之，民无所定；下者为巢，上者为营窟。书曰：‘洚水警余。’洚水者，洪水也。使禹治之。禹掘地而注之海，驱蛇龙而放之菹；水由地中行，江、淮、河、汉是也。险阻既远，鸟兽之害人者消，然后人得平土而居之。” 挖河筑堤，引水循着渠道有序的流动，便是创造一个文明世界的第一步。

② 康有为：《孔子改制考》，中华书局，1958 年，第 9 页。

(黄泉)。很可能,这地下阴间既是江河的总根源,也是淹没世界的滔天大水的源泉。”因而,夏禹把洪水引入河道,“使定居的农业生活成为可能”,文明世界也得以展开。① “治水”不但是规范水的行动,也是为人类行为提供“规则”灵思的试验。水若不能“循道而流”肆意泛滥,它就会毁坏一切,人类就会失去生命的依托;人若没有“准则”,譬如“德性”与“法”,世界就犹如“洪水”无常无序。然而,要把无拘无束的水引入河道,并不是一件易事。除了具有熟知“水性”的经验,也须具有开沟引渠必要的丈量工具。《史记·夏本纪》中就有夏禹治水“左准绳,右规矩”“行山表木,定高山大川”的记载。“准绳”与“规矩”这些概念在中国早期的形成肯定与中国古人对水以及治水的经验有着密切的关联。在有关作为“准(绳)” 的“法”的早期概念中,“水”大体提供了两个面向,一是由治水的丈量工具所提供的对“水”的“规范行为”(引水入河道)经验的援用:“准绳”对治水的意义对“治人”照样有用;二是中国古人对“静止的水”的观审中,体认到水自身所具有的“准绳”意象。荀子、庄子以及孔子对静止的水的物象所建构的“法”的意义,是中国法概念不同于西方罗马—日耳曼法文明最为精彩的一笔。

中国的古人有着丰富的治水经验,而水又有着如此多变的形态,“以至于它潜在的衍生意象多于其他的自然现象”。正是水多变的意象为中国的先哲提供了永不枯竭的想象力和创造力。由水的各种形态所激发的想象力与创造力并不是由中国古代某个学派独享,而是为他们所共用。他们对水的沉思冥想如此一致:不但能将他们内心所欲的东西都归结为水的形态,而且

① 参见[美]艾兰《水之道与德之端——中国早期哲学思想的本喻》,第41～43页。

都确信由水的各种意象传达出的准则也适用于整个宇宙，包括人的世界。作为大自然最为娇宠的物质，水所呈现的规律准则对人照样有效，它成了人类“德性”与“法”的理想模型。[①]

二 水的意象与法的隐喻

中国古代的文字家许慎在他著名的《说文解字》中，这样定义“水”：“准也。北方之行。象众水并流，中有微阳之气也。凡水之属皆从水。”这里，文字家许慎是将“水”与中国文化中的一个重要概念“准”联系起来的，其连结点来自对“宁静之水”的观审与想象。无疑，当水静止的时候，我们通常会注意到它所具有的“平正”意象。而“准”的概念恰恰是通过对“平”之度量功能的体认建构起来的。正是“准”概念内含的“平”之意，才可以为治水的工匠作为度量的标尺和准则。《庄子》认为，静止的水面合于准则，可为木匠所取法，[②]也源自水之“平”的意象。以下典籍对“水”与“准”概念的关系都作了相似的叙述与解释。《汉书·律历志上》对“准”的释义：“准者，所以揆平取正也。”《管子·水

---

① 为了进一步理解中国古代的法思维的建构方式如何不同于罗马—日耳曼，引用以下艾兰教授的这段话是有益的。她在解释中国古人“物我一体”的思维方式时作了如下的叙述：“西方人在动物与植物之间有着明显的区分，而在中国人的概念体系中，动植物被划归于同一个范畴‘物’。因为植物生长与再生是‘物’这个概念的关键之所在，于是，植物生长的原则从植物自身扩展到对所有生命的理解，其中包括人类。由此，人不是所谓‘理性的动物’(reasoning animal)，而是恰当培养后便可生长成熟的具有特定潜质的生物。作为一个物种，人被界定为万物之中独具‘心’的物。”([美]艾兰《水之道与德之端——中国早期哲学思想的本喻》，第108～109页)对这一隐喻的认知，是理解自然的水与人为的法之间关系的关键之处。

② 《庄子外篇·天道第十三》：“水静则明烛须眉，平中准，大匠取法焉。”

地篇》:“水者,万物之准也。”[①]《白虎通义》:“水之为言准也。养物平均,有准则也。”王筠在《句读》中说:“《尚书大传》‘非水无以准万里之平’。”水,是这样一种物质:它天性向善,“上善若水”。这是中国哲人对水独有的领悟与沉想。事实上,当心灵处于宁静的状态时,我们就会以“平和”的双眼看景致。“景致的新颖是一种看景的方式”,即是说,并不是“水”自身真正具有“养物平均”这样的特质,而是中国古代的观水者敞亮的心灵与“水”之物相互交融的结果。“水”之“平准”的特质是沉思者“给予的”。在沉思者的眼里,水是一种最有创造力的物质,它可使山变低、沟壑变浅,它自身就具有“准”的力量:它既是高低不平的反对者,也是仲裁员,再狡猾的物质也逃不过它的眼睛;而它的善性又是那样平正无私,在它“利万物”以养育生命时,从不分高低贵贱、动物植物,作为天地万物中的每一个生物都“平均”地领受它的恩赐。相反,作为万物中最高贵的人类世界却难以做好一件简单的事情:把“一碗水端平”。水是生命之源,也是人类行为模仿的楷模。对水的想象无疑可以建构有关人类行为的“法”概念。

当“水”与“准”成为一种关系结构时,让我们再回到中国的文字家许慎那个有关“法”的定义:“灋,刑也,平之如水,从水。”问题是,作为文字家的许慎对“法”的这种运用是一种创造还是对既有概念的解释?对于这个问题的回答,只要读过《管子》《庄子》以及《荀子》和《孟子》并不是一件难事。对许慎的这一定义持有疑义当是近世以来的中国法律学者。一位杰出的中

---

① 这里的“万物”一词包括了宇宙间的所有生物,人类当然也不例外。《管子》所传达的恰是中国“法”文化有别于罗马—日耳曼之关键所在:“法”作为人类行为之“准”并不是来自于一个超验的律令,也不是源于人的理性“自然法”,而是人类对自然的模仿。“水”无疑是人类效仿的最佳之物。

国法律史家通过研究提出了如下见解:“‘灋’字结构表明:灋是廌触水去。换句话说,解廌触定,放在水上,随流漂去便是法”,“平之如水”乃“后世浅人所妄增”。① 即是说,中国古代的法概念是司法性的,而非法理性的,“法”只是一种放逐刑的委婉说法。中国法律史家的这个见解也为今时的法律学者所发挥:“考察这个字(灋——引者注)的古义,当从人类学的角度入手。这里,水的含义不是象征性的,而纯粹是功能性的。它指把罪者置于水上,随流漂去,即今之所谓驱逐。”②有法律学者还对“平之如水”这个意象提出了富有智性的质疑:“仔细琢磨起来,许慎的解释在词源学上就是值得怀疑的。法的这个水旁为什么在这里就意味着公平?不错,水在静止状态下的特征之一是‘平’,但这并不是水的全部特征或‘本质’特征,甚至未必是其最突出显著的特征。水也是流动的,水还是由高处向低处流淌的,水是柔和的,水是清的,水又是容易混浊的,等等。在所有这些明显可见的特征中,为什么单单‘平’的特征被抽象出来了,构成了这个法字,并且一定代表、象征或指涉了法律要求公平这一高度抽象了的维度?”③

然而,质疑者忽略了许慎定义中前面的那句话:“灋,刑也。”被忽略的原因很简单:既然法被定义为惩罚性的规则或制度,那它又如何与“水”“平”联系起来呢?其实,从文字学不难理解的问题,恰恰容易被我们现代人所误读。许慎这里的“刑”言指的并不仅仅是与现代的杀戮、惩罚有关的规则制度。“刑”在中国古文字学上有不同于现代的语义解释。《广雅疏证》就有:“刑,

---

① 蔡枢衡:《中国刑法史》,广西人民出版社,1983年,第170页。

② 梁治平:《法律的文化解释》,三联书店,1994年,第283页。

③ 苏力:《法的故事》,《读书》1998年第7期。

正人之灋也。……亦通作形。”而“形”即“正”。应注意的是,“刑”的最早书写结构左边是个“井”旁,而不是两个“干”字的拼合。《易经》说:“井,法也。”《广雅疏证》也将“井”解释为“灋”:“井者,法也,井训为法,故做事有法谓之井井。”《尔雅义疏》说:“释文引韩诗云:刑,正也。正亦法也……法所以正人。故周礼注,刑正人之法。皆本古文为说也。”在中国的古文字中,“刑”“正”“井”“法”可以互训也许并非偶然。从“井水”的形式中,可以生成一种意象:清澈宁静,可作镜鉴。“对井梳妆”表达的就是这种意蕴。“水”与“平”的语义间的关联,是中国早期有关法的思想的一个重要模型。

质疑者的质疑让人尊重,但他们没有注意到一个关键之点:中国古人对水的观审并不是对水的“分析”,其方式不是逻辑的、智性的,而是想象的、诗意的。作为文字家,许慎也许并不是基于他对水的诗意想象创设了具有“平正”之义的法的意象,他只是对中国哲人有关“水—法”的这个本喻作了一个文字学的解释而已。质疑者不缺乏智性,但少了一种中国古代哲人的诗意的眼睛和心灵。用孟子的反话说,这叫“观水无术”,其正话是赞美孔子的“观水有术”。质疑者是否注意到孟子对孔子观水的赞美以及赞美的理由:“观水有术,必观其澜。日月有明,容光必照焉。”(《孟子·尽心上》)

《孟子·离娄下》记载,徐子曰:“仲尼亟称于水,曰:‘水哉!水哉!’何取于水也?”孟子曰:“源泉混混,不舍昼夜,盈科而后进,放乎四海。有本者如是,是之取尔。苟为无本,七八月之间雨集,沟浍皆盈;其涸也,可立而待也。故声闻过情,君子耻之。”从质疑者的角度看,这段文字更让人难以理解,而且孔子这种赞美水的方式也让人莫名其妙,因为我们对水的这一意象并不熟悉。事实上,“这段文字中的相反意象——与泉涌之水日新月异相反，骤雨初歇，雨水终会在日照下挥发散尽——从这一个自然现象提取，经过解说或稍加思考便能理解。然而，孔子对水的赞叹与表述方式，无论如何，较易使人迷惑不解。孔子不解荣誉之义，故用无源之水作类比推理，来说明自己对拥有名不副实的荣誉的内心羞愧。孔子赞美水并从中提取了一条原则。这一原则——无源之水难以为继——他知道君子应该以言过其实的荣誉为耻”①。这说明，孔子作为诗意性的哲人自然有着自己观水的独特方式，他并不是以合乎逻辑的、“全面”的视角进行观审，而是根据自己内心的欲求提取某一个点作为自己的心得。许慎的那个定义只是解释了由哲人已建立起来的那个“水”与“平”的关系而已，不应该是他的创造；他摹写的是中国哲人通过他们独特的观水方式而建立起的水与法关系的特有结构。

道家是观水的大师，他们通过对水的不同形态的观审而与“道”建构起关系。老子说：“上善若水。水善利万物而不争，处众人之所恶，故几于道。”（《老子》八章）与老子相比，庄子对水的体悟具有由“道”推及“德“与“法” 的特点：“万物无足以铙心者，故静也。水静则明烛须眉，平中准，大匠取法焉。水静犹明，而况精神！圣人之心静乎！天地之鉴也，万物之镜也。夫虚静、恬淡、寂寞、无为者，天地之平而道德之至，故帝王圣人休焉。休则虚，虚则实，实则伦矣。虚则静，静则动，动则得矣”（《庄子·天道》）；“水之性，不杂则清，莫动则平；郁闭而不流，亦不能清。天德之象也。故曰：纯粹而不杂，静一而不变，淡而无为，动而以天行，此养神之道也”（《庄子·刻意》）；“平者，水停之盛也，其可以为法也，内保之而外不荡也。德者，成和之修也。德不形者，物不能离也”（《庄子·德充符》）。庄子的观审方式是与他的心境

① ［美］艾兰：《水之道与德之端——中国早期哲学思想的本喻》，第5页。

有关的，这与上引质疑者的质疑相反。不但作为文字家的许慎没有顾及水的其他形态，而且作为哲人的庄子对水的其他形态似乎也不感兴趣，而偏爱“静止的水”，其原因是他认同孔子的观点：“人莫鉴于流水，而鉴于止水。”（《庄子·德充符》）静止的水不但因为“平”而映照出“法”的意象，而且它直接与人的“心”性相吻合。法之“平”可以为行为之“准”，水之平可以为“万物之镜”。水静可鉴万物，心静则可以察天地之精微，镜万物之玄妙。这样，“静水”的意象与法、心境、人生关联在一起，构成了庄子的“静水”之观的特质。

与庄子不同，孔子不但“有水必观”，而且对水的各种形态所呈现的寓意更是兴趣盎然。在《荀子》中，我们看到孔子的得意门生子贡在与老师“春游泗水”时，向孔子问曰：“君子之所以见大水，必观焉者，是何？”孔子答道：“夫水，大遍与诸生而无为也，似德。其流也埤下，裾拘必循其理，似义，其洸洸乎不淈尽，似道。若有决行之，其应佚若声响，其赴百仞之谷不惧，似勇。主量必平，似法；盈不求概，似正。淖约微达，似察。以出以入，以就鲜洁，似善化。其万折也必东，似志。是故君子见大水必观焉。”（《荀子·宥坐》）孔子体昧的水在这里已包含了“道德”与“法”的全部原则：水遍养天地万物而无自己所欲，是“德”；水循着自身的定理流必向下，像“义”；汹涌奔流而无穷尽，是“道”；水穿山入渊，无所畏惧，是“勇”；静止的水面平整无偏，同“法”；万物入水，洗濯必洁，像“教化”；百转千回而东去，是“志”。

正如论者所言：“水与人类行为准则的一致性的观念，是以这样的假设作为它的合法性的，即支配自然与人类的原则是一样的。故此，孔子对水进行沉思遐想，儒家的荀子试图把水的各种现象与人的道德品质之间的关系系统化。体现在水与人类行为的原则间的相互关联的假设，并不囿于儒家；它是所有中国早期哲学文献的一般性假设。”[1]在这里，自然与人类行为的一致性并不是通过逻辑建立起来的，而是得之于丰富的“想象力”。“想象首先从遥远的形象中汲取养料；想象面对广阔的远景展开；它从中划出一块隐蔽之地，汇集起更富有人性的想象。它从视觉的享受发展为更内在的欲望。”[2]即是说，水的各种形态在孔子的视野里并不是一种自然现象，而是一个蕴涵了道、德、义、勇、法、正、善、志等人类属性的喻象形态。孔子在此确立的是立足于自然与经验对人类准则进行思考的一种方式。当“水”被孔子当作对象加以观审的时候，事实上他是与自然万物作深切的对话，是在自然万物转承演化中找寻人类准则。“水”指向的是一个神秘莫测的未知世界，孔子的智慧就是被这样一个世界牵引着，在各种不可言喻的形式中思考着人类的生存状态和生存方式。“水”向孔子敞开了一个巨大的、充满张力的想象空间和解释空间。

三　“水舟”之喻与法统

“水把各种形象聚合在一起，溶解实体，在想象的非客观化使命中，在它的吸收使命中，帮助了想象。水还带来了一种句法结构，形象的持续连贯，以及形象的温和的运动，这种运动激发同事物连在一起的遐想。”[3]中国的哲人不但从“静止的水”的形态中建构了思考法的模型，而且还从对“水”这种物质的特性与

① [美]艾兰：《水之道与德之端——中国早期哲学思想的本喻》，第24页。

② [法]加斯东·巴什拉：《水与梦——论物质的想象》，顾嘉琛译，岳麓书社，2005年，第42页。

③ [法]加斯东·巴什拉：《水与梦——论物质的想象》，第14页。

品质的沉思中直接或间接建立起中国的政治法律关系原型。为人熟知的“水可载舟,也可覆舟”的“水舟”之喻,是中国政治法律思想中有关统治者与他的人民关系的最早模具。[①] 这种表达方式是一种警句,它告诫治者与被治者应正视这样一种相互依存关系:统治者既不能漠视人民的欲求,人民也应服从贤明君王的统治。而能不能重视这样一种关系,是衡量统治者是否贤明的重要标志。同理,一种法律若只是为了统治者的利益,统治者不但不会从这种特权中获益,而且还会招致政权危机。“水舟关系”是双方都能获益的一种关系,是中国古典民本思想的重要隐喻。

孟子对水的特性也有相类似的领悟。“水”是孟子建构他的“仁政”思想体系的最为原始的质料。他说:“民之归仁也,犹水之就下,兽之走圹也。”(《孟子·离娄上》)水自然流必向下的特性是贤明的君王懂得如何赢得他的人民效忠的一个象征。在孟子看来,水的这一特性对所有智力健全的统治者都具有启迪的效用:当统治者用“仁心”对待他的人民时,人民就会自然而然地向他靠拢并效忠于他。相反的情形是,统治者的暴虐必然引起人民的憎恶,人民回报于他的当然不是忠顺而是反叛。人民只归顺对自己好的人。其反面的证据是,“殷鉴不远,在夏后之世”。暴虐的纣王之所以被推翻就是因为他不懂得“水之就下”这一特性所蕴含的意义。这里的“归”是一个颇具意味的字,它

---

① 《荀子·王制》:“马骇舆,则君子不安舆;庶人骇政,则君子不安位;……庶人安政,然后君子安位。《传》曰:‘君者,舟也;庶人者,水也。水则载舟,水则覆舟。’此之谓也。”《孔子家语·五仪解》载,孔子曰:“夫君者,舟也;庶人者,水也。水所以载舟,亦所以覆舟。君以此思危,则危可知矣。”《后汉书·皇甫规传》载,皇甫规对策曰:“君者,舟也;人者,水也。群臣乘舟者也,将军兄弟操楫者也。若能平志毕力,以度元元,所谓福也。如其怠弛,将沦波涛,可不慎乎!”

意指“回家”。“归”的运用与孟子对水性与人性的一致性观念有关。在他看来，人民天生具有“仁心”，所以他们归顺“仁君”并不是一种选择而是顺其性而已，就像“回家”那样自然。这犹如水向下而流不是水的选择而是它的特性一样。

在中国哲人对水的审视与想象中，有一个突出的特点是：他们注意最多的是“静止之水”“流动之水” 以及“源头之水”，而且水的不同意象都是由“河水”提供的，很少有对“海水”发生兴致。因为“海水是一种非人性的水，海水缺少可直接为人服务的可敬本原”，相反，“源头之水”却是一种值得称颂的水，因为“河的源头对河的整个流程负有责任并享有它的功德。河的力量源于源头”。[①] 荀子钟情的恰恰是这“源头之水”，他对“君”与“法”关系的设定也是以“源头之水”作为本喻的。具体地说，荀子将水的“源头”看作“君”之象征，“流”则是“法”的意象。“法”由“君”出，天经地义：“有乱君，无乱国；有治人，无治法。……法者，治之端也；君子者，法之原也。……故械数者，治之流也，非治之原也；君子者，治之原也。官人守数，君子养原；原清则流清，原浊则流浊。”(《荀子·君道》)这一来自“源”与“流”关系的中国法观念是不同于罗马—日耳曼法文化的最关键之点：西方人看来，在终极的意义上，法的合法性是来自一种超验的法则或理性；而在荀子看来，法作为人类行为规则的有效性与道德律令无关。荀子子告诉我们的是，人类习惯怎么做而非应该怎样做，以及法事实上是来自何处而非应该来自何处。至高无上的君主既是法的事实上的创造者，也是为法律权威提供最可靠保障的源泉。

荀子也许会赞同“恶法”存在这一事实，但赞同的理由肯定是不同的。在西方人看来，“正义”是判断的标准，符合正义的法

---

① [法]加斯东·巴什拉：《水与梦——论物质的想象》，第 168 页。

即良法,反之即恶法;荀子则认为,判断恶法的标准极其简单:“原清则流清,原浊则流浊。”君主不但是法的创造者,也是法的善恶的判准。换言之,尧舜的典章制度之所以是“善”的,是因为它的创造者的伟大,“宪章文武,祖述尧舜”;相反,夏桀与商纣的典章制度之所以是“坏”的,主要不是因为其典章本身,而是因为其创造者是坏的。这一来自“源”与“流”的法观念模型也可以解释,为什么中国自古以来都强调统治者要“以身作则”的重要性。被“水”的这一特性打上中国印记的不是哪一个学派,而是整个中国的法文化。

中国古代的另一位思想家——管子,除了在“源流”关系上与荀子一样表达他的思想,他还告诫,为了使法对人的行为发生作用,立法者还要充分注意“水”与人之“性”的关系:“齐之水道燥而复,故其民贪粗而好勇。楚之淖弱而清,故其民轻果而贼。越之水浊重而洎,故其民愚疾而垢。秦之水泔最而稽,淤滞而杂,故其民贪戾,罔而好事。齐晋之水枯旱而运,淤滞而杂,故其民谄谀葆诈,巧佞而好利。燕之水萃下而弱,沉滞而杂,故其民愚憨而好贞,轻疾而易死。宋之水轻劲而清,故其民闲易而好正”,“是以圣人之治于世也,不人告也,不户说也。其枢在水”。(《管子·水地》)可以说,《管子》的主题“本道行法”的形成,也是从水和其他物质的意象中寻找本源的。

管子以及中国法家的“因道全法”的思想往往被人们所忽视。事实上,这一思想与水的意象直接关联,它本源于水和其他物质。“法”是一套人为的普遍规则,来源于对水之义律和“秩序”的模仿。西方传统把自然科学解释为在世界中普遍起作用的力量,而中国的管子和法家仅仅承认像水这样的自然的自发和谐,坚信通过人的努力——“因道全法”,人和自然可以达到一致。而且,在管子与中国的法家看来,存在于自然中的和谐远不是由某些抽象的“自然法则”先定的，而是构成存在过程的那些内在相关要素整合的结果。

结语

“物质不管经过何种扭曲，何种分割，它依然是其自身。物质在两种意义上使自己有价值：在深化的意义上和在飞跃的意义上。从深化的意义上讲，物质似是不可测的，似是一种奥秘。从飞跃的意义上讲，它似是一种取之不竭的力量，一种奇观。在这两种情况中，对某种物质的思考培育着一种敞开的想象。”①无疑，在中国的先哲中，“水”是最具资格的这种物质。水不仅给哲人灵思，而且它本身也具有了一种飞跃自身的力量；并不是水自身的“形式”赋予了遐想者驰骋的想象，而是沉思者创造了水的“形式”。当哲人孔子站在川流不息的岸边，凝注东去的江水发出感悟“逝者如斯夫！不舍昼夜”时，并不是“流水”自身携带了“时间”的意义，而是遐想者赋予了它“时间”的形式。相反，当西方的诗人凝视着一池止静的春水时，他就会创造出不同于中国哲人的另一种形式：“黄色的花，永久地注视着倒影在宁静水晶中的倦忌的双眼。”②这样的一种形式，“从现实的目光来看，这是一个很糟的形象：并不存在花的眼睛。但对诗人的梦来说，花会看到，因为花在纯净的水里照着自己”③。任何想象都是物质与遐想者交互作用的结果，是物质使遐想者具有了梦幻般的

---

① [法]加斯东·巴什拉：《水与梦——论物质的想象》，第3页。

② [英]雪莱：《雪莱全集》，转引自[法]加斯东·巴什拉《水与梦——论物质的想象》，第28页。

③ [法]加斯东·巴什拉：《水与梦——论物质的想象》，第28～29页。

创造力。想象,并不是瞬间的走神,但也无需借助于逻辑,也无需理智帮忙,只要有一个敞开的心灵和一双诗意的眼睛就够了。“克洛代尔说:‘内心所渴望的一切都能还原为水的形象。’”①从这个意义上说,水不但成了中国哲人有关法思想的本喻,而且从特性上它也是人类自恋本质的最佳替代品。

---

① [法]加斯东·巴什拉:《水与梦——论物质的想象》,第165页。

余论

什么才是关键

一

“近代”是一个困局，中国身陷其中，被囚于此。如何挣脱突围，是对这个民族智慧的考验。它关涉两个问题：如何认识自我历史的价值，并以此来重新评估祖传的智慧是否管用；如何审视造成这个困局的西方①，包括它的器物和典章制度。毫无疑问，中国自遭遇西方开始，就从未间断过对它的打量与观审。这也是祖传的智慧之一，古老兵法的运用。而如何观看西方的模样与价值，是与重新估价自己的文化与历史在同一个空间而未必在同一个时间线轴上进行的，这就形成了一种“中与西”“新与

① 对“西方”这个概念我援引的是史书美的解释：“‘西方’除了用来指代欧洲和北美国家，我还将西方当成是一种象征性建构。我的这一思路延续了印度庶民研究小组对西方的定义。在他们看来，西方是‘被一种历史进程创造出来的强大的想象性实体，而这一历史进程将西方权威化为理性、进步和现代性的故乡’。西方实际是一种由帝国主义和民族主义推广和普及的想象性建构。”（史书美：《现代的诱惑》，江苏人民出版社，2007 年，第 2 页）

旧"交织的复杂关系。由近代建构的这种关系,用惯常的诸如"一般性与特殊性"(西方性与本土性)、"西方主义与东方主义"(我者与他者)等范式进行解释,在我看来都不像鞋与脚那样合适。这其中,中国宪制思想为之提供了很好的范例。

"中国宪制思想"这个用语实际上涵括了两层意思。第一层意思是,中国近代有关宪制的观念和表达与对西方的观看有关,与西方身在的那种"优越性"有关,或者说与西方"强"中国"弱"的事实以及中国对这个事实的体认有关。宪制的思想与语言被中国挪用,主要不是用以表达西方问题,而是中国问题,这是中国宪制思想之所以为"中国"的最直接的意思。"挪用"是中国在构造自己新的心像时对西方的一种免费借取,无须返还。而相反的,中国传统中并不具有这样的思想,更没有以此为轴心所形成的完整体系,它也是喻指近代中国历史"非优越性"的一个政治性表征。

还有另一层意思。**中国无论怎样挪用西方,自始至终都有一个中国立场的存在,既包括对西方价值的取舍,也包括对自己古老智慧的化用。**任何一种外来思想的移入都是以自己的"理解"为前提,构成这一理解的首先是自己的文化与历史,包括使用的语言文字、词语概念、思维方式,以及身在的语境。这个"前解"是通向"理解"的不可绕越的起点。没有祖先的遗迹——文字,外来的思想就无从书写。这样的书写与其说是对外来思想的复原和重述,毋宁说是意义在异域的移转与再生。[①]"我者"本身构成了意义的再生之地。

---

① "输入西方话语且使之适用于本土语境并不属于一种完全的挪用行为,因为本土的话语机制将在挪用的过程中发挥话语约束作用。"(史书美:《现代的诱惑》,第70页)

中国宪制思想之所以为中国的思想，还在于它从未在学术的意义上对待西方的宪制原理。近代的中国似乎在学术上对希腊、罗马城邦制度的机理并不感兴趣，对西方宪制的起源以及学术变迁也是心意阑珊；中国宪制思想从未对西方宪制学说的流派进行过梳理，也从未探讨过美国的法官制度与美国宪制体制的关系。进而言之，中国宪制思想对宪制概念及其在西方学术世界的递进演化没有兴致。中国宪制思想的眼睛紧盯的是西方繁荣的现实以及这种繁荣背后的秘密，它所关注的是西方宪制原理涵括的内容对解决中国问题的意义与价值。

中国宪制思想并不讨论西方宪制原理的**"学术合理性"**，而是思考其学说与制度之于中国社会、国家的**"日常合理性"**。简言之，中国宪制思想对西方的宪制原理不是研究，而是挪用。

近代中国的宪制思想有自己的眼界，有自己的盘算和选择。它也主张政府权力的有限性，但它在政府权力的有效性上投入的精力更多；它也探讨司法独立，但一个团结的共同体的成长比一种权力的独立与否更重要。它对一个内部自洽的宪制概念没有兴致，它的重心是在西方宪制学理中掘取自己需要的东西。中国宪制思想的核心不在宪制，而在宪制能够带来的结果。

具体说来，真正吸引中国宪制思想的是西方宪制原理中所涵摄的有关"民"的那一部分。在它看来，公民的锻造（新民）是生成现代国家的第一道工序，也是最为关键的环节。没有公民这样的主体诞生，中国就绝无"现代国家"的资格。也就是说，西方宪制的内在性并不必然是中国宪制思想的核心。宪制作为一种防御性制度，其本质在于防范国家权力。这一点，中国思想是知道的，但它更看重为其提供基础的"代议制"。正是代议制民主关涉了中国思想最为关切的一个问题：中国之民怎样才能团结成为一个像西方那样的政治共同体。因为只有这样一个共同体才会像西方那样发挥无限的能量。

由西方宪制原理激发出来的有关"民"的思考,是以这样一个日常事理为前提的:为什么一个人口足够多的国家抵不过一个像英国这样的"蕞尔岛国"呢?为什么"寡不敌众"这样的常理在现在的意义却翻转了呢?愚人只能看见枪炮的厉害,智者却能悟出枪炮之手的分量。

这一切都可归结为"民"的不同。"民"对构造现代国家的作用被中国思想不断地想象:"民"首先是因其作为一种"上""下"关系中的一方的重要性而被发现,这是中国近代早期对"重民"传统的重述,当然,这种"重述"行为本身是由西方的宪制原理所激发的;"民"作为一个现代政治共同体的成员自身应该具有的资格,以及民与民之间的关系构成,也都为中国思想重点讨论,思想者把这样一种思考附置了一个中国化的概念——民权;当行"开明专制"还是举"共和革命","民"的资格问题再次成为焦点;即便共和革命之后,有关国民的**"心理建设"**也一次次被历史进一步地凸显出来;再由**"民"**到**"平民"**价值的发现,**"民主"**便成了五四文化的另一个重心;而从**"平民主义"**到**"新民主主义"**,中国宪制思想最终塑形了自己的范式。

为什么"民"会成为中国宪制思想的关键词?这是一个可以反复咀嚼而未必能够咽下去的问题。拣最容易的一点说,有关"民"的思想所承载的首先是中国自己的古老智慧。儒家的民本主义是中国宪制思想的第一块踏石。只要有关政事,儒家和法家总是喋喋不休。法家被中国近代思想冷落,自有它的道理,盖因它对君主主义的热情鼓吹淹没了它自身的智慧;而儒家对百姓(民)所说的那些廉价的奉承话,更容易打动那些认为皇权该为中国衰败负责的人们的心。儒家在中国近代宪制思想中是一个双重角色:从对它进行委婉地批评到之后的猛烈攻击,一方面，儒家文化成了中国屈辱的替罪羊，而且是一个合适的角色；另一方面，中国思想无论对它有多少怨恨，对西方宪制原理的挪用又必须借助于它所提供的语汇、概念和资源。

“中国宪制思想”表达了这样一种复杂关系：第一，西方的宪制是因为西方的**“优越性”**以及中国的**“非优越性”**这样一种中国式体认被中国接纳的。当西方“宪制”剥脱了原有的语境被置于异域场景之后，其意义与价值必定会发生移转。这里要强调的不是这种移转本身，而是移转的意义——“移转”并非是中国对西方的“误读”，而是一种主体性的主动选择。第二，对西方宪制原理如何取舍，取决于中国对自身问题的体认以及体认的方式。而决定这种“体认方式”的，不是西方宪制原理，而是由中国自己的文化历史提供的智慧，以及对智慧的化用。第三，置身于宪制语境下的中国文化与历史自身具有两重性，一方面中国的文化与历史似乎要对中国“非优越性”的现实负责，因为它没有孕育出宪制的思想和原理，当然最重要的是它使中国在西方面前丢脸；另一方面，中国不可能跳出中国来观看西方宪制所带来的“优越性”。无论中国历史文化多么糟，它仍是“观看”西方唯一的镜子，没有它，中国什么也看不见；同时，它也是中国价值选取的唯一依凭，没有祖传智慧的遗留，在西方面前中国什么也不是。这是中国宪制思想内生的一种痛苦。

西方为中国设下的局，中国须先认清其中的玄机，而最终的破局还得仰仗自己的智慧。

二

王韬说：“勿以民为弱，民盖至弱而不可犯也；勿以民为贱，民盖至贱而不可虐也；勿以民为愚，民盖至愚而不可欺也。夫能与民同其利者，民必与上同其害；与民共乐者，民必与上共其忧。”①

这段话写于19世纪70年代。那是中国最为困顿的时期之一，也是中国从西方政治经验中寻求摆脱困境之道的开始。说这话的人不是中国的一般民众，也不是通常意义上的朝廷官僚，而是一个活动在香港、定居于上海、与西方人有着密切交际的人。他能说一口流利的英语，也曾在西方人的陪同下游历过英、法等国，著有《法国志略》一书。他属典型的中国“口岸知识分子”类型。

王韬有关“民”的论说，从内容到策略大体可分为三个部分：一是重述中国有关“民”之叙事的古老传统；二是介绍西方议会制的审慎方式；三是在这两者之间所提出的主张，此类言论也具有审慎特征。考虑到作者将涉及洋务问题的文字作为“外编”这一点，不妨做这样一个推论：“外编”的阅读对象主要被设定为“在上者”，而不是作者言下的“民”——普通百姓。这与他自己所说的“内编”——自我独白的表达策略是不同的。也就是说，作者出于对客观情势的判断，“外编”没有把自己想要说的话全部说尽、说透，留有很多余地。那些“空白”可能恰恰是作者内心最真实的意思。这也符合中国传统士大夫策议的范式。

先看他的主张：

---

① 王韬：《重民中》，载《弢园文录外编》，上海书店出版社，2002年，第18页。《弢园文录外编》凡12卷，是王韬自编的论文集，大部分是他在香港时所写的政论文章。所谓“外编”是与“内编”相对。王韬自称著有“内编”，内容主要有关“性理学术”，可惜在1861年溺于水中，一字无存。“外编”则多言洋务，作者不欲使其入于集中，故名“外编”。《弢园文录外编》的最新版本当是上海书店出版社2002年版。本文的引文即出于此。

上有以信夫民，民有以爱夫上，上下之交既无隔阂，则君民之情自相浃洽。今夫富国强兵之本，系于民而已矣。(《重民上》)

善为治者，贵在求民之隐，达民之情，民以为不便者不行，民以不可者不必强，察其疴痒而煦其疾痛，民之与官有如子弟之于父兄，则境无不治矣。(《重民下》)

平日治民之要，在抚字以结其心，勇敢以作其气，忠孝节义以厉其心志，轻徭薄赋以养其身家，务使安其居，乐其业，可静而不可动，而忠君爱国之心自油然生于其中。(《重民中》)

相反的情形是：

民之所欲，上未必知之而与之也；民之所恶，上未必察之而勿之施也。任司牧之权，于薄书、钱谷、刑戮、鞫讯外，已无他事矣。其民之生计若何，困苦若何，为抚字，为鞠谋，贸贸然不暇计也。(《达民情》)

由此观之，中国欲谋富强，固不必别求他术也。能通上下之情，则能地有余利，民有余力，闾阎自饶，盖藏库帑无虞匮乏矣。由是而制器则各呈其巧，练兵则各尽其材。上下同心，相与戮力，又安见邦本既固而国势不日隆者哉？(《达民情》)

单从这些文字看，这些言论了无新意，它只不过重申了古老中国诸如“忠君爱民”“上恩下逮下情上达”的君民无隔的乌托邦理想。这里重要的不是“重申”的内容，而是做如此重申的语境：

> 泰西之立国有三：一曰君主之国，一曰民主之国，一曰君民共主之国。……一人主治于上而百执事万姓奔走于下，令出而必行，言出而莫违，此君主也。国家有事，下之议院，众以为可行则行，不可则止，统领但总其大成而已，此民主也。朝廷有兵刑礼乐赏罚诸大政，必集众于上下议院，君可而民否，不能行，民可而君否，亦不能行也，必君民意见相同，而后可颁之于远近，此君民共主也。……惟君民共治，上下相通，民隐得以上达，君惠亦得以下逮。……泰西诸国，以英为巨擘，而英国政治之美，实为泰西诸国所闻风向慕，则以君民上下互相联络之效也。(《重民下》)

这段话可以看作作者对西方代议制民主及其功能价值的认知。这种认识既可能是作者的真实见解，也可能是作者所采用的一种表达策略。王韬论者依据的是前者。其理由是：缘于历史的局限性以及中西政治文化的巨大差异，19 世纪 70 年代的王韬没有能力把握西方代议制民主的真正意涵。他观看西方政制机理时戴的是近视镜，而不是透视镜。[①]

但还有另一种可能性：王韬本人对西方的代议民主制——特别是英国的议会制——是深知的，包括议会对国王的制约以

① 杰出的王韬论者美国学者柯文持有这一看法(参见柯文著，雷颐译《在传统与现代之间——王韬与晚清革命》，江苏人民出版社，1998 年)。作为一个国外的研究者，他不太注意或者无意识去研究中国作者，特别是王韬辈的知识精英对不同阅读对象所采取的不同修辞与表达策略这一有趣的知识现象。美国另一位杰出的中国思想研究者本杰明·史华兹对严复的研究则注意到严复的西方学翻译为什么采用古雅的古文体这一形式。(参见本杰明·史华兹著，叶凤美译《寻求富强：严复与西方》，江苏人民出版社，2010 年)

及公民所享有的政治权利这些关键性的内容。这可以从他的历史著作——《法国志略》一书中得到旁证。这部出版于 1871 年的书，与“外编”不同，是“记述性”的研究，而不是有关中国改革的见解。其阅读对象也稍有不同，既包括像作者这样的知识精英，也有朝廷官僚，当然皇帝本人也在其内，假若他能看到的话。书中有一段完全不同于上述有关议会制的言论：

> 盖人君之所以不敢挟其威虐其民者，以国宪限其权也。国民之所以不敢负其力凌其君者，以国宪定其分也。路易既不难挟其威虐其民，则为之民者亦难负其力凌其君乎哉。故欲其国之永安久治，以制国宪定君民权限为第一义也。①

这是王韬对西方的宪制所作出的最为准确的一种描述。其中的两个关键节点被他揭示出来：宪法是驾乎国家之上的一种根本性规则，既对统治者的权力（权威）构成制约，也对被统治者的权利作出界分；权力与权利的关系构筑是宪制优越于“君主制”的关键所在。“君民权限”概念的引入是王韬对西方宪制的一个深刻洞见，而把划分统治者与被统治者的权限作为国家永安久治的“第一义”的结论更是颇具意味。

---

① 转引自佐藤慎一著，刘岳兵译《近代中国的知识分子与文明》，江苏人民出版社，2006 年，第 185 页。《法国志略》有两个版本。原刊本于 1871 年出版。该书共六卷，包括《法兰西总志》三卷、《法京巴黎斯志》一卷、《法兰西郡邑志》二卷。1890 年改定版《重订法国志略》二十四卷本由上海淞隐庐出版。据王韬所言，这本书取材于日本冈千仞的《法兰西志》、冈本监辅的《万国史记》，并参考了《西国近事汇编》及《近时之日报》等文。1879 年王韬访日，并受到日本文人学者的热烈欢迎。在三个多月的游历中，冈千仞始终与他形影不离。很可能在这期间，冈千仞将《法兰西志》亲手送给王韬。（参见佐藤慎一《近代中国的知识分子与文明》，第 224 页，注 6）

为什么到了“外编”，对议会制的叙述一下子就变了呢？要弄清这个问题，还要看王韬下面的文字：

> 犹有中国三代以上之遗意焉。三代以上，君与民近而世治；三代以下，君与民日远而治道遂不古若。（《重民下》）
>
> 《书》有之曰：“民惟邦本，本固邦宁。”苟得君主于上，而民主于下，则上下之交固，君民之分亲矣。内可以无乱，外可以无侮，而国本有若苞桑磐石焉。由此而扩充之，富强之效亦无不基于此矣。（《重民下》）

考虑到王韬使用“外编”这样一种言说方式，对他有关西方议会制的解释、中国传统的援用以及据此提出的见解性主张，不妨做这样一个分析：

王韬的言论基于一个显然的事实——西方繁荣，中国破败。他的用意是要寻找繁荣与衰败背后的根由，然后提出自己的建议和主张。对此，他特别谨慎。这与身份有关，王韬首先是一个汉人，对一个满族政权而言，任何一句不适当的言论都会被看作冒犯；他并不是通过科考取得官职的帝国官僚，只不过是一个生活在“口岸城市”与西方人打交道且身背与“赭寇”（太平天国的起义军）勾结污名的知识精英，他在帝国的舆论世界并不具有话语优势。“出言谨慎”当是这类知识精英恪守的戒条。

王韬凭借他的敏锐和渊博的知识，发现了西方繁荣、中国衰败的秘密：“民”是构成中西两个世界巨大差异的最终症结。他从宪制理解法国，从议会制探视英国；他体悟到议会制是关于治者与被治者关系的一种最合理的安排，其优越性撇开其他的不说，有利于相互理解和增进关系的融洽是不言而喻的。这也可以唤起中国对自己古老传统的记忆：“民惟邦本，本固邦宁。”遗憾的是，当时中国的统治者把这一点全忘掉了。

援用西方制度也为统治者增添了一个新的选项：一边是中国古老的传统，一边是新的西方制度，一个聪明的统治者怎样选择是不言自明的。而在这里重述中国传统还有一层意思：任何取法西方议会制的打算都符合中国的传统智慧。

王韬也许真的那样看待西方议会制，也许那只是他表达的一个策略：强调代表民意的议会是对君权的限制，总比不上说议会主要是一个舆情机构更容易为中国的满族政权所接受。实际上，在王韬对有关西方议会制有所保留的叙述中，也能发现他对议会制中"民权"问题的注意，只是用的是一种更为隐晦的方式。从下引的这句话中能看出来：

> 君可而民否，不能行，民可而君否，亦不能行也，必君民意见相同，而后可颁之于远近，此君民共主也。(《重民下》)

这里的意思很明白：如果君主认为可以做的事项，"民"若不答应，此事也就泡汤了。王韬没有明说民为什么有这样的本事，但他又明确无误地告诉我们确实存在这样的事实。除了"民权"，还能是什么呢？也许正是王韬意识到了这一点，所以在他的"外编"里，没有明确提出让中国皇帝采纳西方议会制的建议。他所做的只是把一个打了折扣的议会制——"君民共主"摆在那里，让统治者自己看着办。王韬的言说是呈现式的，而不是劝告性的。

但是，王韬有关民的叙述文本仍有歧义。毕竟，对中国传统以及这一古老智慧的援用与对西方议会制的解释是相互制约的，也只有在西方议会制的语境中，中国传统的重述才具有意义。而中国传统智慧的再现以及再现的方式，又使得西方议会制的意义打了折扣。这使问题复杂化了:西方的议会制因为西方现实的优越性而被援用,而援用的合法性则是来自中国传统的支持;中国传统于现时态的有效性又依赖于西方议会制优越性的存在。两者相互缠绕,彼此限定。

如果没有西方议会制的语境,中国的"惟民主义"传统在现时态里就派不上用场。无论王韬怎样强调"民"的重要性,那些远在广东的百姓都不可能从地缘、情感上把一个叫作"北京"的地方与自己联系起来。对一个帝国之民而言,他与国家的距离既是地理上的,也是情感归属上的。空间的距离越远,情感归属也就越疏离。"山高皇帝远"所表达的更多是情感性的而非空间性的距离。近代中国的问题在于:它始终没有找到一个将统治者与其每一个子民(百姓)在情感归属方面联系起来的真正渠道,光靠重申"民"的重要性,无济于事。那些廉价的奉承话,对于远在北京之外的子民来讲,并无半点好处。即便一个真正爱民的统治者也无法做到"爱民如子",因为他手下的属臣和官员未必都像他那样看。集权制下的近代中国本质上就是一种散沙形态。

王韬的文本过多地关注统治者对待"民"的态度,而疏于探讨保证这种态度的方法。除对统治者的吁请之外,"民"只是作为一个统治对象而受到重视,而"民"作为一个具有人格化的独立概念在王韬的文本里并未形成。他对一个现代国家所需要的公民资格问题缺乏关心,而一个现代政治共同体所要求的公民间的权利关系也在他的思考之外。

"民"——作为一个现代国家的参与者——的重要性的提出,还要等到下一代人。

三

必须重申和强调的一点是，近代中国在为自己的“现代国家”构图时，存有一个既定的格子：格子的中央是强大的优胜者——西方，贫弱落败的中国则被挤在格子之外。然而，无论中国处境多糟，它并不是这个世界的真正意义上的尾闾，尽管西方自己可以这样看。中国曾是另一个世界的主宰，它把这个世界称作“天下”，而自己则是这个世界的首都。这两个不同世界的“相遇”以及相遇的方式，是生成中国无尽烦恼与纠结的真正根源。① 一方面，中国不得不从心理层面而不是从姿态上真正面对西方；另一方面，又不能彻底与自己的文化历史割断。无论传统是被看作负面的障碍物，还是一种可以援用的资源，都是如此。面对西方的同时，也得面对自己的过去。中国思想的这种不断“转身”的特征，在梁启超的身上尤为凸显。

梁启超一方面把西方（包括明治时期的日本）作为构造中国现代国家的材料，一方面又从自己的历史文化中检省这些材料。他通过“重构”西方和“重述”中国传统的方式，找到了中国建造一个“新国家”（现代政治共同体）之道——其方案就是“新民”。

“新民”成为梁启超思考问题的重心，这与他接纳西方的“国

---

① 对中国而言，（与西方）“相遇”这个词含有诸多复杂的意义。最主要的是，无论中国在这个世界的处境怎样，它都不可能放弃五千年积攒起来的那个“大国”的主体身份——曾居于中心位置的人不可能甘愿在人群中坐在最后一排。而复杂性还在于：想要重回自己的主体位置，似乎首先得忘记和放弃自己的主体身份。

家有机体说”有关，与他熟知中国古老的重民思想有关[①]，也与他身处的境遇有关。梁启超参与过清政府的政治改革，并在舆论和政策性方面起到过重要的组织作用。这是一种不可多得的政治能力的训练，也使他熟悉了中国的官场，以及身在这个场域中形形色色人物的各种嘴脸。改革失败以后，他不得不亡命于日本。由官僚们推进的改革以及改革的失败带来的沮丧情绪，都使他对自上而下的改革失去信心。他被迫或主动把目光转向了与政府好坏直接相关的民众品质与能力问题上。《新民说》是梁启超思想中最重要的文字，也是他创制新国家的主要理路。

《新民说》以连载的形式发表在他自己主办的《新民丛报》上。正如论者所言，与其说《新民说》是《新民丛报》刊载的文字，还不如说是梁启超为了发表《新民说》才创办了《新民丛报》。[②]与他早期的文字不同，《新民说》设定的阅读对象是中国的“民”，而不是“官”。对此，他自己也有一种矛盾的心境：既献身于中国民众的启蒙和舆论上的导引与教育，又希望清政府能够宽容这种启蒙性的行为，因为在他看来，“新民”事业对国家有利，对政府并不冒犯。[③] 但他的主要用意还是在普通民众：一种类似西方公民这样的国民锻造就是中国成长为现代国家的先决条件，

① 可参阅他在早年所写的《古议院考》（见《梁启超全集》第一卷，北京出版社，1999年，第61页。以下简称《全集》）。

② 参见（日）狭间直树《〈新民说〉略论》，载狭间直树编《梁启超·明治日本·西方——日本京都大学人文科学研究所共同研究报告》，社会科学文献出版社，2001年，第69页。

③ 他在《敬告当道者》一文对此作了说明与解释：“报曰新民，则报之言非为诸公言也。虽然，民亦有广狭二义。以狭义言之，诸君官也，民之对待也，故本报之论著，向不欲与诸君有一语之交涉。以广义言之，则诸君亦是国民之一分子也，而乌可歧视之，故不辞唐突，进一言焉。若诸君不愿闻，则请非诸君一闻之。”（《全集》第四卷，第968页）

这个信念曾一度支配了他所有有关政治问题的思考。然而,他也清楚,那个时代的中国民众能读到、读懂他文字的人并不多。“满街都是睁眼瞎”是困扰他的新民事业的最大障碍。[①] 他的真正用意是对他的同道们——有知识的中国青年——进行现代性的启发。为此,他还创造出了一种能够表达这种启发的文体——“笔端常带感情”的书写方式。然后,这些被他思想武装起来的年轻人再去做开发他们同胞的事。他写《新民说》的时候只有 29 岁。他是青年的同道,也是一个高于同道的青年。

《新民说》大体可分为三个篇章:总论;第 5 节至第 17 节;第 18 节至第 20 节。整个文本是由断断续续的文字集合而成。从总论部分到第 17 节,文本有一个统一的逻辑结构。问题的论说既相互统摄,又相互缠绕,自始至终都有一个清晰的论旨通贯于其间。第 18 节以后则是作者造访新大陆回来后形成的文字,只有三篇。虽然作者本人将其附缀于第 17 节之后,然而,作为整个文本的一部分,这三篇文字,无论就其言说的对象,还是言说的主旨都与前文不同。如果前面的部分是吁请知识青年同道如何为中国的新民事业效忠,那么后面的部分首先是对同道身份加以识别,其用意是告诫那些被剔除在同道之外的家伙们勿要误用了这一事业。前者是启发式的论说,后者是论辩式的训诫;前者是写给同道看的,后者是说给革命党人听的;前者教人如何做新民,后者则是警告别革命。

---

① 他在《新民说》中非常敏锐地注意到了公民社会与“言文一致”的关系问题。(参见《新民说》第 11 节“论进步”部分,载《全集》,第 684 页)

有关《新民说》的研究成果已相当丰富[①],由于篇幅所限,也基于本文的论旨不同,我不打算对其作整体性的阐释,只对他所运用的方法以及在方法运用中所关涉的有关中西问题的处理方式做一个未必深入的研讨。其中,我将引用韩国学者白池云先生的一篇重要论文——《东方主义和西方主义——阅读梁启超〈新民说〉的一个方法论的试探》。它是迄今为止我所见到的研究此类问题最别具风格的论文,即便其中有些不能苟同的论说也让人喜欢。

《新民说》开头就点明了国家与其国民的内在关系:"国也者,积民而成,国之有民,犹身之有四肢、五脏、筋脉、血轮也。未有四肢已断,五脏已瘵,筋脉已伤,血轮已涸,而身犹能存者。"[②]

梁启超不同于王韬。王韬只是在西方的影响下,重述了中国传统有关民的重要性的论辩,而这种论辩主要是由"君"的相对次要性所提供的——尽管事实上,"君"的主宰性从来未被中国传统思想所忽略。"民惟邦本",强调的是作为"君"统治基础的重要性,而不是民在主体上的重要性。当孟子提出"民贵君轻"的时候,强调的也是这个基础。[③] 梁启超既继承了中国有关"民"的叙事传统,又超越了这个传统。在他那里,"民"已不再是单纯的统治对象,而是以主体的姿态现身。王韬的"民"对应的是"君",梁启超的"民"对应的则是"国家"。国家与其国民的有机联系,既是梁启超的叙述策略,也是其文本构造的主要方式。

---

① 就我的阅读范围而言,这类研究具有代表性的成果有:张灏的《梁启超与中国思想的过渡 1890—1907》,江苏人民出版社,1995 年;勒文森《梁启超与中国近代思想》,四川人民出版社,1986 年,可惜的是这个译本存有不少缺陷;狭间直树编《梁启超·明治日本·西方》。国内有些专论也颇有水准,恕不一一列举。

② 《全集》,第 655 页。

③ 参见王人博《民权词义考》。

国民质量决定国家的好坏，则是《新民说》的主题。[①]

《新民说》的一个基本观点是：锻造现代国家的前提是必须首先改造国民，他把这种“改造”的任务称作“新民”。也就是说，中国欲要以“现代国家”现身于世界，中国的平民百姓首先必须具备“国民”的资质与条件，其中包括：公共德性；国家思想、权利与义务思想、自由与进步观念；进取冒险精神；自治能力；自尊；合群；有毅力；等等。

“新民云者，非欲吾民尽弃其旧以从人也。新之义有二：一曰，淬厉其所本有而新之；二曰，采补其所本无而新之。”[②]这便是新民之“新”所依据的原则。

“新民”这个词并非梁启超的新造，它来自中国古老的传统。《大学》有云：“大学之道，在明明德，在新民，在止于至善。”朱子(朱熹)将这三者看作《大学》的三个纲领。“新民”旧本为“亲民”。“亲”字有两个意思：一是“爱”，“亲民”即“爱民”；二是程子将其解释为“新”，即“新民”。《大学》对之的解释是：“汤之《盘铭》曰：‘苟日新，日日新，又日新。’《康诰》曰：‘做新民。’《诗》曰：‘周虽旧邦，其命维新。’是故君子无所不用其极。”[③]

朱子在《大学章句集注》中对“周虽旧邦，其命维新”这句话的解释是：“诗大雅文王之篇，言周国虽旧，至于文王，能新其德

---

① 上述那段话是梁启超接受西方的“国家有机体说”的证据之一，而且也是他在《商会议》《论近世国民竞争之大势及中国前途》《中国积弱溯源论》《国家思想变迁异同论》《论立法权》《论中国国民之品格》《论独立》等文章中一贯坚持的。《政治学大家伯伦知理之学说》(1903年)虽是一篇介绍性的文章，但毫无疑问，梁启超是赞同伯伦知理的“国家有机体说”的，这也可看作梁启超对“国家有机体说”最系统的接受和叙说。

② 《全集》，第657页。

③ 见《大学·中庸》，上海古籍出版社，2007年。

以及于民，而始受天命也。”

这里应关注的是朱子对“新”与“旧”的解释。

《大学章句集注》：“故学者当因其所发而遂明之，以复其初也。新者，革其旧之谓也，言既自明其明德，又当推以及人，使之亦有以去其旧染之污也。”

白池云对朱子的这句话作了如下的阐释：

> 朱子的“新”的意思——我们能从“复其初”、“革其旧”这两句话看出其大概的意思——是脱掉被污染的外皮而回归于原来的纯全自身，即以修养德性开展内在的明德。因而，可以说“新”不是从外面得到的，而只能由于自我修养而通过回归原来纯全的自己才能得到。在此“新”的意思与“初”、“旧”相通，这显示出在中国古代经典世界里，“新”和“旧”不是互相对立的概念。“旧”是给“新”提供能量的动力。①

他把对朱子的这个阐释用来与梁启超的“新民”的方法论做比较，认为：梁启超新民的第一条原则“淬历其所本有而新之”与朱子的“复其初”“革其旧”的意思相通，而第二个原则“采补其所本无而新之”则是梁启超自己的创造。而且，两条原则之间并不是一种对等关系，而是一种从属关系，即第一条从属于第二条。就其内容来讲，梁启超的“新民”也和朱子的“新民”看法格格不入。《大学》以及朱子所说的“新”指的是一种境界，即经过主体的道德修养而达到的修身－齐家－治国－平天下的境界——内

① 白池云：《东方主义和西方主义——阅读梁启超〈新民说〉的一个方法论的试探》，载《文艺理论与批评》，2002年第3期。

圣外王。《大学》和朱子的"新民"作为主体所面对的世界与梁启超的"新民"所面对的世界截然不同,前者的世界是以道德实践的主体即自我为中心,被身一家一国一天下的各个圆环层所围绕着的同心圆的世界。

为此,白池云借用福柯的方法论来解释他的问题,认为:这个"以自我为中心的多层同心圆"的构成原理,与福柯所说的构成16世纪认识素(Episteme)的"类似性"(Similitude)原理有相同之处。

在福柯看来,人在其世界里,"透过他的智慧把世界秩序转位到自己的内部,而在其内部的空间里创造出另一个空间的运行"。与此相类似的是,《大学》和朱子意义上的"修身""齐家"等各圆环是被"类似性"链子连锁在一起的,而同时各个圆环对其他的圆环提供类似性。"身""家""国"的范畴是构成"天下"范畴的相似物(Analogies):

> 在如此以类似性模式构成的同心圆世界里,"新"和"旧"不是具有表征事物能力的符号。因为在类似性世界里,符号只不过是使类似性从非可视性的深渊走出来,而赋予它可视性的外征。符号是第二个"类似性",并且是另一种形态的邻接相似。换言之,符号使世界本身的形象可视化。"新"和"旧"贯穿于以类似性为链子连锁在一起的多层圆环之间而共存,同时它给各个圆环不断地提供新的类似性源泉。只有使自己变新,自己的家及其国家才能变新,乃至使天下变新。这时,能够使各个圆环变新的能量来自于

其内部存在的旧东西。[1]

然而,这一切到了梁启超那里完全变了。“新”与“旧”被他隔离,变成了同一性和差异性两个概念。对梁启超来说,由类似性原理所运行的秩序已经破灭了。一旦有了把同一性和差异性区分开来的认识,“新”就变成对同一者的表征语而开始把“旧”作为他者排斥出去:

> 自世界初有人类以迄今日,国于环球上者何啻千万。问其岿然今存,能在五大洲地图占一颜色者,几何乎。曰百十而已矣,此百十国中,其能屹然强立,有左右世界之力,将来可以战胜于天演界者,几何乎。……故欲其身之长生久视,则摄生之术不可不明,欲其国之安富尊荣,则新民之道不可不讲。[2]

中国之需要“新民”是以中国为“旧”这个前提。

到此,再现(representation)的问题浮现了出来。维持事物和事物之间的类似性原理被破坏了,符号不再意味第二个类似性而开始意味表征作用。于是,人的精神活动不再意味把一切事物在类似性范畴里拉进去,而意味把各个事物“区分”开来,即先建立事物的同一性,然后按照与其差异的程度去把其他事物一个一个地隔离开来。随着以类似

---

① 白池云:《东方主义和西方主义——阅读梁启超〈新民说〉的一个方法论的试探》。

② 《全集》,第655页。

> 性原理构成的“中华”世界的破坏,并且西方作为他者(或是同一者)的浮现,构成经典世界的一切范畴都开始分成同一性和差异。因此,本来被类似性作为构成世界的思维范畴所中介而互相不停地提供生机及活力的能量之“新”和“旧”,终于变为表征互相对立的事物而互相分离。①

“新”与“旧”的这种分离已包含着价值优劣的观念。当梁启超把中国表征为“旧”之时,其观念已经有了使他者的西方——“新”——绝对普遍化的前提。西方这个他者现已成了“同一性原理”的代词,而“自我”——中国——则位于其边界的差异性领域。这是一种颠倒的“他者”的镜像:他者成了同一性的普遍者,而“新”则是其表示语。自我作为“旧”的代称则成了特殊者——一个渴望摆脱特殊者的劣等地位而不断努力进入普遍者世界的“他者”。

这恰恰是梁启超“新民”的两个原则的核心所在。“采补其所本无而新之”是为了表明“其所本有”的普遍者的前提,“淬厉其所本有而新之”意味着在特殊者固有的因素中,挑出与普遍者的因素相同的部分,以使特殊者有变成普遍者的可能性。这一切都聚焦于一个视点——普遍者中心主义。

以上所述的是白池云先生的主要论点。除此而外,他还分析了梁启超《新民说》有关“公德”和“民族”的问题。不能不说,这种阐释以及阐释的方法确有洞见,使我受益匪浅。从最浅显的地方说,它深刻地揭示了以梁启超为代表的中国近代思想在面对西方和中国自己(包括历史文化传统)时所采取的策略和方

① 白池云:《东方主义和西方主义——阅读梁启超〈新民说〉的一个方法论的试探》。

法，是中国近代思想方法某种程度上的真实再现。

而这一方法论上的不足同其优势一样明显。它解决了梁启超“观看方法”的真实性问题，却无法解释这种“观看方法”的意义。这也是后殖民主义方法论共同的缺陷：它只热衷于解构。

梁启超的“新民”建构所依据的一个基本事实，白池云先生在文中虽然提到，却因为其方法论上的要求而被无情地冷落了。这就是中国在西方面前事实上的劣等地位——一个被西方列强肢解的现实国家。如何面对这个事实，梁启超与梁启超的阐释者白池云先生选择了不同的方式。

梁启超选择的是用西方的普遍性作为自己的策略重塑自己的同胞，并提出了这种重塑的意义；而白池云先生仅仅告诉我们这种重塑的方法。梁启超认为，中国要成为一个现代国家，中国民众首先必须具有公德，这是他“新民”方案中的最重要的一道工序；而白池云则用沟口雄三的论说作为依据，认为中国古代的民众并不缺乏这种德性。

到底谁说得对？这在学术上是一个棘手的问题，因为单靠列举——无论是正面还是反面的例子——并不能从实证意义上证明中国公德的有无。但有一个事实梁启超却看到了：中国缺乏西方意义上的公民以及公民意义上的协调能力，否则，一个大国以及它的民众在西方面前为什么会一败涂地？

相反，白池云使用沟口雄三的论说作为支持自己观点的证据有点不恰切。沟口雄三在其书中谈的是中国古代的“公”与“私”及其在中国近代的演变，并以日本作为比较的坐标。他所关注的是“公”的概念，而不是作为中国民众事实上的“公共伦理”。[①] 而白池云的上述论文立论的基础，则是以混淆沟口的

① 沟口雄三：《中国的公与私·公私》，生活·读书·新知三联书店，2011年。

“公”概念和梁启超的（中国民众的）“公德”概念为前提。

当然，白池云文中所说的问题在中国近代思想中也存在。当把西方的优越地位与中国的悲惨境地对照作为问题出发点的时候，夸大西方思想文化中的优点和中国历史文化中的罪过在梁启超的《新民说》中非常明显。读《新民说》的那些段落，心里甚感不快，但我宁愿把它看作梁启超的一种极端修辞策略。

从白池云的后殖民主义方法论可以发现梁启超对西方的“重构”以及对中国文化与传统的“重述”，但它却忽略了这一“重构”与“重述”的意义。

《新民说》有其自己的叙事策略：它把西方（包括明治日本）列在右边，而把中国的历史与文化放在左边。一边是好的榜样，一边是坏的典型；一边用好词加以表达，一边用坏词加以形容。要注意的是，当梁启超在表扬西方的时候，他更多的不是为了证明中国有多坏，而是为其找出一个可以效法的目标；当他对中国的历史与文化进行鞭笞的时候，只是为了说明中国的不争气，而不是真正意义上的西方主义。他把中国的过错更多地归结为中国历史对自己“正确”的东西的“背离”，而不是根上的坏死。他把孔子、孟子、荀子、王阳明、曾国藩看作这种“正确”的源泉——在他看来，中国落伍的一个根本原因是，没有听从圣人的教诲仿效圣人君子的正确做法。中国是被那些自称孔子学生的末儒佞徒给弄坏的。

梁启超引述中国的古典并不是为了让读者支持他的西方式的新民计划，而是提醒读者在成为新民的过程中不能忘记对中国圣人君子的效仿。**中国“纯全”的古典是处于西方的普遍主义与中国的特殊主义之间的一种中间物，并不属于后殖民主义语境下“他者”的那部分。**

梁启超“新民”文本中的孔子、曾国藩，在策略上应是作为克服中国服膺西方中心主义给中国带来的不适感、自卑感必备的一种解剂——它也是中国思想之为“中国”的源泉。

四

梁启超的“新民工程计划”不是因为清政府的打压而告失败，也不是因为他太过高估西方和日本的价值而受到抵制，其沮丧的情绪恰恰来自那些与他差不多的知识青年，也就是在《新民说》的后三节中，被他剔除同道行列的那些家伙——革命党人。那些青年跟他一样，也是刚刚被西方和日本的“先进理论”武装起来的年轻人，包括汪精卫、胡汉民等，但他们与梁启超不同。他们与中国的最高权力圈子从不沾边，是远离中国权力中心的一批汉族知识青年。他们只知道官场的黑暗，却没有机会感受这种黑暗；他们只知道官僚们愚顽颟顸，却并不熟悉其嘴脸。他们焦灼的情绪等不得梁启超那种慢腾腾的“新民”计划，相反，推翻那个糟糕的清政府对他们更具吸引力。况且，革命的狂热和激情也更能抓住热血沸腾的汉族知识青年的心。梁启超知道他没有能力说服他们，但理智又在提醒他不能让他们蛮干；而那些向往革命的青年对梁启超的喋喋不休也早已不耐烦了。“纷争”是不可避免的。

到底是要推翻清政府的革命，还是继续“新民”的工程？梁启超与革命青年之间展开了互吐唾沫的口水战。争论的焦点是中国能否进行革命，包括种族革命、政治革命和社会革命，而“种族革命”是其关键，因为如何看待现实的满族政府是双方无法绕越的问题。

双方都清楚，革掉满族政府是一回事，革命以后中国会成个什么样子是另一回事。虽然孙中山曾经设想将排满革命与共和革命两个目标“毕其功于一役”,但那也只是为推翻清朝而作的一种宣传意义上的修辞策略,并不是一种成熟的理性主张。对一直主张通过新民途径达成现代国家的梁启超来讲,他必定会提出这样的问题:“弄倒了清政府,然后呢?”

结果,“民”的问题又一次被提了出来。

梁启超一个基本观点是:中国民众没有能力承受这样一次革命,也没有能力通过革命锻造一个共和主义的新国家。而论证这个问题的论据并未超出他在《新民说》中的主张,只是现在的他对他的人民的能力问题更加悲观而已。

要申明的是,梁启超反对革命与革命党主张革命的争论并不在一个逻辑链条上。革命党人主张革命更多的是因为他们无法容忍一个把国家弄到如此地步的“异族政府”,改朝换代是他们的目标,并且他们愿意献身于这个目标。梁启超反对革命,并不是出于他对满族的热爱,更不是因为他喜欢这样一个政府,相反,他非常憎恨这个政府,因为正是它使他流落异国他乡,成为一个亡命天涯的人。他是基于另一种判断:在现阶段,推翻这个政府的结果会比现在这个样子更糟;因为人民还没有做好推翻它以后的任何准备。

现时的梁启超对他的人民的失望,甚至比他的《新民说》的谨慎态度还退一步。他在论争中不但反对那种通过种族革命的共和主义,而且连君主立宪也成了问题,因为中国之民连这样的能力也不具备。“开明专制”成了他与革命知识青年论争的新主张。

在梁启超看来,君主立宪也需要条件。从政府方面说,治理人民的人须具有相应的文化水准和经验,这显然是中国缺乏的;此外,立宪制的建立也须具备与之配套的技术性条件,譬如交通的发达、法院的设置、法律的完善等等，这些中国都没有。从人民的方面看，他一直认为中国人尚缺乏国民资格，是处在他所称的“部民”阶段。这可能是他基于严酷的现实作出的判断：中国缺乏现代教育，识字率太低，满大街的文盲。教育程度决定政治能力，这是他从未改变的看法。在这样的基础上建立立宪制政府，除毁坏它的声誉之外，中国什么也得不到，还遑论什么共和?!

这种悲观情绪使他向比要求君主立宪层位更低的“开明专制”滑移。“开明专制”带有暧昧性，它无法在科学意义上被定义。它主要被看作一种与“野蛮专制”相对应的过渡性政治类型，其区别就在于“开明”二字。“开明”的统治者能够为公共利益着想，如普王腓力特列所言：“国王者，国家公仆之首长也。”相反，“野蛮”的统治者则以自己的一己之私为核心，法国的路易十四所说的“朕即国家”是其代表。很显然，就目前的条件，中国只能实行由“野蛮专制”向“开明专制”的过渡。①

梁启超对中国民众政治能力的判断——从《新民说》的谨慎乐观到现时的极度悲观，是与他访美的感受与体悟有关的。《新大陆游记》则是这种感受与体悟的直接流露。与他先前高度颂扬的美利坚合众国相反，在美国的亲受体验使他遗憾地发现，美国的宪制体制似乎也出了问题。在那种体制下，许多优秀人物通常选择远离政治生活，这是美国总统中平庸之辈居多的主要原因。政府不由能善之人组成，这对中国的梁启超来讲是决计不能接受的；他特别反感美国的两党政治，认为那是一种典型的

---

① 参见梁启超《开明专制论》，载《全集》，第1451～1470页。在其文本中，梁启超无法从理论上真正把“开明专制”与“野蛮专制”区分开来。因为在同一种政治类型中，“开明”与“野蛮”只具有相对意义。“开明”与否的判断无法以“开明”自身的条件为标准，只能援用“实际效果”作为最终依据——强大的王朝必然是开明的，衰弱的朝代肯定是野蛮的。显然，这并不符合历史。

分赃制度，它不是人类的政治进步而是退化；他对美国频繁的选举也有微词，它既浪费财力，也滋生舞弊。他感叹说："专制国之求官则谄其上，自由国之求官则谄其下。"①

更重要的是，通过与在美的华人社团的接触，梁启超不但进一步加深了对美国政治体制的怀疑，而且对中国民众的政治能力更是失去了信心。那些居住在美国的"华人"并不是一般意义上的"中国人"，他们长期受美国民主与宪制的熏染与教育，本该具有他称之为"新民"的德性和能力，结果却使他非常失望，其身上的劣根性使他无法容忍。② 在美的中国人尚且如此，遑论中国的一般民众？

与梁启超的沮丧情绪形成鲜明对照的是，那些革命的知识青年极度乐观。他们不能容忍梁启超这种"泼冷水"的做法，更不愿意让已燃起来的革命激情被这凉水浇灭下去。

中国民众真的缺乏政治能力吗？在这个问题上，革命党人显得矛盾：一方面，他们不得不面对中国民众政治能力低下这一事实；而另一方面，他们又不能同意梁启超的这种说法。这就出现了如下情况：他们既要赞扬中国民众，又要引导和训练他们。汪精卫说过：中国人天生就具有自由、平等、博爱精神，这来自人的普遍性；人的向上的精神和意志是"天赋"的，而非训练的；基于这种精神而建立起来的共和宪制也必然适合于中国国民。③

---

① 参见梁启超《新大陆游记》，载《全集》，第 1197 页。

② 他们只具有"部民"资格，而没有市民的思想意识；村落思想发达，而没有国家思想；习惯于专制，不能正确地运用自由；自私、龌龊，缺乏高尚目标和目的；等等。（参见《新大陆游记》，载《全集》，第 1187～1189 页）

③ "自由平等博爱三者，人类之普通性也……我国民自有历史以来，绝无自由博爱平等之思想乎？……我国民既有此自由平等博爱之精神，而民权立宪则本乎此精神之制度也，故此制度之精神必适合于我国民而决无虞其格格不入也。"（汪精卫：《驳〈新民丛报〉最近之非革命论》，载《民报》第 4 号，1906 年 5 月）

另一个革命青年陈天华还通过重述中国历史的方式，为中国民众天然的政治精神与能力寻根："吾民之聪与明，天所赋与也……当鸿昧初起，文明未开之际，吾民族已能崭然见头角，能力之伟大，不亦可想。特被压制于历来之暴君污吏，稍稍失其本来，然其潜势力固在也。"①这是一种提气的说法，因为只有进行"排满革命"才能使这种"潜势力"得以释放。

让人心酸的是，这个热血青年后因绝望于他的国民和同胞而蹈海自杀，年仅31岁。②

问题不在于民众有无实际的政治能力，而在于异族专制政府压制了这种能力。只要把这个政府一枪撂倒，民众便是新国家的国民，必然会发挥出自己的热情与能力，共和立宪的实现当然就是自然而然的事情。③

然而，面对来自梁启超的驳难，一味回避能力问题并不是一个聪明的选择。他们也提出了民众能力训练的问题，但他们把这种训练不是寄放在现政府那里，而是革命本身——革命就是最好的锻炼。他们也使用"开明专制"表述问题，而其意义却不同于梁启超：

> 吾人闻最新法学者之言，谓立宪之先，必有开明专制时代。所谓开明专制时代者，其君以植民权为目的，而用民权

---

① 思黄：《论中国宜改创民主政体》，载《民报》第1号，1905年12月。

② 关于陈天华的死因，有多种说法。有一点是一致的：其自杀与他对在日留学的同道们的失望有密切关系。这在他的《绝命书》里也有反映。有关这一问题的分析，可参见刘云波《陈天华蹈海原因新析》，载《文史哲》，2002年第5期。

③ 胡汉民说："今惟扑满而一切之阶级无不平，其立宪也，视之各国有其易耳，无难焉也。"（胡汉民：《〈民报〉之六大主义》，载《民报》第3号，1906年4月）汪兆铭也说："革命之后，必为民权立宪，何也？其时已无异族政府，只有一般国民故也。"（汪精卫：《驳〈新民丛报〉最近之非革命论》，载《民报》第4号，1906年5月）

> 为手段，训练其民，使有立宪国民之资格者，如拿破仑之于法是也。以言中国，则汉唐盛时，亦为开明专制时代（说本日本法学博士筧克彦）。准是以言，则中国之为开明专制已久，虽中经异族之乱，而根株不尽斫丧。今日征以历史，而断言我民族不可以为共和立宪，不知何据。①

梁启超的“开明专制”是为了阻止排满革命，而胡汉民的“开明专制”是为了证明革命的正当性。

陈天华则是在另一种意义上使用这一概念，指的是革命后的“过渡期”：“欲救中国，惟有兴民权、改民主，而入手之方，则先之以开明专制以为兴民权、改民主之预备，最初之手段则革命也。”通过革命的速成方法做到“五年小成，七年大成”，在短时期内使民众的政治能力得到提高。② 这里可以见到革命党的“约法”理论的影子了。从约法理论到后来的军政、训政、宪制的“革命过程论”，革命党人也在“摸着石头过河”呢！

为什么梁启超和他的论敌都热衷于运用“开明专制”这个似是而非的概念来表达他们的问题呢？

事实上，“开明专制”既不是来自梁启超，也不是源于革命知识青年，而是来自日本的公法学者筧克彦。身处日本的中国知识青年，是很容易把日本学者的言论当成他们的权威的。

筧克彦是日本明治至昭和时期的法学家。他为法政大学中国留学生法政速成科开设了《国法学》，听课的学生包括陈天华、汪精卫、胡汉民等人。他用“开明专制”解释日本的立宪过程，其

① 胡汉民：《〈民报〉之六大主义》，载《民报》第3号，1906年4月。
② 思黄：《论中国宜改创民主政体》，载《民报》第1号，1905年12月。

中也以中国的历史为例证，其大意是说：中国自古以来采用的都是开明专制政体，与之相联系的儒家治国思想也属于这一思想类型。在他看来，尧舜时代以及唐宋都属非常发达的开明专制时代，而元与清则相反。因为元朝不是从中国内部兴起的国家，而是一个外来的王朝，以愚民政策作为统治之道，并垄断国家权力不向汉民族开放；明朝虽属汉族政权，但其制度远不如唐宋；到了清代，满族政府也暗暗采用愚民政策，将人民置于严密的监视之下，这是清代衰落的主要原因。①

可以想象学生听到老师这些话的心情。筧克彦的上述言论无论是其观点的真实呈现，还是为了照顾来自"支那"的学生，这样的表达方式无疑会刺激那些既要排满革命又苦于找不到"权威"理论支持的热血青年的神经。同样，作为论战另一方的梁启超为了使自己的文章更具说服力，也不得不去求教于筧克彦，援用他的"开明专制"之说。②

毫无疑问，"开明专制"的提出，对论战的双方都极具意义：无论他们之间有何分歧，中国民众的素质与能力是双方都无法逾越的障碍。革命党人的盲目乐观与梁启超的极度悲观之间蕴含了某种相似性：对革命知识分子而言，在高估中国民众的精神和能力的背后隐含着某种担忧，正是这种潜在的忧虑催生了他们后来的约法理论以及"革命程序论"；对梁启超来讲，由于对民众的失望，便把仅存的最后一点希望寄托在了"开明"的政府身上。改造一个政府使其具有"开明"性质，与革命者希望革命后

① 有关筧克彦的"开明专制"论与"合成意力"说较为详实的介绍，请参阅孙宏云《汪精卫、梁启超'革命'论战的政治学背景》，载《历史研究》，2004年第5期。

② 梁启超在1906年致蒋观云的信中说："弟所谓开明专制，实则祖述筧克彦氏之说，谓立宪过渡民选议院未成立之时代云尔。"(《全集》，第5949页)

能有一个“开明”的过渡时期，在逻辑上是一样的，区别在于：清政府无法具有开明性质，梁启超知道那将是从一开始就注定落空的一个计划，这个计划只在与那些想蛮干的家伙论战时才有用；而革命党人在能够保证革命后的开明性质上也并未拿出足够的证据，共和革命并无法保证革命本身的共和性质——这是以后的中国经验提供的。

这是一场有关中国前途的论争；然而，争论引用最多的却是日本和西方学者的理论和观点。他们的理论或许能够说明他们的问题，但不大可能为中国提供药方。一个最浅显的例子是，中国的载湉不是日本的天皇——“开明专制”可以用来说明明治天皇，却未必适合描述中国的历史。这说明，这场所谓的论战多么缺乏理论准备！这场论战既不像美国联邦党人与反联邦党人之间——有关美国要成为一个什么样的国家——的理论对峙，也不像传统中国儒学内部有关“正统”的争论。它夹杂着唾沫星子的人身攻击和意气用事，更像是一次吵架，而不是一场真正意义上的深思熟虑的政治论辩。

要强调的一点是，关于中国民众的素质与能力的争吵，中国民众并不在场，而是由梁启超和汪精卫、胡汉民等人代他们出场的。

五

梁启超是五四新文化运动的思想导师。他的书写方式，以及他对中国传统与历史怨恨式的抨击，都直接或间接地为五四青年提供了养分。“少年中国”“奴性”“国民性”等时髦词语也使五四青年直接受益。梁启超的“新民”在五四青年那里变成了“新青年”——一种被仔细挑选出来的“民”。“新民”与“新青年”

在其启蒙的理路上是一致的:梁启超要求的“新民”,是其理想的目标,而中间的过程还是由他的读者——知识青年首先完成启蒙,然后再去接替他的工作。启蒙不是单干,而是有了觉悟的知识青年群体共同的任务;五四人则直接把这个重任交给了“青年”,即经过了新生的青年。

不同的是,梁启超的“新民”是在有条件地保留中国古典文化的基础上进行的工程,五四人的“新青年”则是对中国的现实与过去一块诅咒,把中国的传统与文化“一锅端”。梁启超的“新民”原则为孔子、孟子等预留了位置,而五四人的“新青年”则是将其连根拔掉。他们与梁启超的不同,主要不是在对待中国文化与传统的态度上的差别,而是思想路线上的分歧。

“‘五四’精神最为完美的体现即是跃入现代的渴望。”①他们“跃入”的方式与路线则是达尔文主义意义上的“时间性”,即一种线性的历史观。瞿秋白说过:“东西文化的差异,其实不过是时间上的……是时间上的迟速,而非性质的差异。”②一边是急等跃入“现代”的中国和它糟糕的历史和文化,一边是现代性的西方③:

---

① 史书美:《现代的诱惑》,第 57 页。

② 《瞿秋白选集》,人民出版社,1985 年,第 9 页。

③ 参见陈崧编《五四前后东西文化问题论战文选·前言》,中国社会科学出版社,1989 年。也可见史书美《现代的诱惑》,第 62 页。即便那些反对五四激进主义的“中国文化本位论”者也持有类似的二元对立的思想模式,如常乃德的《东方文明与西方文明》(1920 年)和伧父(杜亚泉)的《静的文明与动的文明》(1916 年)。见陈崧《五四前后东西文化问题论战文选》,第 287、23~31 页。

中国	西方
旧	新
古老/过去	现代/现在
传统的	现代的
精神的	物质的
心理的	物理的
封建的	法治的
农业的	工业的
和平主义的	黩武主义的
以家庭为本位的	以个人为本位的
感情	法治
静的	动的
直觉的	理性的
悲观的	乐观的
宿命论的	有创造力的/进步的
依赖的	独立的

“传统”与“现代”绝然两分，也是中国与西方的二元对立。在“中国”一边，“旧”以下的各项都与“过去”“过时”“传统”相关；而在“西方”一边，“新”以下的各项则与“现在”“现代”相合。在这个“时间性”里，中国代表的是“过去”，西方则是现代与未来的化身，是飞翔的凤凰。中国的出路就是与自己的传统与文化决裂，中国的“凤凰”必须经过浴火才能重生。[①]“死亡与再生的线

① 郭沫若在其著名的《凤凰涅槃》中极具象征意义地表达了这一思想，见郭沫若《女神》，人民文学出版社，1957 年，第 30～42 页。史书美在其书中把郭沫若的《凤凰涅槃》作为分析五四知识分子对待中国文化的“死亡与再生”问题的最佳隐喻。

性过程构成了一个完美的隐喻，即：如果‘五四’知识分子想要在新的现代中获得重生，那么所有的中国‘传统’就必须被毁灭。”“这种隐喻将非西方归并进历史和过去之中，同时又对非西方与西方的共时性给予了否认。”①

正如论者所言，这样一种思想路线是：

> 为了将传统视作是古老和过时之物而予以否弃，为了在“现代性”与传统之间制造断裂和不连续性，为了创造出一种以现在和未来为先的新的主体性，线性时间的意识形态创造出了“传统”。……然而，他们忽略了西方线性时间观念背后所蕴涵着的具体化了的等级制度。这种等级制度通过“先进/落后”等等的二元区分来确定西方的优越性，并将第三世界固定在永恒的过去。正是因为对此等级制度的忽视，“五四”知识分子乐观地认为，中国有可能在未来与西方接轨、与西方“同时”。②

这里的“西方”与同梁启超笔下的模样，是五四知识分子“心造”的一个镜像，与他们“心造”的中国“传统”相一致。对“西方”的这种西方主义的认知方式以及认知的意义，一位聪明的西方人一眼看穿：“欧洲文化中改变中国传统习惯的，除了战争，就是

---

① 史书美：《现代的诱惑》，第57、64页。

② 史书美：《现代的诱惑》，第59页。

商业和知识这两方面。但这两方面的影响都是依赖武力而奏效的。"①从中国惯常的思维方式而言，罗素的话无疑是对的，因为若不是西方强大军事的压制，西方在中国眼里就可能什么也不是——"干不赢他"，是中国最为深切的痛。当然，罗素与中国五四知识青年的不同还源于语境的差异：罗素作为一个同情中国的智者，他的话主要是说给他的世界里的听众，而五四知识分子则是怒其自己国民的不争。

五四知识分子与其前辈梁启超一样，这种强调"时间性"的修辞策略，还根源于他们自己在国民中所处的优越地位。这种地位，与他们在西方或明治日本所受到的一种劣等情结的强烈折磨是一致的：梁启超也好，五四青年知识分子也罢，他们大多都在欧美或日本呆过。我们不难想象当年拖着一根长辫子的严复走在大英街头的那种感受。祖国的屈辱，必须由他们的那张黄脸来承担。他们一面被冷漠地耻笑，一面又必须在思想和观念上与西方和日本站在一边。当他们想用西方的思想武器驱赶

---

① 罗素著，秦悦译：《中国问题》，学林出版社，1996 年，第 56 页。史书美对"Apart from war, the impact of European civilization upon the traditional life of China takes two forms, one commercial, the other intellectual. Both depend upon the prestige of armaments"这段话的翻译更为准确："除了战争，欧洲文明对中国传统生活的影响通常表现为两种方式：一种是贸易的，另一种是智力的。但这二者都依赖于欧洲的军事威望。"但她显然引错了页码，这段话在英文原版的位置是第 73～74 页，而不是第 72 页。见史书美《现代的诱惑》，第 15 页。在该书中，罗素还为中国辩护，这与五四知识青年对中国传统与文化的中伤形成鲜明对照："要判断一个社会的优劣，我们必须不仅仅考虑这个社会内部有多少善与恶，也要看它在促使别的社会产生善与恶方面起何作用，还要看这个社会享有的善较之于他处的恶而言有多少。如此说来，中国要胜于我们英国。我们的繁荣以及我们努力为自己攫取的大部分东西都是依靠侵略弱国而得来的，而中国的力量不至于加害他国，他们完全是依靠自己的能力来生存的。"见罗素《中国问题》，第 3 页。

自己劣等情结的时候,他们对自己祖国等待启蒙的无知大众就更是从心里看不起。他们在激烈地中伤自己的文化传统的同时,也深具优越感地俯视着中国大众。他们严厉地剖析中国的"国民性",但他们很少反思自己。因为作为"批评目标"的人民大众并不包括他们。他们是凌驾于大众之上的一些人。

这些人就是已经被"新"了的"青年"。他们自己在"新化"了的同时,也用他们的"新知"启蒙处于混沌中的青年。只有这样,青年才能在"时间性"的进化中承担其再造中国的使命。

"青年"是这样一种意象:他跟"过去"(传统)无缘,是一个"现在"(现代);他身在现在,却又面朝未来。或者说,"青年"恰好在"现在"与"未来"的交接点上:

> 青年如初春,如朝日,如百卉之萌动,如利刃之新发于硎……青年之于社会,犹新鲜活泼细胞之在人身。①

这是自然主义"活力论"的宣示。"初春""朝日""利刃""新鲜",这些具有"活力"的词容易使人联想到它们的对立面:"深冬""黄昏""钝刀""朽败"。前者是"新"的希望的象征,后者则是"旧"的死亡的征兆。"过去"必须为"现在"让路,"老年"必须为"青年"腾出位置。"青年"站在了中国命运的当口。他们要担起未来中国的重任,就要与"老年"告别,也要与"过去"的自己再见。这样的青年就是:"自主的而非奴隶的;进步的而非保守的;进取的而非退隐的;世界的而非锁国的;实利的而非虚文的;科

---

① 陈独秀:《独秀文存》,安徽人民出版社,1987年,第3页。

学的而非想象的。”①

对“青年”的这种热度注定不会保持太久的，因为青年的“活力”终究不会单独转化为现实社会的整体进步。有“初春”，就有“秋日”；有青年，自然就有壮年和老年。任何社会的进步既需要青年的激情与活力，也需要壮年的沉稳与干练，同时也需要老者的经验与教诲。

> 故青年与老人之于社会，均为其构成之要素，缺一不可，而二者之间，尤宜竭尽其所长，相为助援，以助进社会之美丽，文明之发展。若为青年，则当鼓舞其活泼畅旺之气力，为社会摧除其沉滞之质积；若为老人，则当运用其稳静深沉之体验，为社会整理其善良之秩序。②

---

① 陈独秀：《独秀文存》，第4～9页。与之相类似的还有李大钊，他在《青春》和《“今”》这两篇重要文章中用极富思辨色彩的笔调表达了一种宇宙论的象征主义：“大实在的瀑流永远由无始的实在向无终的实在奔流，吾人的‘我’，吾人的生命，也永远合所有生活上的潮流，随着大实在的奔流，以为扩大，以为继续，以为转进，以为发展。故实在即动力，生命即流转。”（《“今”》，载《李大钊全集》第2卷，人民出版社，2006年，第193页）他又写道：“不仅以今日青春之我，追杀今日白首之我，并宜以今日青春之我，豫杀来日白首之我，此固人生惟一之蕲向，青年惟一之责任也矣。”（《青春》，载《李大钊全集》第1卷，第191～192页）对此，有论者论道：“在这个以两种性质相反的成对的定性力量为特征的现象宇宙中，年轻、春天、诞生、创造，其存在只是由于它们对它们的对立面——灭亡、冬天、晚年和毁灭的相对性依赖。但越过现象，作为整体的宇宙应当在时间本身的状态下予以考虑。这里，时间现象的特征——差别、相对性和变化——应当与它超自然的状态——绝对、一致性和恒定相对照。因此，‘年轻’‘春天’、‘今’都是超自然的实在：这些发展阶段的活力震荡一切。”（费正清编：《剑桥中华民国史》上卷，中国社会科学出版社，1998年，第449～450页）

② 《李大钊全集》第2卷，第32页。

当李大钊在其《青年与老人》中这样表达问题的时候，这意味着五四知识分子已经从“青春崇拜”的热情中退却下来了。

苏俄的劳工革命以及第一次世界大战结束，特别是中国第一次作为战胜国出现在世界面前，成为激发五四知识分子有关“劳工”想象的契机。因为真正代表中国参与战争的，并不是中国的军队，而是由十四万北方农民为主组成的中国劳工，被协约国称为“中国劳工旅”。他们在西线英法战场、东线沙俄战场、西亚美索不达米亚战场为协约国西线战场提供了重要的劳动力，有的则直接参战，许多华工最终葬身于异国他乡。[①] 劳工被五四知识分子看作胜利者的代表。李大钊的《庶民的胜利》是对劳工的颂歌。许多知识分子把协约国的胜利也看作庶民的胜利、平民主义的胜利，并喊出了“劳工神圣”的响声。他们共同欢呼一个平民主义时代的到来。

然而，就是那个为五四知识青年热烈拜请的老师——西方——在巴黎和会上再一次傲慢地羞辱了中国，他们把中国的利益出卖给了日本。这是一盆无情的冷水，浇灭了五四知识分子所有有关“新青年”的幻想。这是他们反省自己的机会，西方给予他们在自己人民大众面前的优越感，这时却让他们无地自容。[②] 他们不得不把服膺西方的“新文化运动”的“五四”转变为反帝爱国的“政治运动”的“五四”。

与此相反，列宁领导下的“劳工国家”却给予了这个饱受屈

---

① 有关第一次世界大战与中国劳工关系比较全面的分析，请参阅张建国《中国劳工与第一次世界大战》，山东大学出版社，2009 年。

② 参见《德：教育的错误》一文，另参见王人博《庶民的胜利——中国民主话语考论》。

辱的国家以极大的同情，并且，苏俄反抗帝国主义的勇敢姿态也给苦闷中的五四知识青年带来了新的光明。他们中的一些人在彻底转向马克思主义以前的空当，就已经开始关注“工人”和“农民”这类庶民下层之于中国的意义与价值：

世界上是些什么人最有用最贵重呢？……我以为只有做工的人最有用最珍贵。

这世界上若是没有种田的，裁缝，木匠，瓦匠，小工，铁匠，机器匠，驾船工人，掌车工人，水手，搬运工人等，我们便没有饭吃，没有衣穿，没有房屋住，没有车坐，没有船坐。可见社会上各项人，只有做工的是台柱子，因为有他们的力量才把社会撑住。

中国古人说：“劳心者治人，劳力者治于人。”现在我们要将这话倒过来说：“劳力者治人，劳心者治于人。”①

有的则直接呼吁知识青年到农村去与农民打成一片：

只要青年多多的还了农村，那农村的生活就有改进的希望；只要农村生活有了改进的效果，那社会组织就有进步了。那些掠夺农工、欺骗农民的强盗，就该销声匿迹了。

青年呵！速向农村去吧！日出而作，日入而息，耕田而食，凿井而饮。那些终年在田野工作的父老妇孺，都是你们的同心伴侣，那炊烟锄影、鸡犬相闻的境界，才是你们安身

① 陈独秀：《独秀文存》，第300～301页。

立命的地方呵！[①]

一切都被颠倒了：这以前，五四知识青年指望“新青年”们能够指导他们的人民大众，成为中国现代性的主体；现在，“工人”和“农民”成了主角，他们不但是这个世界“最有用的人”，而且他们也应该统治这个世界。青年知识分子的出路就是与他们混在一起，打成一片。

至此，那些最先作为现代启蒙对象的下层庶民取代了启蒙者，成为了中国未来的主角。那些启蒙者，有的离开启蒙的行列单干去了，有的则加入了工农的队伍，成为他们的领导者、革命者。于是，中国的历史进程驶入了另一个崭新阶段。

① 《李大钊全集》第2卷，第307～308页。